Architekturlandschaft Niederösterreich
Mostviertel

D1735682

Architekturlandschaft Niederösterreich
Mostviertel

Lower Austria – the Architectural Landscape
Mostviertel region

Elke Krasny / Theresia Hauenfels

Mit Texten von Franziska Leeb und Norbert Steiner
sowie einem Interview mit Ernst Beneder – Fotografiert von Uwe Hauenfels

With introductory texts by Franziska Leeb and Norbert Steiner
and an interview with Ernst Beneder – Photography by Uwe Hauenfels

Herausgegeben von Kunstbank Ferrum – Kulturwerkstätte
und ORTE Architekturnetzwerk Niederösterreich

VERLAG ANTON PUSTET

Impressum

Architekturlandschaft Niederösterreich – Mostviertel
Herausgegeben von Kunstbank Ferrum – Kulturwerkstätte und
ORTE Architekturnetzwerk Niederösterreich
Redaktion: Theresia Hauenfels *(th)*, Elke Krasny *(ek)*,
Franziska Leeb *(fl)*, Marcus Nitschke *(mn)*
Fotografie: Uwe Hauenfels
Abbildung Umschlag: Musikheim Windhag von Johannes Zieser, Detail
Abbildung Pfadfinderheim Hollenstein: Max Eisenberger
Abbildung Mobile Tribüne Haag: noncon:form
Abbildung Schloss St. Peter in der Au: Zieser Architektur
Übersetzung: Ada Brant, Lektorat: Gail Schamberger, Uta Scholl
Grafik, Pläne, Umschlaggestaltung und Satz: o- Alexander Schuh
Projektassistenz Kunstbank Ferrum: Gabriele Farnberger
Projektbetreuung Verlag: Roman Höllbacher

Allen ArchitektInnen und KünstlerInnen besten Dank für Informationen,
ebenso den Gemeindeämtern, dem Stadtarchiv St. Pölten, der Bezirksbibliothek
und dem Stadtarchiv in Waidhofen/Ybbs für die Unterstützung bei der
historischen Recherche. Zur Realisierung in besonderem Maß beigetragen
hat Gerhard Junker von Kunstbank Ferrum – Kulturwerkstätte.

Lokalisierung der Bauwerke in Breiten- und Längengraden, alle Angaben ohne Gewähr.
http://www.architektur-noe.at

Druck: Salzburger Druckerei, A-5020 Salzburg
Die Deutsche Bibliothek verzeichnet diese Publikation in der Deutschen
Nationalbibliografie; detaillierte bibliografische Daten sind im Internet abrufbar:
http://dnb.ddb.de

ISBN 978-3-7025-0552-3

Inhalt

Editorial

Die Darstellung der Architekturlandschaft Niederösterreichs in Form einer Serie kompakter Architekturführer basiert auf der topografisch-strukturellen Gliederung des Landes in Mostviertel, Industrieviertel, Waldviertel und Weinviertel. Mit dem Auftakt zur Landesausstellung 2007 an den Standorten Waidhofen an der Ybbs und St. Peter in der Au beginnt die Reise durch das »weite Land« im Mostviertel. Hier zeigt vor allem die Gestaltung des Regierungsviertels in St. Pölten, der jüngsten Landeshauptstadt Österreichs, wie stark Architektur die Konstruktion regionaler Identitäten mitbeeinflusst. Die regionale Baukultur auch in ihrer historischen Entwicklung aufzuzeigen, war Anliegen des Buches. Die Zeitspanne der gezeigten Bauten beginnt deshalb mit dem Errichtungsdatum ab dem Jahr 1919, das einen politischen wie gesellschaftlichen Wendepunkt Österreichs markiert, und stellt das Baugeschehen bis zu den 1990er Jahren in ausgewählten Beispielen vor. Der zunehmenden Ausprägung einer eigenständigen Architekturlandschaft wird in der fokussierten Dokumentation zeitgenössischer Architektur bis 2007 Rechnung getragen. Die Auswahl stützt sich auf ästhetische Kriterien ebenso wie auf kulturgeschichtliche Perspektiven, wobei die besondere Rolle der »Kunst im öffentlichen Raum Niederösterreich« speziell berücksichtigt wird.

Der engagierten Initiative von Landesrat Mag. Wolfgang Sobotka ist die Realisierung des Architekturführers zu verdanken. Für die Unterstützung der Dokumentationsarbeit, deren Ergebnisse in ständiger Erweiterung auf der Internetplattform www.architektur-noe.at nachzulesen sind, bedanken wir uns bei Landeshauptmann Dr. Erwin Pröll und Kulturlandesrätin Dr. Petra Bohuslav sowie bei Dr. Katharina Blaas und ihrem Team von der Kulturabteilung des Landes Niederösterreich. Spezieller Dank gilt der NÖ HYPO-BANK für die aktive Begleitung des Projektes.

Theresia Hauenfels, Marcus Nitschke

The presentation of Lower Austria's architectural landscape in a series of compact architectural guides divides the province into the Mostviertel, Industrieviertel, Waldviertel and Weinviertel regions. The journey through the "wide open country" of the Mostviertel begins with the launch of the 2007 Regional Exhibition in Waidhofen an der Ybbs and St. Peter an der Au. The establishment of the government district in St. Pölten, the youngest regional capital in Austria, shows how strongly architecture can affect the creation of a regional identity. This guide aims to show the historical development of the regional building culture. The earliest building included dates from 1919, a political and social turning point for Austria, and examples of building up to the 1990s have been selected. The development of a characteristic architectural landscape is taken into account in this documentation of contemporary architecture up to 2007. The selection follows aesthetic criteria as well as aspects of cultural history, with special attention to the significant role of art in public space in Lower Austria.

We are grateful to the provincial representative Wolfgang Sobotka for his dedicated support of this guide. Provincial Governor Dr. Erwin Pröll and cultural advisor Dr. Petra Bohuslav, together with Dr. Katharina Blaas and the Lower Austrian cultural department team, greatly assisted the documentation work, the constant expansion of which is presented on the internet platform www.architektur-noe.at. Special thanks to the Lower Austrian HYPO Bank for their active involvement.

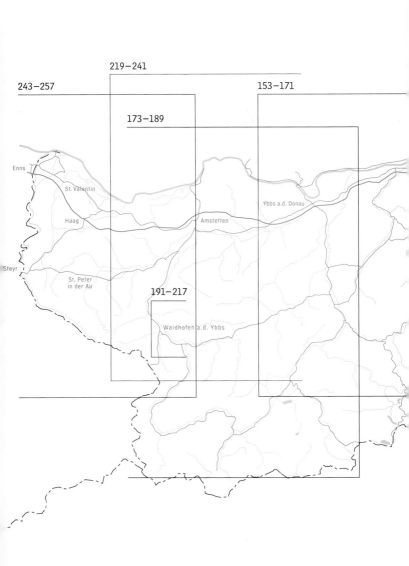

243–257

219–241

173–189

153–171

191–217

Enns

St. Valentin

Haag

Steyr

St. Peter
in der Au

Amstetten

Ybbs a.d. Donau

Waidhofen a.d. Ybbs

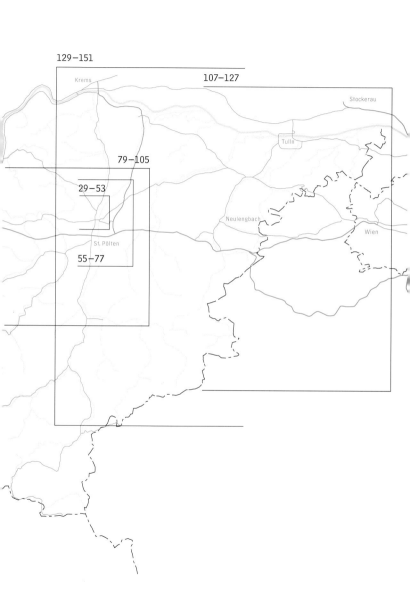

Architektur für alle
Franziska Leeb

Es ist nicht die moderne Architektur, für die das Mostviertel im Allgemeinen berühmt ist. Außenwirkung ebenso wie Selbstverständnis sind stark von Landschaft und Geschichte geprägt. Aus Barockbauten, Vierkantern und Mostobst lassen sich trefflich Werbelinien und romantische Bilder für die Tourismuswirtschaft generieren. Aber halt – seit einigen Jahren schummeln sich ganz und gar unvertraute Bilder in so manchen Prospekt: St. Pölten verweist auf seiner Homepage auf die Gegenwartsarchitektur, moderne Bühnenbauten stehen über die Landesgrenzen hinweg als zeitgemäße Symbole für Lunz und Stadt Haag. Das Stadtprojekt für Waidhofen an der Ybbs von Ernst Beneder genießt in der Architekturfachwelt international hohe Reputation. Längst sind es also nicht mehr nur die Klöster, Kirchen und Schlösser, die architektonisch Interessierte ins Mostviertel locken.

Für Innovationen offene AuftraggeberInnen von zeitgemäßer Architektur finden sich sowohl im Bereich der Privat- und Gewerbebauten als auch im Bereich des öffentlichen Bauens. Aber immer noch, so scheint es, braucht es Courage und Engagement Einzelner, um konsequent moderne Bauten zu realisieren oder gar architektonische Experimentierfelder zu eröffnen.

Erst wenn sich die Diskussion um die öffentlich relevanteste aller Künste nicht mehr um Geschmacksfragen, Ideologien und politische Taktiererei dreht, stehen die Vorzeichen für eine Baukultur mit Niveau auf breiter Basis gut. Solange aber zeitgemäße Architektur als Bedrohung gesehen wird und ein differenzierter Diskurs über die Qualität des Neuen nicht geführt wird, werden die architektonischen Spitzenleistungen Raritäten bleiben. Von Baukultur zu sprechen, wenn sie bloß an wenigen Prestigebauten zutage tritt, ist Anmaßung. Sie muss den Städtebau, den geförderten Wohnbau, die Qualität der Bildungseinrichtungen und Arbeitsplätze ebenso betreffen wie die Gestaltung des öffentlichen Raumes, der nicht zur Spielwiese ökonomisch motivierter Interessen verkommen darf.

Architecture for all
Franziska Leeb

The Mostviertel region is not generally known for its architecture. Both its perception by the world and its self-image tend more towards the landscape and historical aspects. Advertisements and romantic photographs for the tourist economy are more easily generated from baroque buildings, four-sided farmhouses and orchards. But wait – in the last few years, unfamiliar pictures have started to sneak their way into some brochures: St. Pölten has contemporary architecture on its homepage, brand new stage constructions have become the new symbol for Lunz and the town of Haag. Ernst Beneder's project for the town of Waidhofen an der Ybbs enjoys an international reputation in the world of architecture. Thus it is no longer only abbeys, churches, and castles that entice architecture enthusiasts to the Mostviertel region.

Innovative assignments for contemporary architecture come from both the private and business sectors, and from public building projects. It seems that courage and commitment must still be shown by certain brave souls in order to consistently build modern structures, or even to be architecturally experimental.

Only when discussion of the art field most relevant to the public ceases to revolve around matters of taste, ideology and political positioning, do the signs for quality in building culture stand on solid ground. If contemporary architecture is seen as a threat, and no differentiated discourse about the quality of innovation takes place, then outstanding architectural achievements will remain a rarity. It is pure pretentiousness to speak of building

Franziska Leeb

Das größte Kapital des Mostviertels sind seine über weite Strecken noch intakten Landschaften und Siedlungsstrukturen. Sie zu gestalten und zu erweitern, bedeutet urbanistische, architektonische und nicht zuletzt politische Verantwortung. Dieser Band möge daher weniger dem Lob der bisherigen Verdienste dienen, denn als Ansporn dazu, architektonische Qualität nicht als luxuriöse Ausnahme zu betrachten, sondern vielmehr den baukulturellen Diskurs zu einer Selbstverständlichkeit werden zu lassen.

culture when it is only apparent in a few prestigious buildings. It should affect urban expansion, low-income housing, the quality of educational institutions and work places, as well as the shaping of public space, which must not be allowed to deteriorate into a playground for economically motivated interests.

The Mostviertel region's greatest capital is its widely intact landscapes and settlement structures. Its expansion and configuration is an urban, architectural and, last but not least, political responsibility. Therefore, this book should serve less as praise for past merits, and more as an incentive to see architectural quality not as a luxurious exception, but to let the discussion of building culture become a matter of course.

Schauen teilen. Gegen die Nulltopografie
Ernst Beneder im Gespräch mit Elke Krasny

E.K. Stichwort Landschaft?
E.B. In Niederösterreich lernt man das genaue Schauen. Beim Zugfahren etwa
ist das möglich. Andere Gegenden werden durchrast. Durch Niederösterreich fährt man langsam. Zumindest wird man ungeduldig, man muss
geradezu genau hinsehen, sich das Eigene fremd werden lassen, um aus
innerer Distanz zu emotionaler Klärung zu finden. Das langsame Fahren
als Lernprozess.

E.K. Stichworte Identität, Identitätskonstruktion?
E.B. Ein extremer Vergleich – Japan: Als man Japan vom Westen her erschaut
hat, hat man nur etwas Japanisches sehen wollen. Den Beton eines Tadao
Ando als Wunschbild einer Avantgarde mit japanischer Einzigartigkeit
gleichgesetzt. Aber ein kritischer Regionalismus, wie ihn Kenneth
Frampton in den Diskurs eingeführt hat, ist nicht im Formalen – auch
nicht in der Antithese der Nichtform – verhaftet, sondern in konkreter
Ortsbezogenheit. Man kann das Dabeiseinwollen den niederösterreichischen Ortsbildschützern der 1980er Jahre gar nicht grundsätzlich vorwer-
fen. Auch sie wollten eine niederösterreichische »Eigenartigkeit« herbei-
beschwören. Freilich als eine Art Anti-Avantgarde. Und so hat Japan –
vice versa – darüber hinweggesehen.

E.K. Stichwort Kritik?
E.B. Damals gab es eine Ablehnung jener Entwürfe, die nicht in der baurecht-
lich verordneten Harmonie zur umgebenden Bebauung standen. In der
Art: gleich + gleich = passt gut. Auf einem schier unbebaubaren Grundstück ist mir ein Licht aufgegangen. Dort gibt es kein »Vor«-bild. Kein
Vorausbild. Kein Nachbild. Nur das, was da ist. Der Entwurf, die Form,
kommt – nein, ist schon da – gewaltig und unausweichlich wie ein Erd-
rutsch. Bizarre Grundstücke in einer dichten Stadt wie Tokio oder im
mediterranen Raum bringen einmalige, unverwechselbare, aber stimmige
und umso mehr beeindruckende und glaubwürdige Gebilde hervor. In

Sharing the view. Against zero topography
Ernst Beneder in conversation with Elke Krasny

E.K. Keyword landscape?
E.B. In Lower Austria you learn to look very closely.
When on a train, for example. You race through
some areas, but the ride through Lower Austria is
slow. You get impatient and are almost forced to
take a good look, to let the personal become unfamiliar and arrive at emotional clarity through inner
perspective. Slow travel as a learning process.

E.K. Keyword identity? Construction of identity?
E.B. Here is an extreme comparison – Japan. When the
West first observed Japan, they only saw something
'Japanese'. The avant-garde ideal of Tadao Ando's
concrete was equated with Japanese singularity. But
critical regionalism, as Kenneth Frampton brought it

under discussion, isn't bound to formalism or to its
antithesis, non-form – but rather to concrete local
references. The Lower Austrian historical preserva-
tionists of the 1980s can't be blamed for wanting to
evoke a Lower Austrian 'peculiarity'. Of course, out
of some sort of anti-avant-garde concept. So Japan,
vice versa, condones it.

E.K. Keyword criticism?
E.B. At the time, there was a rejection of designs that did
not harmonize, according to building codes, with surrounding structures. Along the lines: same + same =
goes well. Then, on a sheer undevelopable site, it
dawned on me. At that site, there was no 'ideal'. No
expectations. No after-image. Only what is there.

solchen Nischen liegen unsere Freiräume verborgen, und wir können sie
überall aufspüren.

E.K. Stichwort Schwierigkeiten?

E.B. Die Schwierigkeit, die Herausforderung, die Zwänge bringen uns zu unbe-
fangenen Sichtweisen. Das Zurückkehren zu einem Beginn. Aber heute
wird diese Auseinandersetzung zu sehr vermieden. Das Menü angefragter
Aufgaben ist übersichtlich, wenig überraschend und redundant. Neu
erwachsende soziale Konstellationen, andere Schulmodelle, betreutes
Wohnen, andere Verkehrsbeziehungen: daraus entsteht Neues und
Unbekanntes, bisher noch nicht erfasste Typologien.

E.K. Stichwort Individualität?

E.B. Das Individuelle lässt sich nicht herauslösen, sondern nur in komplexen
Zusammenhängen entwickeln. Schon gar nicht aus der Ichbezogenheit
des Objekts. Dort bleibt es in vorgefassten Bildern, schafft Nulltopografie,
um allenfalls einen zugekauften Typus einzusetzen. Die Unverwechsel-
barkeit entsteht nur im Kontext und im Dialog.

E.K. Stichwort Zusammenwirken von Elementen?

E.B. Aus der Durchdringung entstehen zusammenhängende Konturen, Unver-
wechselbares in der intensiven Anteilnahme am Geschehen. Dritte mögen
es dann einen Ort nennen und sich daran erinnern.

E.K. Stichwort Krise der Stadt?

E.B. Stadt ist Zusammenhang, ihre Wahrnehmung, immer teilnehmend. Zu oft
wird jedes Element einzeln für sich gesehen. Es hilft, diese als Eines zu
nehmen. Verschiedene Kräfte zusammenzubringen – Verwaltung, Politik,
Architektur, Investoren, Landschaftsplaner, Eigentümer. Gemeinsam aus
einem Grundstück mehr herauszuholen, urbane Knoten zu erzeugen,
Bedeutungen zu überhöhen. Im Abstrakten hat das einen unheimlichen

*The design, the form, comes – no, it is already there
– as powerful and inescapable as an avalanche.
Bizarre building sites in a dense city like Tokyo, or in
the Mediterranean, bring about unique and distinctive, yet harmonious and therefore all the more
impressive and plausible structures. Our scope for
development is hidden in these niches, waiting
everywhere for us to seek them out.*

E.K. Keyword difficulties?
*E.B. The difficulties, the challenges, the constraints –
they force us into unbiased viewpoints. To go back to
the starting point. But today consideration of this
problem is too often avoided. The choice of projects
is clear, unexceptional, repetitious and redundant.
New social constellations, alternative school models,
assisted living, different traffic relations: this is
where the new and the unknown, the unmapped
typologies arise.*

E.K. Keyword individualization?
*E.B. Individualization cannot be distilled from something,
it can only come from the development of complex
relations. Definitely not from the egoism of the
object, where it remains a preconceived image,
creating zero topography in order to introduce an
additionally acquired type. Distinctiveness can only
be developed from a context and a dialogue.*

E.K. Keyword interaction of elements?
*E.B. Saturation creates coherent contours, distinctive in
their intense participation in their surroundings.
People like to call this a place and remember it.*

E.K. Keyword urban crisis?
*E.B. Cities are coherent, actively participating in their
perception. Too often, each element is looked at
individually. It helps to take everything in all at once.
To bring together the players - administration,
politics, architecture, investors, landscape planners,
owners. Cooperating to make more of a site, to*

Reiz. Im Konkreten ist es unheimlich schwierig. Aber man soll städtebauliche Zyklen nicht unterschätzen. Heute gibt es diese Ungeduld, Wachstum vorwegzunehmen, das Zusammenspiel der Elemente über die Dauer einer Generation vorzuverlegen. Die Großzügigkeit der Stadtplätze im Mittelalter. Oft ein großer Wurf, der über Jahrhunderte eine Linie vorgegeben hat. Die Stadt entstand erst danach, hat sich angelagert.

E.K. Stichworte Nirgendwo – Irgendwo – Peripherie?
E.B. Wir – unsere Generation – sehen das immer noch im Kontrast zu dem, wie es einmal war. Aber die Zersiedelung ist heute schon ein ganzheitliches Phänomen, von geradezu diagrammatischer Grundstruktur. Herkömmlich sehen wir die Stadt als »ein Stück«. Die nächste Generation sieht von Anfang an etwas völlig anderes. Der Stadtrand als Gegensatz zu einer anderen Kulturlandschaft, das ist in der Wirklichkeit nicht mehr – sinnlich – erfahrbar. Genauso ist es mit der Authentizität der Objekte, auch jener, die mit denkmalpflegerischer Sorgfalt geschützt werden. Die nicht renovierten Altstadthäuser oder Bauernhöfe gibt es kaum noch. Während meiner Schulzeit gab es noch diese erdige, sinnlich elementare Wirklichkeit. Heute ist es das In-das-Szenische-Bringen der Sachverhalte. Alles ist in Überarbeitung und Überformung begriffen. Erwartet wird oft ein Bild, kein Ort. In pessimistischer Sicht bleibt da kein Stein auf dem anderen, und in Kürze wird dies niemanden mehr kümmern. Wählbarkeiten sind uns zur Selbstverständlichkeit geworden. Zumindest die Illusion der Wählbarkeit. Diese Schritte in die Illusion und Virtualität, in die von den Medien konstruierten Sachverhalte, relativieren die Bedeutung des Materialisierten.

E.K. Stichwort Region?
E.B. Die Region definiert sich letztlich in der Individualisierung, in der persönlichen Annahme des jeweiligen Ortes. Erst so wird das Konkrete benennbar. Erhält Namen. Eine individuelle Topografie. Der Begriff der Region

15

create urban focal points, to enhance significance. In theory, very exciting. In practice, very difficult. But these urban cycles should not be underestimated. Today there is an impatience to anticipate growth, to create the interaction of elements for the time-span of a generation. The spaciousness of town squares in the Middle Ages – often a great success, which created a guideline over centuries. Only later did the towns take shape around them.

E.K. Keyword 'nowhere-anywhere' periphery?
E.B. We, our generation, still perceive things compared with how they once were. But today, sprawl is an integral phenomenon, with an almost diagrammatic basic structure. Traditionally, we see a city as 'a whole'. The next generation will see from the very start something completely different. The suburbs as opposed to some other cultural landscape, in reality it can't be – sensually – experienced. It's the same with the authenticity of buildings. Even those that are protected and carefully preserved. Unrenovated old town houses or farmhouses are almost non-existent. When I was a child this earthy, sensually elemental reality still existed. Today there is only a mis-en-scène of the state of affairs. Everything is being revised and remodeled. People expect an image, not a town. The pessimistic view is that nothing will stay the same. We take the range of options, or at least the illusion of having choices, for granted. These steps towards illusion and virtuality, in the media-constructed reality, put the meaning of materialism into perspective.

E.K. Keyword region?
E.B. In the end, the region is defined by individualization, the individual acceptance of each place. Only then does it become concrete, get a name. An individual topography. The term 'region' is constantly being stretched, but a region really ends with the individual. The conflict is in the time gap. Architecture has the problem that it taxes the patience of a consumer society. The consumer is always one step behind.

wird zwar immer weiter gefasst, dabei grenzt sich die Region schon beim Einzelnen ab. Der Konflikt liegt vielmehr in der Zeitkluft. Die Architektur hat das Problem, die Geduld der Konsumgesellschaft zu überfordern. Der Verbraucher lebt in ständiger Verspätung.

E.K. Stichwort Öffentlicher Raum? Konsumierende Öffentlichkeit?

E.B. Raum ist das Reziproke des Gesehenen, aber Schauplatz des Geschehenen. Aber geschieht noch etwas? Geschieht noch etwas außer Parkplatzsuche im öffentlichen Raum?
Ich sehe dabei keine Grenze zwischen Mikro und Makro in der Wahrnehmung. Es geht um Diagramme sozialer Relationen, und das bringt uns zur Frage der Identität zurück. Die Architektur ist Bühne, wo mit wenigen Requisiten etwas hergestellt wird. Das war der öffentliche Raum schon immer. Als Hintergrund. Als Bestand, den die verschiedenen politischen Systeme vom Mittelalter bis zu den Nazis und den Republiken als Raum für das Ihre nutzten. Der Raum an sich scheint dabei autonom. Und jenseits der Patina seiner Begrenzungsflächen wird Raum nicht alt.

E.K. Stichworte Urbanität und Zukunftsfähigkeit?

E.B. Der urbane Raum ist ein Raum des Transits. Man kommt und geht. Raum im Stand-by-Modus. Die Großzügigkeit der urbanen Linien. Vor nicht langer Zeit lebten in den Kleinstädten mehrere Generationen in einem Haus. 20 Menschen oder mehr. Heute sind es zwei bis drei. Die Zahl der Häuser war – gemessen am Layout der Stadt – geringer. Der zusammenfassende Raum hatte einen anderen Stellenwert. Heute gibt es den Verlust dieser räumlichen Fassung. Wie soll man nun eine neue Verfasstheit in eben diesem fassungslosen Raum ansiedeln?

E.K. Soll man diskursiv beobachten oder korrigierend eingreifen?

E.B. Korrekturen gab es in der Stadt immer. Ich plädiere für Radikalität, für Klarheit und Klärung der Form.

E.K. Keyword public space? The consuming public?

E.B. Space is the reciprocal of what is seen, and also creates a stage for what has happened. But does anything else happen? Does anything happen in public space, other than looking for a parking spot? I don't see a boundary between the perception of micro and macro. It's about diagrams of social relations, which brings us back to the question of identity. Architecture is a stage where something is produced with few props. That was always the real public space, the background, the stock on which political systems from the Middle Ages to the Nazis and the Republic drew for their own purposes. The space itself seems autonomous. And beyond the patina of its dividing surfaces, space does not age.

E.K. Keyword urbanity and sustainability?

E.B. Urban space is transitional space. People come and go. Space in stand-by mode. The generous proportions of urban lines. Not long ago, in small towns and villages, several generations lived in every house. 20 people or more. Now it's more like two or three. Compared with today, there were fewer houses. Collective space as a whole was valued differently. Today this spatial frame is lacking. How can a new framework be moved into this frameless space?

E.K. Should one observe and comment or intervene correctively?

E.B. Corrections have always been made in the city. I plead for radicalness, for clarity, and for clarification of forms.

E.K. Keyword architects: stars or servicers?

E.B. Good results speak for themselves. Laurels are enormously multiplicative factors, supporting intent. But marketing – of the laurels and not of the substance – is in the end often something very uncritical. Architecture requires the effort of assimilation. Critical resistance. Joy of discussion. Decisions. It's about the maturity of these decisions. And about whom one trusts to make them.

E.K. Stichwort Architekten: Stars oder Dienstleister?

E.B. Gutes spricht für sich selbst. Lorbeeren sind enorme Multiplikatoren. Unterstützen die Absicht. Aber oft ist das Vermarkten – eben des Lorbeers und nicht der Substanz – sehr unkritisch. Architektur braucht eine Mühe der Aneignung. Kritischen Widerstand. Freude am Diskurs. Entscheidungen. Es geht um die Mündigkeit dieser Entscheidungen. Und darum, wem man sie zutraut.

E.K. Stichwort Zurück in den Zug?

E.B. Zur Langsamkeit des Zugfahrens? An der Westbahn gibt es keinen Horizont. Es geht immer weiter. Und es ist immer noch Niederösterreich. Hügel hinter Hügel. Da gibt es schon den Zweifel am Tempo. Aber Klischee hin oder her, auch die landschaftlich als spektakulär gesehene Topografie, die ist in Niederösterreich geglückt authentisch geblieben. In der Wachau, am Semmering. Da gibt es einen sorgfältigeren Umgang mit Übergängen und Brüchen. Da scheint das Zersiedeln nicht so schlimm wie anderswo. Es tut wohl, wenn man – wo auch immer – durch Niederösterreich fährt. Durch eine sehr normale Landschaft, quer durch die niederösterreichischen Alpen, die Flusstäler, die Dünen der Voralpen. Das erleichtert – eine seltsame Balance des Unwichtigen. Einfach Gegenwart.

E.K. Stichwort Authentisches?

E.B. Vielleicht ist es das, wo nichts Überflüssiges dabei ist. Nichts Austauschbares. Wo einfach das ist, was ist, und überzeugt, einfach weil niemand danach fragt. Oft wird das Authentische mit Bild und Erinnerung strapaziert. Authentizität ist im Substanziellen gegeben, nicht im Szenografischen. Doch jeder hält etwas anderes für unverzichtbar. Aus verschiedenen Wahrnehmungsperspektiven ist die Sicht darauf möglicherweise ganz unterschiedlich. Aber es ist weder der Wellnesstempel noch die Vierer-Seilbahn. Es ist die Topografie, die das Authentische gibt. Im Schauen geteilt wird es mehr. Und nicht Null.

E.K. Keyword back to the train?

E.B. To the slowness of a train ride? There is no horizon on the western line. It just keeps on going, and it's still Lower Austria. Hill after hill. One starts to doubt the tempo. But, cliché or not, the topography is sensational, blessedly authentic. In the Wachau or on the Semmering mountain. They are more careful about transitions and stylistic incongruity. The sprawl doesn't seem as bad as elsewhere. It is salutary to drive anywhere through Lower Austria – through a normal countryside, through the Lower Austrian Alps, the valleys, the dunes of the foothills. A strange balance of the unimportant provides relief. Simply the present.

E.K. Keyword authenticity?

E.B. Maybe it's where there is no redundancy, nothing interchangeable. Where things just are as they are – convincing simply because nobody questions them. Often, authenticity is worn thin by pictures and memories. Authenticity is substantial, not sceno-graphic. Yet everybody feels that something else is necessary. Different perspectives might offer a completely different point of view. But authenticity is definitely not a "wellness" temple or a four-seater cable car. The topography provides authenticity. The view grows when shared; it is not reduced to zero.

St. Pölten, Geburt einer neuen Hauptstadt
Norbert Steiner

Vor gut 20 Jahren, am 10. Juli 1986, beschloss der Niederösterreichische Landtag nach einer jahrelangen, zum Teil sehr heftig geführten Diskussion, und nach einer Volksbefragung – der ersten überhaupt in Niederösterreich –, eine eigene Landeshauptstadt zu schaffen. Als Hauptstadt wurde St. Pölten bestimmt, die größte Stadt Niederösterreichs, die überdies annähernd im Zentrum des Landes liegt. Durch ihre Lage an den Hauptverkehrswegen Österreichs, der Westbahn und der Westautobahn, hat die Stadt auch gute Standortvoraussetzungen.

Ansonsten war St. Pölten auf diese neue Würde nicht sehr gut vorbereitet. Man kämpfte mit dem Image einer Provinzstadt und strotzte nicht gerade vor besonderem politischem Selbstbewusstsein und Offenheit gegenüber neuen Ideen. Ein Schweizer Journalist hat in dieser Zeit St. Pölten mit einer tüchtigen Hausfrau verglichen, die gut wirtschaftet und ihren Haushalt ordentlich führt, aber die sich nie Zeit nimmt, sich schön zu machen oder etwas Besonderes zu erleben.

Die letzte Schönheitsoperation und baukulturelle Hochblüte erlebte St. Pölten vor 300 Jahren, als Jakob Prandtauer und Joseph Munggenast Bürger dieser Stadt waren. Im Hochbarock entstand ein völlig neues Gesicht St. Pöltens, barocke Türme und Klosterbauten dominierten die Stadtsilhouette. Später bestimmten die Errichtung der Kaiserin-Elisabeth-Bahn mit dem Eisenbahnknoten St. Pölten und große, überregional bedeutsame Industrieansiedelungen die städtische Entwicklung.

Auffällige architektonische Ereignisse aus dem 20. Jahrhundert sind dagegen rar – ein Olbrich-Bau, das Stöhr-Haus am Bahnhof, das WIFI von Karl Schwanzer, ein kleiner verwegener Dachausbau hinter dem Dombezirk, zu dem sich im Rahmen seines Wirkens in St. Pölten Klaus Kada bekannte, viel mehr war an interessanter Architektur in St. Pölten nicht zu finden. Das Interesse an Baukultur und Architektur war gering. Ortsansässige Architekten bestimmten das Geschehen und das Niveau.

St. Pölten, the birth of a new capital
Norbert Steiner

A good 20 years ago, on July 10, 1986, following years of controversy and the first-ever public opinion poll in Lower Austria, the Lower Austrian parliament moved to found its own state capital. St. Pölten was chosen, the largest town in Lower Austria and almost in the center. Located on the main traffic arteries of Austria, the Western Railway and the Westautobahn, the city had a good starting position.
Other than this, St. Pölten was not well-prepared for this honor. It was struggling with its image as a rural town and was not exactly abounding with political self-esteem or openness for new ideas. A Swiss journalist said at the time that St. Pölten was like an efficient housewife; meticulous and economical, but still taking the time to pretty herself up or enjoy special occasions

The last beauty treatment and architectural heyday in St. Pölten was 300 years ago, when Jakob Prandtauer and Joseph Munggenast resided here. St. Pölten's visage changed completely during the height of the baroque era. Baroque towers and convents dominated the skyline. Later, the city's development was defined by the construction of the Empress Elisabeth Railway, the St. Pölten railway node, and large, trans-regional industrial estates.

Truly remarkable architectural highlights of the 20th century are relatively rare – an Olbrich building, the Stöhr house at the train station, the WIFI by Karl Schwanzer, a small yet bold roof addition behind the cathedral district that Klaus Kada confessed to influ-

Entsprechend schwierig, aber auch spannend gestalteten sich die Geburtsjahre der neuen Hauptstadt. Zunächst wurde der richtige Standort für die neuen zentralen Einrichtungen und Funktionen gesucht. Ihn fand man unmittelbar östlich der Innenstadt am gestalterisch interessanten Flussufer.
Schwierig war es, das richtige Maß für die neuen Bauten zwischen einem immer wieder unterstellten Größenwahn und einem vorsichtigen Regionalismus zu finden.
Die ersten Jahre waren gekennzeichnet vom Engagement, vom Mut und vom unbändigen Umsetzungswillen des »Vaters der Landeshauptstadt«, Landeshauptmann Siegfried Ludwig, aber auch von Bedenken und Einwänden vieler Beteiligter.

Wie bei derart großen städtebaulichen und architektonischen Aufgabenstellungen üblich, setzte man auf eine breite Ideensuche mittels Wettbewerben, auf die Mitwirkung internationaler Fachleute und auf Offenheit gegenüber den Bürgern und der Öffentlichkeit. Dabei wurden neue Stadtentwicklungskonzepte, mit Schwerpunkt auf Ökologie und Nachhaltigkeit, verfolgt, und gleichzeitig wurde der Versuch unternommen, eine selbstbewusste Architektur zu schaffen, die ein unverwechselbarer Ausdruck ihrer Zeit ist.
Hans Hollein, Gustav Peichl, Vittorio Gregotti, Egbert Kossak, Christoph Sattler, als einige der Juroren, Dietmar Steiner als Kurator der Ausstellung »Geburt einer Hauptstadt« und Adolf Krischanitz als Schöpfer des Geburtstempels, des temporären Traisenpavillons, haben neben vielen anderen Planern und Ideengebern mitgeholfen, diese Entwicklungsphase zu moderieren und zu Ergebnissen zu führen.

19

Der erste große Wettbewerb, ausgelobt von der NÖPLAN, einer eigens für die Landeshauptstadtbauten gegründeten Planungs- und Errichtungsgesellschaft, erbrachte 166 Beiträge und löste in der Fachwelt teilweise Enttäuschung aus: zu wenige visionäre Projekte, zu unklare Vorgaben. Otto Kapfinger kritisierte, dass in dieser ersten Phase nicht klar genug zwischen den primären, städtebaulichen Fragestellungen und dem architektonischen Ansatz unterschieden

encing: that is the measure of interesting architecture to be found in St. Pölten. Interest in architecture and building culture was not especially high. Local architects determined the pace and the level of work.
Therefore, the beginning of the new capital's fruition was difficult, but also exciting. First, a location for the new central government district needed to be found. An interesting site was discovered just east of the city center, on the riverbanks of the Traisen.

It was difficult to find the right magnitude for the new buildings, somewhere between the imputed delusions of grandeur and overly cautious regionalism. The initial years were marked by commitment, courage, and the exorbitant will for realization of the "father of the capital", state governor Siegfried Ludwig – but also by the misgivings and objections of many of the people involved.

As is usual for such large-scale urban planning and architectural projects, broad input was obtained through a

competition involving international experts. Public candor and transparency for the citizens remained important throughout the process. New city development concepts progressed, emphasizing the ecology and sustainability, and trying at the same time to create confident architecture that clearly expresses its era.
Hans Hollein, Gustav Peichl, Vittorio Gregotti, Egbert Kossak and Christoph Sattler representing the jurors, Dietmar Steiner as curator of the "Birth of a Capital" exhibition, and Adolf Krischanitz as the creator of the "Birth Temple", the temporary Traisen Pavilion, collaborated with a multitude of other planners and developers to moderate this development phase and arrive at positive results.

The first major competition, posted by NÖPLAN, a planning and building company founded especially for the erection of the capital buildings, generated 166 entries. This brought parts of the architecture world to the brink of despair, due to the lack of visionary projects and unclear guidelines. Otto Kapfinger criticized that in this

Norbert Steiner

worden war. Nach einer halbjährigen Nachdenk- und Diskussionsphase wurde
für die zweite Wettbewerbsstufe ein von der NÖPLAN klarer definiertes Leitbild
vorgegeben. Es sollte ein »offenes, bürgerfreundliches und landschaftsbezoge-
nes ›Regierungsviertel‹« entstehen, das den Flussraum der Traisen einbezieht
und mit der östlichen Innenstadt verbunden wird. Angestrebt wurde ein »multi-
funktionales, innerstädtisches neues Stadtquartier an der Traisen«, das eine
Stadtentwicklung über den Fluss nach Osten ermöglicht. Am besten hat diese
Vorgabe Ernst Hoffmann in seinem Entwurf umgesetzt, der daraufhin mit dem
Landhausbau beauftragt wurde.

An der »kontemplativen Achse«, die das neue Viertel mit der Altstadt verbindet
und über die wiedererrichtete Synagoge zum Dombezirk führt, wurde ein Kulturbezirk geplant. Das Leitprojekt hierfür stammt von Hans Hollein, der auch
die Ausstellungshalle und das NÖ Landesmuseum plante. Für das Festspielhaus wurde Klaus Kada gewonnen – sein Bau ist wirklich ein Gewinn für das
gesamte Viertel. Der damals noch junge Paul Katzberger und seine Partner
wurden mit der Planung der Landesbibliothek und des Landesarchivs beauftragt.

Nach fünf Jahren mit Workshops, Diskussionen, Wettbewerben und intensiven
Planungen fand am 13. September 1992 im Rahmen eines großen Volksfestes
der Spatenstich für den Bau des neuen Landhauses statt. Dann ging es unauf-
haltsam und schnell mit dem Bauen voran.

In weiteren fünf Jahren wurde ein gewaltiges Bauprogramm realisiert: das
Landhaus mit seinem weit ins Land sichtbaren Wahrzeichen, dem Klangturm,
die Bauten des Kulturbezirks, die Landessportschule nach Plänen von Mistel-
bauer/Krainer, das so genannte Kombizentrum von Gschwantner für ergän-
zende, zentrale technische Dienste, sowie Brücken und neue Hauptverkehrs-
straßen. Sämtliche Objekte wurden, ohne Skandale, im vorgesehenen Termin-
und Kostenrahmen fertig gestellt.

first phase too little differentiation was made between the primary, urban planning aspect and architectural aspects. Following a 6-month period of deliberation and discussion, NÖPLAN brought out clearly defined guide-lines for the second competition phase. An "open, environmentally integrated, and citizen-friendly govern-ment district" was called for, one that incorporated the Traisen River landscape and joined with the eastern city center. A "multifunctional, new city center on the banks of the Traisen" was the goal, enabling the city to develop across the river to the east. This concept was best satisfied by Ernst Hoffmann, who was also commissioned to design the parliament building.

A cultural district was planned along the "contemplative axis" that joins the new quarter with the old city, leading across the rebuilt synagogue to the cathedral district. The leading project is by Hans Hollein, who also designed the exhibit hall and the Lower Austrian State Museum. Klaus Kada was persuaded to design the Festspielhaus – the whole quarter profits from his structure. The young

Paul Katzberger and his partner were commissioned for the design of the state library and archives.

After five years of workshops, discussions, competitions and intensive planning, there was a ground-breaking ceremony for the new parliament on September 13, 1992. Then construction began in earnest, fast and unstoppable.

After another five years, the enormous construction plan had been realized: the parliament with its trademark Tower of Sound visible from afar, the buildings in the cultural district, the state sports academy by Mistel-bauer/Krainer, Franz Gschwantner's so-called 'combo-center' for central technical services and for bridges and new highways. All projects were completed on time, without any scandals, and within the projected budget.

The completion of the building program fulfilled the political aims: for more than ten years now, the parliament has met and the state government governed

Mit der Umsetzung dieses Programms wurden auch die politischen Ziele einge-
löst: Der Landtag tagt, und die Landesregierung regiert nunmehr seit über
zehn Jahren in St. Pölten. Viele Arbeitsplätze wurden neu geschaffen – nicht
nur während der Bauzeit, sondern nachhaltig. St. Pölten wandelte sich von
einer Auspendler- zu einer Einpendlerstadt, ist heute eigenständiger und bietet
mit dem Landestheater, dem Festspielhaus, dem ORF-Landesstudio (Planung:
Gustav Peichl), der von Eduard Neversal und später von SOLID architecture
geplanten Bühne im Hof, dem Cinema Paradiso, von BWM-Architekten geplant,
und dem neuen Rathausplatz (gestaltet von Boris Podrecca) eine große kulturelle Vielfalt.

Mehr noch: St. Pölten ist in sehr kurzer Zeit – trotz erheblicher Widerstände
gegen die Übersiedelungen aus Wien – politisches und administratives Zentrum des Landes geworden. Die politischen Parteien, die großen Kammern –
zuletzt die NÖ Wirtschaftskammer mit einem Neubau nach Plänen von Rüdiger
Lainer –, Banken, öffentliche und private Versicherungen haben in St. Pölten
Niederlassungen errichtet. Am Regierungsviertel wird inzwischen bereits
weitergebaut.

Weniger gelungen ist es, den Wohnstandort weiterzuentwickeln und die Stadt
fürs Wohnen attraktiver zu machen. Die Einwohnerzahl stagniert, obwohl ein
schrittweises Wachstum auf 100.000 Einwohner prognostiziert wurde.

Insgesamt sind in den Geburts- und Jugendjahren der neuen Landeshauptstadt die architektonischen und städtebaulichen Chancen vielfältig, auch
baukulturell, genutzt worden. Wie gut dies gelungen ist, muss jeder für sich
feststellen. Unzweifelhaft ist aber, wie Walter Zschokke und Marcus Nitschke
im Vorwort zum neuen »ORTE-Buch« »Architektur in Niederösterreich
1997–2007« feststellen, dass die Geburt der neuen Hauptstadt auch Impuls
dafür war, dass in den letzten 10 bis 20 Jahren eine lebendige, zeitgenössische Architekturlandschaft in dem früher als »Wüste« verschrienen Niederösterreich entstanden ist.

*in St. Pölten. A multitude of jobs have been created not
only during construction but also permanently. St. Pölten
has been transformed from a 'commuting-out' to a
'commuting-in' city. It has become more independent,
ensuring cultural diversity, with the state theater, Festspielhaus, ORF [Austrian Broadcasting] Studio (designed
by Gustav Peichl), the Bühne im Hof (designed first by
Eduard Neversal and then by SOLID architecture), the
Cinema Paradiso (by BWM architects) and the new City
Hall Square (by Boris Podrecca).*

*Even more: St. Pölten has, in a very short time and
despite considerable resistance to the influx from Vienna,
become the political and administrative center of the
province. The political parties, the main chambers – most
recently the Lower Austrian Chamber of Commerce's new
building by Rüdiger Lainer -, banks, and public and
private insurance agencies have moved their headquarters to St. Pölten. The government district is already
being expanded.*

*Developing the city's residential aspect, making it a more
attractive place to live, has been less successful. The
population is stagnant, although a slow growth to
100,000 is expected.*
*Overall, the new capital has taken advantage of the
architectural, urbanistic and building culture opportunities that arose during the early growth years. Each
person must determine the actual success for him or
herself. However, as Walter Zschokke and Marcus
Nitschke ascertain in the foreword to the new ORTE book
Architecture in Lower Austria 1997–2207, it remains
unquestionable that the birth of the capital provided the
impulse for the creation of a lively contemporary architectural landscape in what was once decried as a
'desert'.*

Landschaft mit Aussicht
Theresia Hauenfels

Niemals sind Identitäten eindeutig. Regionale Identitäten werden erzeugt, erzählt, verändert, nicht zuletzt gebaut.

Das Mostviertel, die südwestlichste Region Niederösterreichs, hat historisch unterschiedlich gewachsene Gegenden und politische Bezirke und ist im Norden von der Donau, im Osten vom Wienerwald, im Süden von der Steiermark und im Westen von Oberösterreich begrenzt. In der Wahrnehmung der »Mostviertler« liegt die »gefühlte« Grenze bei St. Pölten. Der Wienerwald und das südliche Tullnerfeld werden nicht unbedingt als der Großraumregion zugehörig empfunden. Als Kernraum des Mostviertels kann die Gegend des Ybbsfeldes und des Urltales gesehen werden. Der Übergang zum oberösterreichischen Mostviertel ist auf der Ebene der Identität ein eher fließender, wie auch beim Dialekt deutlich spürbar.

Der Architekturführer gliedert das Mostviertel in Unterregionen, die sich nicht streng an politischen Bezirken orientieren, sondern Landstriche so darstellen, dass architektonische Objekte entlang der Routen gut erreichbar sind. Von der Wien-nahen Wohngegend des Wienerwaldes geht es die Donau entlang, mit Abstechern in die Seitentäler der hügeligen Voralpen bis zur oberösterreichischen Grenze, wo die prachtvollen, behäbigen Vierkanter dominieren. Mit jenen Bauernhöfen verbunden ist auch die Namensgebung des Viertels: die Mostwirtschaft.

Die Streuobstwiesen verleihen besonders zur Apfel- und Birnbaumblüte der Landschaft ihre reizvolle Wirkung. Der Umgang mit Obstbäumen ist ein zentrales Motiv der Architektur des Mostviertels. Peter Kunerth bezieht sich auf die Berücksichtigung der gegebenen Natur bei ländlichen Bauformen: »Es wurde deshalb kein Bauwerk höher gebaut als die umgebenden Obstbäume an Höhe erreichen.« (Kunerth 1986, S. 55) Auch in der zeitgenössischen Architektur ist die Streuobstwiese Thema, wenn das Architekturduo Poppe*Prehal mit einem Einfamilienhaus in Zeillern eine Kulisse für die Bäume schafft. Der Vierkanter,

Landscape with a view
Theresia Hauenfels

Identities are never clear-cut. Regional identities are constantly being created, narrated, changed and constructed.

The Mostviertel, the most south-westerly region of Lower Austria, is a conglomeration of historically different areas and political districts. It is bordered by the Vienna Woods to the east, Styria to the south, and Upper Austria to the west. The "Mostviertlers" themselves feel that St. Pölten is the real border. The Vienna Woods and southern Tullnerfeld, further north-east, also have little sense of being part of the region. The origin or core of the Mostviertel can be seen as the area around the Ybbsfeld and the Url Valley. In terms of identity, the transition to the Upper Austrian Mostviertel is a smooth one, clearly heard in the dialect.

This architectural guide divides the Mostviertel into subregions, not keeping strictly to political districts, but configuring the zones so that the various buildings are easily accessible along the routes. Starting in the Vienna Woods residential area near Vienna, we follow the Danube River, with detours into the side valleys of the rolling Alpine foothills, all the way to the Upper Austrian border, where splendid, sedate four-sided farmhouses predominate. These cider-producing farmhouses are the key to the region's name, which means 'cider quarter'.

The traditional, mostly organic apple and pear orchards endow the landscape with a delightful charm, all the more intense during blossoming time. The interaction with fruit trees is a central theme in the Mostviertel

Landschaft mit Aussicht

Inbegriff bäuerlicher Bautradition dieser Region – auch wenn, über das gesamte Viertel gesehen, mehrere Hofformen anzutreffen sind – ist aktuelles Thema, wie der Umbau des Meierhofs Öhling durch Johannes Zieser zeigt.

Das Mostviertel ist aber nicht nur von der Landwirtschaft geprägt, sondern auch von Industrie, speziell im Bereich der Eisen-, Stahl- und Holzverarbeitung. Die historische Bedeutung mancher Orte basierte auf der großen Rolle, die der Metallhandel dort spielte, wie in Waidhofen/Ybbs, das als Umschlagplatz für Eisen groß geworden ist und für die Verarbeitung des Metalls zu Messern und Sensen bekannt war. Am Ybbstor ist bis heute das Motto »Ferrum chalybsque urbis nutrimenta« zu lesen. Nur wenige Kilometer entfernt wurde in Ybbsitz, ebenfalls an der niederösterreichischen »Eisenstraße« gelegen, dem Werkstoff ein ganzes Museum gewidmet: das »Ferrum« von Wolfgang Hochmeister.

Durch die Vormachtstellung, die Steyr im 16. Jahrhundert erlangte, kam es in Waidhofen im Bereich der Metallverarbeitung zu einer wirtschaftlichen Stagnation. Heute ist Waidhofen in anderen Bereichen international bekannt: Vor allem durch das die historische Stadttopografie langfristig in die Zukunft weiterdenkende, jedoch nur in Teilen realisierte »Stadtprojekt« von Ernst Beneder, mit Rathausumbau, Platzgestaltung, Brunnen und Ybbsuferweg, das 2001 mit dem Otto-Wagner-Städtebaupreis ausgezeichnet und zuletzt auf einer Architekturbiennale in Chile gezeigt wurde.

Der weltweit agierende Waidhofner Betrieb bene spielt im Umgang mit der Architektur eine Vorreiterrolle in der Region und setzte bereits in den späten 1980er Jahren mit der Firmenarchitektur von Ortner & Ortner ein markantes Zeichen. Der allgemeine Trend zum Einsatz von Architektur als Ausdruck von Unternehmenskultur zeigt sich auch im Mostviertel. Nicht zuletzt zeigt der Umbau des Rothschildschlosses für die Landesausstellung 2007 durch Hans Hollein, dass Architektur eine Stadt überregional ins Gespräch bringen kann.

architecture. Peter Kunerth remarks on the great signifi-cance of the surrounding scenery to rural building struc-tures: "This is why no building is made higher than the highest crowns of the fruit trees around it". (Kunerth 1986, p. 55) These traditional orchards are also impor-tant for contemporary architecture; a good example is architecture duo Poppe*Prehal's transformation of a single-family home in Zeillern into a setting for the trees of an old orchard. The four-sided farmhouse is the epitome of agricultural building tradition in the region. It is also an ongoing topic, as can be seen in Johannes Zeiser's renovation of the Meierhof-Öhling building.

But the Mostviertel is not influenced by farming alone; the iron, steel, and timber industries have also made their marks. The historical significance of some villages arose from their significant commerce in metals. Waidhofen an der Ybbs grew up as a trading center for iron and was renowned for its fine crafting of knives and scythes. The motto "Ferrum chalybisque urbs

nutrimenta" can still be read on the gates of the Ybbstor. In nearby Ybbsitz, a few kilometers further down the Lower Austrian Eisenstrasse [Iron Road], an entire museum has been dedicated to the material iron: Wolfgang Hochmeister's "Ferrum".

The advantage that Steyr gained over Waidhofen in the 16th century caused the metalworking field to stagnate economically. Today, Waidhofen is known internationally in other fields, above all for Ernst Beneder's "City Project". The as-yet-unfinished endeavor projects the historical topography far into the future, renovating the town hall, redesigning the square, the fountains and the Ybbs Riverside Path, which was awarded the Otto Wagner Urban Building Prize in 2001 and was recently shown at an architecture biennial in Chile.

The global enterprise bene, located in Waidhofen, is on the cutting edge of architecture in the region. As early as the late 1980s, the company had a striking piece of

Theresia Hauenfels

ArchitekturtouristInnen werden als reisende Zielgruppe von Städten entdeckt, architektonische Zeichen als städtische Imageträger begriffen.

Noch 1986 spricht Johann Kräftner im Buch »Mostviertel – Bauernland im Wandel« in seinem Artikel »Land im Abseits« über die Abwesenheit zeitgenössischer Baukultur: »Neue Architektur gibt es nicht, sie ist weg vom Fenster, und man muss froh sein, wenn die Zerstörung der historischen Substanz zum Stillstand gekommen und dadurch vielleicht einmal ein schöpferischer Neubeginn möglich sein wird, wenn man nicht alle Brücken hinter sich abgebrochen hat. Hier gilt es, behutsam das Bewusstsein zu bilden und langsam Tür und Tor für das Neue zu öffnen.« (Kräftner 1986, S. 31) So wird auch einsichtig, warum der Zeitraum von 1919 bis 1989 – abgesehen von den wegweisenden Bauten der Zwischenkriegszeit in St. Pölten – nicht im gleichen quantitativen Ausmaß dargestellt wurde wie der Zeitraum ab den 1990er Jahren bis heute. Speziell St. Pölten war durch die intensive Bautätigkeit bei der Schaffung des Regierungsviertels und des Kulturbezirks Auslöser für eine anhaltende niederösterreichweite Steigerung des Architekturbewusstseins. Nicht alles, was historisch interessant ist, konnte in den Architekturführer aufgenommen werden, aus Gründen völliger Unzugänglichkeit, wie der umgebaute alte Zeller Bauernhof für den Maler Sergius Pauser durch Clemens Holzmeister in Waidhofen oder die Gartenfront mit Holzveranda des Gstettenhofs in Gresten nach einem Entwurf von Josef Hoffmann. Manche Gebäude, die vom Abriss bedroht sind, wurden nicht dargestellt, wie beispielsweise das typische 1960er Jahre-Freibad von Willy Frühwirth in Königstetten. Auch in Fällen, wo die Authentizität des Bauwerks in hohem Ausmaß zur Debatte stand, wie im Fall des ehemaligen Design-Einrichtungshauses und heutigen Elektromarktes bei Amstetten, dessen Entwurf von Coop-Himmelb(l)au stammt, das der Bauherr aber selbständig fertig baute, wurde von einer Aufnahme in den Architekturführer abgesehen.

—
24

Umnutzung und Sanierung alter Bauwerke spielen in Niederösterreich eine große Rolle. Für die Landesausstellung 2007 wurden zwei Schlösser adaptiert: in Waidhofen durch Hans Hollein und in St. Peter in der Au durch Johannes Zieser. Der frühere Waidhofner Bürgermeister Wolfgang Sobotka sagt dazu im Interview: »Das Schöne an Architektur ist, dass sie Geschichten zu erzählen hat. Denn Gebäude können ganze Generationen überdauern, transportieren den Charakter längst vergangener Zeiten und sind so wandelbar, dass sie auch Jahrhunderte nach ihrer Erbauung noch nutzbar sind. Niederösterreich ist ein Land, das Traditionsverbundenheit und Aufgeschlossenheit in beispielhafter Form miteinander verbindet.«

Die Siedlungsstrukturen des Mostviertels, die Franziska Leeb im Einleitungstext thematisiert, gilt es unter der Prämisse eines zeitgemäßen, ökologisch sinnvollen und ressourcenschonenden Umgangs mit Flächen weiterzudenken. Das Altsiedlungsland um Oed-Öhling bei Amstetten erfreut sich auch aktuell wieder großen Zuzugs. Die Randlandschaften der Eisenwurzen, die erst ab dem 12. Jahrhundert durch die Herrschaften Freising oder Garsten kultiviert wurden, haben ihren Charakter bewahrt. (cf. Dimt 2002, S. 31).

Um die fortschreitende Zersiedelung einzuschränken, werden auf Ebene der Landespolitik im Bereich der Wohnbauförderung Maßnahmen gesetzt. Mit Niedrigenergiewohnhausanlagen oder Siedlungen in Passivhausqualität werden ökologische Schwerpunkte gesetzt. Für Wohnbauten ab einer Größenordnung von 30 Einheiten wurde mit 1.1.2006 ein Gestaltungsbeirat eingeführt, gemäß dem Motto des jetzigen Wohnbaureferenten Wolfgang Sobotka, dass Architektur dem Menschen in all seinen Facetten und Bedürfnissen nachkommen muss, ohne dabei auf eine stimmige, moderne optische Gestaltung verzichten zu müssen.

The renovation and conversion of old buildings are strongly represented. Two castles were adapted for the 2007 Regional Exhibition alone: one by Hans Hollein in Waidhofen an der Ybbs, the other by Johannes Zeiser in St. Peter an der Au. Wolfgang Sobotka, the former mayor of Waidhofen, commented in an interview: "The beautiful thing about architecture is that it has stories to tell. Buildings remain standing for generations, conveying the character of long-past times, and they are so adaptable that they can still be used centuries later. Lower Austria is a province that is exemplary in its combination of tradition and open-mindedness."

The settlement structures in the Mostviertel, mentioned in Franziska Leeb's introductory essay, must be developed into the future, joining modern standards with a low-resource approach to open space. The old settlement area around Oed-Öhling near Amstetten is

currently enjoying a population influx. The fringes of the Eisenwurzen area, which were not cultivated until the

12th century, still retain their unique character. (cf. Dimt 2002, p. 31)

Aiming to restrict the gradual urban sprawl, provincial politicians have made residential subsidies available. The low-energy housing annexes and passive house residential communities emphasize ecological building standards. On January 1, 2006, an advisory board for residential structures with more than 30 units was established, following current residential construction officer Wolfgang Sobotka's motto that architecture should be adjusted to people, to all their facets and needs, without having to dispense with a harmonious modern aesthetic.

Architectural time travel happens when old and new settlements confront each other. This happens in Kupferbrunn, a north-eastern neighborhood of St. Pölten. Prokop, Lutz & Wallner, who also planned the former 'Glanzstoffvilla' in 1930, built one side of the Kupferbrunn Residential Community for Glanzstoff factory

Theresia Hauenfels

Architektonische Zeitreisen entstehen in der Gegenüberstellung von alter und neuer Siedlungstätigkeit, wie in Kupferbrunn, einem Ortsteil im Nordosten St. Pöltens. Auf der einen Seite die Siedlung Kupferbrunn für die Arbeiter der Glanzstoffwerke aus dem Jahr 1925 von Prokop, Lutz & Wallner, die 1930 auch die ehemalige Glanzstoffvilla planten, auf der anderen Seite in Sichtweite die 1992 realisierte »Bananenburg« von Peter Raab, Johannes Winter und Josef Zapletal. Im Bereich der Voith-Siedlung im Süden St. Pöltens findet man ein Einfamilienhaus von Peter Raab und Konrad Rauter in der Grillparzerstraße. Dieses Stahlhaus befindet sich neben dem Kulturheim-Süd mitten in einer Wohngegend, die u. a. von den Baumeistern Rudolf Jäger und Josef Weidinger zu Beginn der 1920er Jahre entworfen worden ist. Nicht alleine Architekten, sondern auch Ingenieure wie Franz Kuhn, der 1924 die Bogenbrücke des Ybbs-dückers errichtete, oder Ernst P. Jordan mit seinen Solararchitektur-Ein-familienhäusern, charakterisieren die gebaute Landschaft.

Die während des Nationalsozialismus errichteten Siedlungsbauten, strategisch in der Nähe wichtiger Industriebetriebe platziert, wurden als Zeit-Dokumente erfasst. Wie Zeitgeschichte baulich erinnert wird, wie das Gedenken gestaltet wird, zeigt sich in Mahnmälern oder der Gedenkstätte im ehemaligen KZ Melk. KünstlerInnen bestimmen zunehmend den öffentlichen Raum. Im Gegensatz zu herkömmlicher »Kunst am Bau« ist »publicart« in Niederösterreich ein Zeichen des produktiven Dialogs zwischen Kunst und Architektur und entzieht sich so der kritischen Anmerkung von Manfred Wagner: »Wenn Kunst als angeklebte Verzierung funktioniert wird, nicht ihr Vermögen gegenüber jeder anderen handwerklichen Tätigkeit herausgestellt werden kann, sie letztlich nicht für sich Aufmerksamkeit beansprucht, ist sie unnütz und funktioniert weder im Umgebungsbereich noch im Anspruch der Autonomie.« (Wagner 1997, S. 106)

Die Entwicklung der neuen niederösterreichischen Hauptstadt St. Pölten geht weiter. Der aktuelle Bau des Bürohauses in Passivhausqualität von Erich

workers in 1925. The 1992 "Banana Castle" by Peter Raab, Johannes Winter, and Josef Zapletal is visible on the other side. A single-family home by Peter Raab and Konrad Rauter stands in the Grillparzerstrasse near the Voith Community in southern St. Pölten. This steel house sits next to the South Cultural Center in a residential area that was drafted in the early 1920s by building masters Rudolf Jäger, Josef Weidinger and others. Not only architects, but also engineers such as Franz Kuhn, who erected the arched bridge of the Ybbs culvert, or Ernst Jordan with his single-family solar homes, charac-terize the building landscape. Residential complexes built under National Socialism, strategically placed near important industrial factories, have been included as contemporary witnesses. How contemporary history is remembered in building and how commemoration is created can be seen in memorials such as the former concentration camp in Melk.

Artists are increasingly involved in the design of public space. As opposed to the former "Art on Buildings"

project, Lower Austria's "publicart" is a sign of productive dialogue between art and architecture, thus eluding Manfred Wagner's critical comments: "When art is a stuck-on decoration, not proving that its value is any other than a handicraft, not garnering attention; then it is useless, functioning neither within its surroundings nor autonomously." (Wagner 1997, p. 106)

The development of Lower Austria's new capital, St. Pölten, continues. The current construction of the passive house quality office building by Ernst Millbacher and Franz Gschwantner across from the government district, near the Hammerpark, had not been completed at the time of publication, like many other of the Lower Austrian public projects included in the Lower Austrian Building Plan. Business and administrative offices will occupy the four trapezoidal, four- to six-story office buildings, each dedicated to a material – stone, metal, wood, and glass. The ecological energy concept is an expression of the emphatic environmental awareness present in the region.

Millbacher und Franz Gschwantner gegenüber dem Regierungsviertel, neben dem Hammerpark, ist zum Zeitpunkt der Publikation dieses Buches noch nicht abgeschlossen und wird, wie viele andere Projekte des Landes Niederösterreich, von der NÖ HYPO-BAUPLAN getragen. In den vier trapezförmigen, vier- bis sechsgeschossigen Bürohäusern, die jeweils einem Material, Stein – Metall – Holz – Glas, verpflichtet sind, werden Betriebe und Verwaltungseinheiten landesnah untergebracht. Das bauökologische Energiekonzept ist Ausdruck eines ausgeprägten umweltfreundlichen Bewusstseins.

Eine Kulturlandschaft muss immer wieder aufs Neue ihre Form des Umgangs mit der Natur finden. Unterschiedlichste Besiedlungs- und Nutzungsformen prägen das sich verändernde Antlitz der Landschaft. Im besten Fall tritt die Architektur mit der Topografie in Dialog. Im Mostviertel finden sich entlang der Flüsse zahlreiche Wasserkraftwerke. So werden auch Nutzbauten, wie jener von Reinhard Schafler in Marktl, zu Landschaftsbauten. In der Interaktion mit dem Gegebenen, natürlich, ökonomisch und historisch, erweist sich Architektur, gerade weil sie einer überregionalen Ästhetik, einer stilistischen Sprache des Zeitgenössischen verpflichtet ist, als Konstrukteurin regionaler Identität. Die Besonderheiten der Architekturlandschaft Mostviertel liegen im Nebeneinander von unterschiedlichen Ansätzen in einer gewachsenen Region, die seit den 1990er Jahren in architektonische Aufbruchsstimmung geraten ist.

27

A cultural landscape is constantly redefining its relation to the environment. A wide variety of settlement types and uses mold the changing countenance of the land. Ideally, architecture and topography join in a dialogue. In the Mostviertel, numerous hydroelectric plants can be found along the rivers. Utilitarian structures are also part of the landscape, like Reinhard Schafler's structure in Marktl. Interacting with what it is given – naturally, economically, and historically – architecture proves its commitment to the stylistic language of the contemporary. Its aesthetic goes beyond the regional, yet constructs the regional identity. The distinction of the Mostviertel architectural landscape lies in the coexistence of diverse approaches within an evolved region which has been undergoing an architectural upswing since the 1990s.

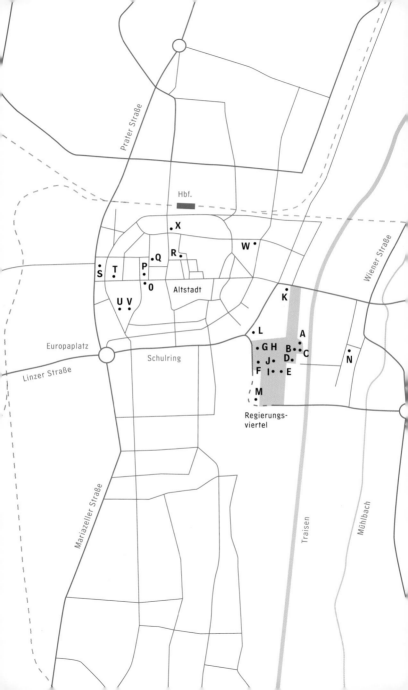

A **Regierungsviertel Landhaus NÖ**
Landhausplatz 1
30

B **Landhauskapelle**
Landhausplatz 1
31

C **Besucherzentrum Niederösterreichischer Landtag**
Landhaus Haus 1b, Erdgeschoss
32

D **Hohlkopfwand**
Rückseite Landhaus
33

E **Klangturm**
Kulturbezirk 1
34

F **Landesmuseum Niederösterreich**
Kulturbezirk 5
35

G **Festspielhaus**
Kulturbezirk 2
36

H **Eiserner Vorhang Festspielhaus**
Kulturbezirk 2
37

I **Niederösterreichisches Landesarchiv**
Kulturbezirk 4
38

J **Niederösterreichische Landesbibliothek**
Kulturbezirk 3
39

K **Tor zum Landhaus**
Rennbahnstraße 29
40

L **Firmenzentrale Alpenland**
Rennbahnstraße 30
41

M **ORF Landesstudio NÖ**
Radioplatz 1
42

N **Rainersiedlung**
Defreggerstraße
43

O **Rathaus**
Rathausplatz 1
44

P **Platzgestaltung**
Rathausplatz
45

Q **Cinema Paradiso**
Rathausplatz 15
46

R **Sparkasse Stammhaus**
Herrengasse 4
47

S **Aquacity**
Schießstattring 15
48

T **Wohn- und Kanzleigebäude**
Heßstraße 14
49

U **Bühne im Hof**
Linzer Straße 18
50

V **Erweiterung Bühne im Hof**
Julius-Raab-Promenade 37
51

W **Bildungshaus St. Hippolyt**
Eybnerstraße 5
52

X **NÖ HYPO-BANK**
Kremser Gasse 20
53

Regierungsviertel Landhaus NÖ

St. Pölten, Landhausplatz 1

Ernst Hoffmann

1997

EINE NEUE STADT AM FLUSS // 1986 wurde St. Pölten zur Landeshauptstadt erhoben. Einen mehrstufigen internationalen Wettbewerb entschied Ernst Hoffmann mit dem städtebaulichen Konzept des Landhausviertels für sich. // Bürgerbeteiligung und ein städtebauliches Leitbild, das auf ein integriertes Regierungsviertel setzte, begleiteten die Entstehung des neuen Viertels, das den Fluss und die Stadt neu miteinander verband. Die langen Zeilen der zwei bis achtgeschossigen Verwaltungsbauten für 3000 BeamtInnen liegen parallel zur Traisen und stellen eine befestigte Uferkante her. Zwei der drei Zeilen sind durch eine Glasüberdachung verbunden und bilden den Landhausboulevard. Die Anbindung des Bezirks an die Altstadt erfolgt über die Lederergasse und die Wiener Straße mit der bestehenden Traisenbrücke. Die Übergänge erfolgen sowohl über das Kulturforum als auch durch eine Passage mit Geschäften. Zwei Traisenstege erschließen den Grünraum des ostseitigen Ufers und verbinden den 650 m langen Landhausbezirk mit der neuen Wohnbebauung. Der auf Stelzen stehende, mächtige Landtag ist nah an den Fluss gerückt. Der große Sitzungssaal schwebt über einem langgestreckten, viereckigen Wasserbecken, das vom Fluss durch einen Promenadenweg getrennt ist. Vertraute Formen der Stadt werden als Raumausdruck urbanen Lebens begriffen und leiteten in Zitatform metaphorisch den Entwurfsgedanken: Boulevard, Straße, Gasse, Platz, Passage, Park, Anger, Promenade, Allee, Terrasse. *ek*

△ Farbintervention, Wandgestaltung, Landhausplatz 1, Haus 1a, Erdgeschoss, 1997: Oskar Putz
△ Großplastik, Landhausplatz 1, Haus 1a, Innenhof, 1997: Bruno Gironcoli

LATITUDE
48° 12' 04"
LONGITUDE
15° 38' 00"

A NEW RIVERSIDE CITY // In 1986, St. Pölten was made the capital of the Province of Lower Austria. Ernst Hoffmann won the international, multi-phase competition for the urban planning of the new Landhaus district. // Citizen involvement and the integration of the government district into the city were important planning aspects from the very beginning. This new district has rearranged the relation between city and river. The long rows of two- to eight-story administrative buildings house 3000 government employees in all. The buildings lie parallel to the Traisen River, creating a fortified riverbank. A glass roof over two of the three rows forms the Landhaus Boulevard. The traffic link from the new district to the Old Town is along the Lederergasse and the Wiener Strasse, across the existing Traisen Bridge. The entrances pass through the Cultural Forum and a shopping arcade. Two footbridges cross the Traisen, accessing the green space of the eastern riverbank and linking the 650-meter long parliamentary district with the new housing development. The massive parliament itself stands on stilts, close to the river's edge. The large assembly hall hovers over a long rectangular pool separated from the river by a promenade. Familiar city shapes are used as expressions of urban life, quoted as metaphors of the overall conceptual design: boulevard, street, lane, square, passageway, park, meadow, promenade, parkway, patio.

Arnulf Rainer, Ernst Hoffmann

1997

VON DER GESTALT DES KREUZES // Die Inszenierung von Religiosität für die Landhauskapelle St. Pölten wird von Arnulf Rainer vordergründig mit klassischen Elementen christlicher Ikonographie umgesetzt: Kreuz und Heiligenbild. Die Gestaltung der Kapelle geht aber weit über die bildliche Ebene hinaus. In Kooperation mit Architekt Hoffmann hat der Künstler auch in die räumliche Gestaltung eingegriffen. Auffallend ist die Helligkeit des Raumes, die durch die Belichtung in Form eines Kreissegments und das puristische Weiß der Wände entsteht. // Bei Betreten des Raumes scheint man in einen White Cube versetzt. Die Konzentration auf das zentrale Bild, »Schlangenkreuz« von 1987/88, bedeutet ein Innehalten vor der Kunst – ob nun in einem Museum oder einer Kapelle – und impliziert die Fragestellung über Sakralität und Abbildhaftigkeit. Seit Bestehen des Christentums gab es einen vielschichtigen Diskurs darüber, ob Gott in Bildern dargestellt werden kann oder nicht. Speziell in der Volksfrömmigkeit wurde die Darstellung von Heiligen und damit auch die Verehrung von Heiligenbildern zu einem wichtigen Element. Arnulf Rainer wurde auch beauftragt, den heiligen Leopold, Niederösterreichs Nationalheiligen, in Übermalung darzustellen – im Niederösterreichbezug der Landhauskapelle durchaus schlüssig. Dennoch scheint der Fokus auf dem Motiv des Kreuzes zu liegen, das im Œuvre von Arnulf Rainer als Bildform und Zeichen europäischer Geschichte eine besondere Stellung einnimmt. *th*

▲ Findlinge, »Große Compagnie«, Landhausplatz 1, Haus 1b, Landhausschiff, 1997: Franz Xaver Ölzant
▲ Wandgestaltung, Landhausplatz 1, Haus 1a, 3. Stock, 1997: Franz Graf

31

LATITUDE
48° 12' 04"
LONGITUDE
15° 38' 00"

ON THE FORM OF THE CROSS // Arnulf Rainer's staging of religiousness for St. Pölten's Landhauskapelle is rendered principally by the use of classical elements of Christian iconography: the Cross and images of the saints. However, the decoration of the chapel goes far beyond the visual level. In cooperation with the architect Hoffmann, the artist also made spatial adjustments. The luminosity of the room, created by a circular lighting segment and the pristine white of the walls, is quite striking. // Upon entering the room, one seems to be transported into a white cube. The focus upon the central painting "Schlangenkreuz" [serpent cross] (1987/88) causes one to pause before the work of art – as if in a museum – and implies the questioning of sacrilege and effigy. Since the beginning of Christianity, complex discussions have arisen about the portrayal of God in paintings. The portrayal of saints and their veneration came to play an important role, especially in popular piety. Arnulf Rainer was commissioned to overpaint Saint Leopold, Lower Austria's regional saint. Considering the importance of the Chapel to Lower Austria, this decision is understandable. However, the painting's focus seems to be upon the Cross, which holds a special place in Arnulf Rainer's œuvre as a symbol of European history.

2003

POLITIK IN NAHAUFNAHME // Nur selten sucht man Orte auf, an denen Politik gemacht wird. Über Politik lässt man sich via Medien nach Hause berichten. Vom eigentlichen Geschehen ist man weit entfernt. Das Besucherfoyer des Niederösterreichischen Landtags, gestaltet von pla.net, bringt Politik ganz nah. // Auf Initiative von Landtagsdirektor Karl Lengheimer verwandelte sich ein kaum genutztes Foyer mit wenig ansprechenden Schautafeln in einen Politikerlebnisort. Dieser bringt einen Farbtupfer ins allgegenwärtige Grau des Regierungsviertels. Was als spielerisches Labor für SchülerInnen gedacht war – ungefähr 50.000 BesucherInnen kommen jährlich – kann auch Erwachsenen einiges über demokratische Institutionen und politische Vorgänge erläutern. // Alle Ausstellungsstationen sind in ein gelbes Band eingelassen. Dieser gelbe Faden aus Kunstleder lädt zum Anlehnen, Arbeiten und Hinsetzen ein. Er schmiegt sich in die Raumrundungen und zieht sich in dezenter Höhe am Rand entlang. Die eine Schleife des Bands dient als Sitzmöbel, die andere trägt die Aktiv- und Lesestationen. Ob Kugelspiel, Quiz, Fernsehinterview oder Wahllotto, mit vertrauten Formaten liefert das Besucherzentrum unter dem Landtagssaal den Beweis, dass Politikvermittlung nicht langweilig sein muss. Die kuratorische Konzeption von Christian Rapp und Sascha Windholz schafft den Spagat zwischen intensivem Lernen und spielerischem Tun. *ek*

♦ Kinder- und Jugendprogramm
▲ Bildteppich, Landhausplatz 1, Haus 1 – 2, in den Liften, 2001: Hilde Fuchs
▲ »Blaugelbfeld – Weltenwege«, Landhausplatz 1, Haus 1 a, Osterrichisaal, 1997: Gunter Damisch

32

LATITUDE
48° 12' 10"
LONGITUDE
15° 38' 00"

POLITICS UP CLOSE // The places where policy is made are seldom frequented. We hear about politics at home, in the media, yet are far from the actual process. The visitors' foyer in the Lower Austrian Parliament, designed by pla.net., brings us closer to the political process. An initiative by parliament director Karl Lengheimer has transformed a little-used foyer and uninteresting wall charts into an exciting political learning center. This brings a splash of color into the omnipresent gray of the government district. Intended for school children, this playful learning lab can also teach adults a thing or two about democratic institutions and political processes. // Each learning station is inset in a yellow band of leatherette, which invites one to lean, work, or sit down. It nestles into the roundness of the room, trailing along the edge at a discreet height. One loop of the band can be used as seating; the other holds the reading and active learning stations. Using familiar formats such as games, quizzes, television interviews and a voting lottery, the visitors' center delivers proof that learning about politics is not boring. Christian Rapp and Sascha Windholz have done the curatorial planning, which successfully bridges the gap between playful activity and intensive learning.

Hans Kupelwieser

Hohlkopfwand
St. Pölten, Rückseite Landhaus

2000

MIT DEM KOPF AN DIE WAND // Im hochglanzpolierten Marmor eines Gebäudes des Regierungsviertels spiegeln sich rund hundert idente, im Industriegussverfahren hergestellte Köpfe. Aufgestapelt hat sie Bildhauer Hans Kupelwieser, der seine »Hohlkopfwand« als ironische Anspielung auf die Bedeutung des Gebäudes versteht und der Architektur den starren Blick der Köpfe entgegensetzt. // Dort, wo Politiker und Beamte tagtäglich vorbeigehen, konterkariert Kupelwieser die repräsentative Funktion des Porträts in der Sphäre der Macht: Der Kopf, ein Fundstück aus den 1930er Jahren, der für Kupelwieser formal zwischen sozialistischem Realismus und Nazikunst anzusiedeln ist und an einem Bauwerk angebracht gewesen sein könnte, war ursprünglich ein Betonguss. Durch seine industrielle Vervielfältigung als hohler Aluminiumguss unterwarf er das Unikat einer Uniformierung. // Die Auseinandersetzung mit dem Ort führt zur Architektur eines Bildhauers, die durch ihre eindringliche Formensprache besticht: Als Baustein fungiert die Nachbildung eines menschlichen Kopfes, der eine Wand entstehen lässt, die gerade durch den gezielten Einsatz von Anonymität in Serie markant jeder Beliebigkeit trotzt. *th*

▲ »natur-stück«, Landhausplatz 1, Haus 1, Eingangsbereich, 2004: Brigitte Kordina

33

LATITUDE
48° 12' 10"
LONGITUDE
15° 38' 00"

UP AGAINST A WALL // Mirrored in the polished marble façade of one of the St. Pölten government buildings are almost a hundred identical, industrially-cast, hollow aluminum heads stacked by Hans Kupelwieser, whose "Hohlkopfwand" (lit. "hollow-head wall") is an ironic allusion to the building's significance, confronting its architecture with a fixed stare. // Here, where politicians and government employees pass daily, Kupelwieser counteracts the function of the portrait as a symbol of prestige in circles of power. The head – a found object from the 1930s which Kupelwieser sees as belonging somewhere between Socialist Realism and Nazi art – may earlier have been mounted on the façade of a building. It was originally cast in concrete and has been subject to uniformization through duplication by the industrial hollow aluminum casting process. The close study of this place has resulted in a sculptor's architecture, striking in the force of its formal vocabulary, one element being the replica of a human head which has generated a wall that defies any accusation of arbitrariness through the pointed use of the anonymity of repetition.

Klangturm
St. Pölten, Kulturbezirk 1

Ernst Hoffmann

1997

EIN TURM, DER KLINGT // Zur horizontalen Konzeption des Landhausviertels in St. Pölten tritt mit dem Klangturm ein vertikales Merkzeichen. Der Klangturm ist ein überragender Orientierungspunkt im St. Pöltner Regierungsviertel. // Architekt Ernst Hoffmann spricht von einem »Symbol der Phantasie im Herzen der Verwaltung« und meint damit den Klangturm. Das assoziative Einzugsspektrum des Bauwerks Turm ist weit, die von ihm ausgehenden Signalwirkungen sind es ebenso. Bollwerke der Verteidigung, vogelperspektivischer Überblick über das Terrain, leuchtende Orientierungsstützpunkte an der Küste, Sender und Symbol. Auch die technikfaszinierten Aufbruchsstimmungen seit dem späten 19. Jahrhundert manifestierten sich immer wieder in Türmen: Die fragile und luftige Konstruktion des auf einer Grundfläche von 15 x 15 m stehenden Klangturms schafft in 80 m Höhe einen Aussichtspunkt, der über Treppen bzw. Panoramalift erreichbar ist und den Blick über den Verwaltungs- und Kulturstadtteil in St. Pölten eröffnet. Die vier Ebenen der gerüstähnlichen Stahl-Glas-Konstruktion dienen der Bespielung mit Klang im weitesten Sinne, experimentell, klassisch, elektronisch. Auf jeder Ebene gibt es einen Galerieraum sowie eine kugelförmige Klangbox zur variablen Bespielung. In der Nacht wird der Klangturm auch zum Leuchtturm. Durch die von innen nach außen strahlende Beleuchtung, respektive durch den Einsatz von Videoprojektionen, wird der Turm zum vertikal aufragenden Leuchtzeichen. *ek*

34

LATITUDE
48° 12' 01"
LONGITUDE
15° 37' 58"

A SOUNDING TOWER // The Sound Tower adds a unique vertical landmark to the horizontal landscape of the Landhaus district in St. Pölten. The tower provides an outstanding landmark in the St. Pölten government district. // Architect Ernst Hoffmann speaks of 'a symbol of fantasy in the heart of the administration'. The associative spectrum of the structure is broad, as are the effects of the signals it broadcasts. Bastions of defense, a bird's-eye view of the terrain, shining beacons of salvation on the coast, transmitters and symbols — towers stand for all of this. Towers also often manifest the fascination for new technology arising in the late 19th century. This fragile and airy construction has a base area of only fifteen square meters and is eighty meters high. The lookout can be reached by glass elevator or by stairs and offers a clear view across the government and cultural districts of St. Pölten. The four levels of the scaffold-like construction of steel and glass offer sounds of the widest variety — experimental, classical, electronic. On each floor there is a gallery and spherical sound boxes which are used for changing sound installations. At night, the sound tower is illuminated. Light streams out and video projections turn the tower into a radiant landmark.

Hans Hollein

Landesmuseum Niederösterreich
St. Pölten, Kulturbezirk 5

2002

TOPOGRAFIE ALS MUSEALE ERLEBNISWELT // Das Museum stellt das Thema
»Natur« und Exponate der niederösterreichischen Kunst- und Landesgeschich-
te auf einer Gesamtnutzfläche von 4.750 m² vor. Den Eingang in diese Erlebniswelt markiert eine geneigte Glaswelle mit blau-gelb gefassten Säulen. // Die
bildende Kunst wird in einem hohen, streng orthogonalen Raum präsentiert.
Bemerkenswert ist die Lichtführung über eine transluzente Membran, die durch
darüberliegende Fenster den Saal vorbildlich mit indirektem Licht versorgt. Die
»Naturwelt« wiederum entwickelt sich vertikal aus dem höhlenartigen Untergeschoss über einander kreuzende Rampen, Treppen und Stege, die steile Ge-
birgswege zum künstlich geschaffenen Gletscher suggerieren. Wasser dominiert die Gestaltung dieser künstlichen Landschaft: Vom kleinen, frei hängen-
den Gletscher fließt ein »Bach«, der netzartig das Gebäude erschließt. Unter
dem Schirm der teilweise verglasten Vierteltonnen teilen sich in Aquarien
lebende Fische und andere Wassertiere mit ausgestopften Tieren den
musealen Lebensraum. *th*

▲ Garten/Plastiktöpfe, hinter der Shedhalle, NÖ Landesmuseum, 2002: Lois Weinberger
▲ Blüteninstallation, Skulpturengarten NÖ Landesmuseum, 1997: Thomas Stimm
▲ Installation »Zimmer«, hinter Haus 7a, zur Stadt hin gelegen, 1997: Christoph Steffner
◉ Kinder- und Jugendprogramm

LATITUDE
48° 12' 01"
LONGITUDE
15° 37' 55"

*TOPOGRAPHY AS A MUSEUM
EXPERIENCE // This 4,750 m²
museum holds exhibits on nature and
on components of Lower Austria's
historical and artistic history. A
slanted billow of glass with blue and
yellow-bordered pillars marks the
entrance to this world of discovery.
// The fine arts are presented in a
lofty and strictly orthogonal room. Its
translucent membrane is worthy of
notice. It filters the light from the
windows above, flooding the room
with indirect light. The "Nature*

*World" on the other hand, rises verti-
cally from the cave-like basement,
over intercrossing ramps, stairs and
pathways reminiscent of steep moun-
tains, finally arriving at an artificial
glacier. Water dominates this simulated landscape. A stream flows from
a small free-hanging glacier, encom-
passing the building within its web.
Fish and other water animals swim in
aquariums under the umbrella of the
partially glassed quarter tunnel vault,
sharing the museum landscape with
stuffed animals.*

Festspielhaus
St. Pölten, Kulturbezirk 2

Klaus Kada

1997

ORGANISCH IM HIGH-TECH-OUTFIT // Mit beeindruckendem Schwung markiert der aus dem Festspielhaus auskragende Große Saal den Eingang in den Kulturbezirk im St. Pöltner Regierungsviertel. Organische Formen im Wechsel mit kantigen Quadern und High-Tech-Präzision kennzeichnen den Bau von Klaus Kada. // Die gläserne Haut lässt den Festspielsaal mit der doppelt gekrümmten Betonschale nächtens von innen heraus leuchten. Das weit über den schrägen Platz hin auskragende Volumen setzt auf den Kontrast zwischen Opulenz und Leichtigkeit. Der Saal fasst 1079 Besucher und arbeitet mit dem Kontrast von Zebra-Sesselbespannungen und hellen Holzwänden. Oper, Musical, Ballett, Theater, das alles kann hier im Festspielhaus stattfinden. Eine Seilkonstruktion hält die matten Gläser; die Krümmung der Schale machte einen diagonalen Durchschnitt durch die sonst planen Gläser notwendig. Von der Unterbühne bis zum Schnürboden beträgt die Raumhöhe 29 m. Abgesehen vom Festspielsaal gibt es den Haydn-Saal, den Schönberg-Saal sowie obenauf den so genannten Sternensaal für Ballett und Tanzproduktionen. Die räumliche Verbindung zwischen den verschiedenen Zonen und Höhen leistet das Foyer. Dieses nimmt die Schräge des Platzes in einer schiefen Ebene auf. Treppenaufgänge und Galerien setzen mit ihrer Verglasung auf komplette Transparenz. Das Foyer, das sich über drei weitere Geschosse erstreckt, ist dynamische, raumversprechende Erschließung und wird auch für Events genutzt. *ek*

ORGANIC FORMS IN A HIGH-TECH OUTFIT // The protruding great hall of the Festspielhaus marks the entrance to the cultural district with impressive verve. Organic forms alternating with angular cuboids distinguish this building by Klaus Kada. // The glass membrane of the festival hall's double-curved concrete hull causes this cultural center to shine from within. The enormous volume juts out above the oblique square before the entrance, successfully maintaining the contrast between its opulent dimensions and floating lightness. The hall holds up to 1,079 visitors and is decorated with zebra-like seat coverings and light wood walls. Operas, musicals, ballets, and theater are performed here. A rope construction secures the matte glass in the hall. The curvature of the shell makes a diagonal cut through the otherwise plane glass areas necessary. The room height from understage to gridiron is 29 meters. In addition to the large multi-functional festival hall there are the Haydn hall, the Schonberg hall, and the "Star Hall" for ballet and dance productions. A foyer provides the spatial connection between the different levels and zones, absorbing and continuing the slant of the skewed square in front of the building. The stairwells and galleries are all completely transparent, constructed of glass. The foyer, which spans four stories, is a dynamic space which can also be used for events.

Eva Schlegel

Eiserner Vorhang, Festspielhaus
St. Pölten, Kulturbezirk 2

1997

IM UNENDLICHEN RAUM // Das Bild, das Eva Schlegel für die »Kurtine« entwickelte, war für den Erbauer des Festspielhauses Anlass, sich bei der Gestaltung des Zuseherraumes auf das Konzept der Künstlerin einzulassen. So enstand auch die unkonventionelle Musterung der Sesselreihen in elegantem Streif. // Funktionell stellt der Eiserne Vorhang die brandschutztechnische Trennung zwischen Bühnenbereich und Zuschauerraum dar. Die 15 Tonnen schwere Stahlkonstruktion basiert auf ausgefeilter Technik und wurde mit unbrennbaren und nicht schmelzbaren Materialien bearbeitet. Eva Schlegel nutzte die Bildfläche von 180 m², um einen maximal offenen Raum zu generieren. Mit dem Schritt vom Technischen zum Bildhaften vergleichbar, fotografierte die Künstlerin das »weiße Rauschen« vom Fernsehmonitor ab, das entsteht, wenn Elektronen aus dem Weltall in Lichtsignale umgesetzt werden, jedoch noch kein Programm stattfindet. Die Blaufärbung, die im Reproduktionsprozess entstand, unterstreicht die Wirkung als Raum, in dem alle Möglichkeiten offen stehen. // In das Bild hinein hat Eva Schlegel zart Texte verwoben, die durch ihre unscharfe Darstellung an semantischem Inhalt verlieren und zum grafischen Element werden. Die Visualisierung des unendlichen Raumes wurde in Vergrößerung auf Folie gedruckt und auf die Gipskarton-Stahlkonstruktion der Brandschutzvorrichtung kaschiert. *th*

LATITUDE
48° 12' 03"
LONGITUDE
15° 37' 53"

IN ENDLESS SPACE // Eva Schlegel's picture for the "iron curtain" inspired Festspielhaus designers to extend her concept into the design of the auditorium. The result is the unconventional yet elegant striped pattern of the seating rows. // Functionally, the iron curtain is a fire-prevention measure separating the stage area and the auditorium. The 15-ton steel construction uses fine-tuned technology and is made of fireproof, nonfusible materials. Eva Schlegel used the 180 m² screen to generate a maximum amount of open space. Making a transition from the technical to the pictorial, the artist photographed the "snow" seen on a television screen when no program is being transmitted and electrons from outer space are transformed into light signals. This visualization of infinite space is printed on foil and mounted on the gypsum-carton/steel construction of the firewall apparatus. The blue coloration that arose during the reproduction process emphasizes the impression of a space in which anything is possible. Eva Schlegel wove delicate passages of text into the picture, so vague as to lose their semantic content and thus becoming a graphic element.

Niederösterreichisches Landesarchiv
St. Pölten, Kulturbezirk 4

Michael Loudon

1997

VOM DUNKEL DER GESCHICHTE IM LICHT DER GEGENWART // Das Ensemble Landesarchiv und Landesbibliothek besteht aus drei quaderförmigen Baukörpern, die U-förmig um einen Hof angelegt sind. Zwei dieser Volumina werden vom Landesarchiv und dem Institut für Landeskunde genutzt. Fenstereinschnitte durchdringen den weißen Quader. Er ist der (Kalk-)Stein gewordene Beweis für die Notwendigkeit von historischem Bewusstsein zur Schaffung von Identität einer jungen Hauptstadt. Der Depot- und Bearbeitungstrakt ist vom Publikumsbereich getrennt. Das fünfgeschossige Archivaliendepot spiegelt in den anthrazitgrauen Innenwänden und seinem dunkelblauen Boden das Dunkle der Geschichte wider. Den hohen, lang gezogenen Lesesaal dominiert ein zentraler Holztisch, der den sozialen Aspekt betont. Platz für Rückzug ist durch vier Arbeitskabinen gegeben. Ein horizontales Fenster in Augenhöhe gewährt den Sitzenden den Blick nach außen. Die beeindruckende Kaskadentreppe verbindet in einer Diagonale das oberste mit dem untersten Geschoss. *th*

△ Ton-Raum-Installation, zwischen Landesbibliothek und -archiv, 2003: Bernhard Leitner
△ Alphabet, vor der Landesbibliothek und dem Landesarchiv, 1997: Heimo Zobernig

LATITUDE
48° 11' 57"
LONGITUDE
15° 37' 54"

FROM THE DARKNESS OF HISTORY TO THE BRIGHTNESS OF THE PRESENT // The ensemble of the State Archives and the State Library consists of three square buildings placed in a U–shape around the courtyard. The County Archives and the Institute for Applied Geography occupy two of the structures. The white cube is perforated with window openings. It is proof in (lime)stone that historic awareness is crucial for developing the identity of a young capital city. The depot and handling tract is partitioned off from the public. The five-story archive, with its anthracite grey inner walls and dark blue floor, mirrors the darkness of history. An impressive cascading stairway in the area between the offices and the depot joins the upper and lower floors at a diagonal. A central wooden table, emphasizing sociality, dominates the lofty, elongated reading room. Privacy can be found in the four work booths. An eye-level, horizontal window offers readers a view of the exterior.

Paul Katzberger, Karin Bily

Niederösterreichische Landesbibliothek
St. Pölten, Kulturbezirk 3

1997

EIN HAUS ZUM LESEN // Der Gebäudekomplex von Archiv und Bibliothek wirkt nach außen hin einheitlich, doch setzen sich beide Bereiche in der Gestaltung des jeweiligen Innenlebens deutlich voneinander ab. In der Landesbibliothek galt es, neben entsprechenden Lesezonen auch Bücherdepots, grafische Archive, Katalogisierung, Buchrestaurierung und die Verwaltung unterzubringen. Dass Benutzerfreundlichkeit bei der komplexen Planung der Bibliothek oberste Priorität darstellte, wird bereits beim barrierefreien, ebenerdigen Zugang in das Gebäude spürbar. Im Obergeschoss befindet sich der Lesesaal, der auf 430 m² den Nutzern 30.000 Bände zugänglich macht. Seine zweckorientierte Möblierung ermöglicht konzentriertes Arbeiten. Ein nordseitiges Fensterband und ein großes Oberlicht gewährleisten ein angenehmes Tageslicht-Ambiente. Eine Eichenholztäfelung und darüber liegende, fein gelochte Aluminiumpaneele prägen das Erscheinungsbild des Lesesaals und dienen zudem der Schalldämmung. Die Metallverkleidung sorgt auch für eine eindrucksvolle indirekte Beleuchtung des Raumes. Der Lesesaal ist unangefochtenes Kernstück des Hauses: Die schlanken Stützen aus Stahlbeton wandeln sich im Spiel des Lichts zu skulptural anmutenden Gebilden und schaffen damit einen veritablen Lesetempel. *th*

▲ Spiegelarbeit, Landesbibliothek Stiegenaufgang, 1972: Michelangelo Pistoletto

LATITUDE
48° 11' 57"
LONGITUDE
15° 37' 54"

A HOUSE TO READ IN // The building complex of the archives and the library appears uniform from the outside, although the interior decoration differs greatly. // In the public library it was necessary to make space not only for reading zones, but also for book depots, graphic archives, cataloguing, book restoration and administration. User-friendliness was a top priority in the complex design of the library; this can be seen upon entering the building, level and barrier-free. The reading room upstairs provides visitors with 30,000 volumes of literature on 430 m³ of space. The practical furnishings ensure easy concentration and the large skylight and a north-facing window row provide an agreeable daylight atmosphere. Oak paneling topped by finely perforated aluminum panels characterize the reading room and also dampen sound. The metal cladding also provides an impressive source of indirect light. The reading room is the unchallenged heart of the house: the slim supports of reinforced concrete are transformed by the play of light into seemingly sculptural formations, creating a veritable temple of reading.

Tor zum Landhaus
St. Pölten, Rennbahnstraße 29

Boris Podrecca, Wolfgang Pfoser

1998

ARCHITEKTUR PARLANTE // Als Entrée zum Regierungsbezirk von St. Pölten bildet das torartige Büro- und Geschäftshaus eine markante Schnittstelle zwischen der Altstadt und dem neuen Viertel. Das gekonnte Spiel zwischen tragenden und getragenen Elementen sorgt für eine abwechslungsreiche Formensprache. Die Öffnung des Bauwerkes durch zwei unterschiedlich orientierte Halbhöfe setzt das Bürogebäude in Kontext zur umliegenden Architektur – den Vorplatz des Landhauses sowie das Geschäftszentrum am Landhauspark. Die Baumasse, die als polygone Plastik angelegt ist, wird durch die Fassadengestaltung in Stein und Glas strukturiert. Dunkle und helle Steinbänder wechseln entlang der horizontalen Achse ab, durchbrochen von der Transparenz der Fenster. Die Dichotomie von stabilem und liquidem Material setzt sich beim Dachaufsatz fort. // Die Wirkung der Fassade, das Sprechen ihrer Ornamentik, wird durch die Überlagerung mit nach der Fertigstellung angebrachten und nicht akkordierten Werbebannern zum Verstummen gebracht. Wie »Tomatenflecke auf dem Hemd«, so Podrecca, erscheinen spätere Eingriffe am roten Pavillon. Als Echo zum Museum gedacht, in dem, wie in Pavillons des 19. Jahrhunderts, ein einziges Kunstwerk gezeigt werden sollte, unterliegt er jedoch in der Realität einer regulären Büronutzung. *th*

40

ARTICULATE ARCHITECTURE // A point of transition between the old city and the new quarter, the entry to the Government District in St. Pölten is marked by this gate-like office and business building. The skilled combination of supporting and supported elements ensures diversity in the architectural symbolism. The structure opens into two differently oriented half-courts, putting the office building into context with the surrounding architecture – the forecourt of the parliament and the business center on Parliament Park. The building is a polygonal sculpture, structured by the stone and glass texture of the façade. Dark and light stone bands alternate along the horizontal axis, interrupted by the transparency of the windows. The dichotomy of stable and liquid materials is continued in the roof addition. // The effect of the façade and the language of its ornamentation are silenced by the clamor of countless advertising banners. A red pavilion at the center is "a tomato stain on the shirt", says Podrecca. Although the pavilion was meant to echo a museum, showing a single piece of art as in a 19th-century pavilion, it is now used as a regular office.

Johannes Zieser

Firmenzentrale Alpenland
St. Pölten, Rennbahnstraße 30

SPIEL MIT DER TRANSPARENZ // Mit Schwung markiert die Firmenzentrale der Gemeinnützigen Bau-, Wohn- und Siedlungsgesnossenschaft Alpenland die städtebauliche Position einer zentralen St. Pöltner Kreuzung. // Eine um das Gebäude geführte Mauer fasst die städtebauliche Situation und bringt den zeichenhaften Bau zum Schweben. Die Ganzglasfassade, drei Scheiben Schallschutz, ist von einem Edelstahlnetz überspannt. Dieses setzt auf optische Kippeffekte: Opazität versus Durchsicht, die sich in der Fassade spiegelnde städtische Umgebung oder der Einblick in die dahinter liegende Struktur. Bei Sonnenbestrahlung glänzt die Bespannung wie ein Silberfisch. Für die 80 MitarbeiterInnen vermindert das Edelstahlnetz die Sonneneinstrahlung. Der Name Alpenland wurde gestalterisch aufgegriffen. Den idealen Birkenwald fand man auf Anregung eines Bauminstituts in Turku. Fotografiert wurde das frühlingsgrüne, lichtdurchflutete finnische Wäldchen von Rupert Steiner. Das Bild wurde dann auf wandfüllende LKW-Planen aus PVC geplottet. Die Erdgeschosszone ist repräsentativ mit zweigeschossigem Luftraum. Die Büroräume in den Obergeschossen sind mit ihren gläsernen Trennwänden entweder Zellen oder größere Verbände. Energietechnisch wird das Haus ohne Klimaanlage jahreszeitlich feinjustiert. Über den Doppelboden der Stahlbetonstruktur wird einerseits die verbrauchte Luft abgesaugt und sickert andererseits Frischluft nach, sodass ein optimales Raumklima entsteht. *ek*

LATITUDE
48° 12' 06"
LONGITUDE
15° 37' 50"

PLAYING WITH TRANSPARENCY // The headquarters of the non-profit construction and residential cooperative Alpenland are a striking landmark on this central St. Pölten intersection. // A wall surrounds the building, defining its periphery and causing the emblematic structure to appear to hover. The façade, entirely of glass, implements three-paned sound protection technology and is spanned by stainless steel webbing. This creates optical tilting effects: opaque vs. translucent, the city surroundings mirrored in the façade, the structure that lies beyond. When the sun shines, the tightly stretched skin glistens like a silver-fish. The polished steel webbing also reduces sun glare for the 80 employees of the company. The name Alpenland is reflected creatively. An idyllic birch grove, found through a tree institute in Turku, was photographed by Rupert Steiner, springtime light flooding through the Finnish woods. The photo was then plotted on PVC truck tarps and spanned across the walls. The two-story-high ground floor is a lofty reception area. The cubicles and clusters of the upstairs offices are separated by glass dividing walls. The building has no air-conditioning, but instead an energy-efficient fine-tuning system that adjusts to the seasons. Fresh air filters in and stale air is extracted through the double floor of the reinforced concrete structure, ensuring an ideal interior climate.

ORF Landesstudio NÖ

St. Pölten, Radioplatz 1

Gustav Peichl, Rudolf F. Weber

1998

SOLITÄR AUF DER ANHÖHE // Die erhöhte Lage am südwestlichen Ende des Regierungsviertels, direkt über der Einmündung der Bundesstraße, ist prominent. Das feingliedrige Gebäude steht nicht in direkter Nachbarschaft zur mächtigen Silhouette der Amts- und Regierungsgebäude. Durch die umliegenden Grünflächen wird der objekthafte Aspekt des Baus verstärkt. Ein geschwungener Fußweg führt zum nordseitig gelegenen Eingang, der durch ein rotes Wandpaneel gekennzeichnet ist. Bereits kurz nach Fertigstellung des Landesstudios wurden bauliche Veränderungen notwendig, denen unter anderem die Treppe im Atrium zum Opfer fiel. Das zentrale Oberlicht aus Glasbausteinen im Atrium mag der Grund dafür sein, dass der Bau ORF-intern als »Kristall« bezeichnet wird. // Um dieses Foyer sind im Erdgeschoss U-förmig die Studio- und Schneideräume sowie Redaktionen und Büros, die durch Binnenfenster optisch miteinander verbunden sind, angeordnet. Im Obergeschoss befinden sich die Intendanz und die Cafeteria mit vorgelagerter Terrasse. Der frei stehende Lift wird durch die Antenne vertikal betont und bildet den Kontrapunkt zur horizontal geschichteten, silbergrauen Blechpaneelfassade des Landesstudios. *th*

🖼 Julius-Raab-Brücke, Wiener Straße B1a, 1993: Alfons Oberhofer, Peter Wohlfartstätter

42

LATITUDE
48° 11' 55"
LONGITUDE
15° 37' 51"

SOLITARY ON THE HILL // The elevated site is prominent at the south-western end of the government district, directly above the highway intersection. // The slender building is directly adjacent to the powerful silhouette of the Administrative and Government Building. The surrounding greenery emphasizes the sculptural aspect of the structure. A curving footpath leads to the north entrance, which is marked by a red wall panel. Shortly after the provincial studio was completed,

structural changes were found to be necessary, one of which was the elimination of the stairway in the atrium. The central, glass brick skylight in the atrium is possibly the origin of the staff nickname 'crystal' for the building. Around this foyer, the studios, cutting rooms, editorial and administrative offices make a U-shape on the ground floor, joined visually by interior windows. The executive offices and cafeteria with an extended terrace are located upstairs. A vertical antenna

accentuates the free-standing elevator, which counterpoints the horizontally laminated, silver-grey sheet metal façade of the studio.

Roland Rainer

2001

GARTENSTADT AN DER TRAISEN // Entlang des Ostufers der Traisen entstand die Gartensiedlung von Roland Rainer, die über eine Fußgängerbrücke mit dem Regierungsviertel verbunden ist. // In verdichtetem Flachbau wurde ein Grundstück von 22.000 m² mit zweigeschossigen Reihenhäusern, Maisonetten und Geschosswohnungen bebaut. Bei Bedarf können übereinander liegende Wohnungen miteinander verbunden werden. // Das Siedlungsprojekt zeichnet sich formal durch die lebendige, rhythmische Kubatur der weißen Baukörper aus, die zu den großzügigen Grünflächen einen satten Farbkontrast liefern. Durch die Verbannung des PKW-Verkehrs aus der Siedlung können sich die Kinder auf den Wegen frei bewegen und diese zugleich als Spielplätze nutzen. Die öffentlichen Grünbereiche werden durch private Vor-, Hof-, und Terrassengärten ergänzt. Geschützte Höfe und Mauern gewährleisten einen hohen Grad an Privatheit. Die Wohnqualität wird von den BewohnerInnen sehr geschätzt. // Städtebaulich setzte Rainer den offiziellen Gebäuden des Regierungsviertels und Kulturbezirks mit seiner Anlage ein urbanes und dennoch naturnahes Wohnen entgegen. *th*

43

LATITUDE
48° 12' 00"
LONGITUDE
15° 38' 15"

GARDEN CITY ON THE TRAISEN // Roland Rainer's residential garden estate, which lies along the eastern bank of the Traisen River, is connected to the government district by a footbridge. In dense low-rise formation, this 22,000 m² site is filled with two-story town houses, maisonettes and multi-level apartments. Upper and lower apartments can be joined as needed. // This housing project is distinguished by the lively, rhythmic cubage of the white buildings, which provide a vivid contrast to the generous greenery of the surroundings. Due to the exclusion of automobile traffic from the residential area, children can move and play freely on the paths. Plenty of green zones have been set aside for public use and outdoor privacy for the individual has also been maintained in the form of courtyards, balconies and terraces. The residents' privacy is well protected by the placement of the gardens and walls. The people who live here treasure the high quality of life. //

Seen from an urban development point of view, Rainer has counterpointed the official buildings of the government district with this urban community in natural surroundings.

Rathaus
St. Pölten, Rathausplatz 1

Wolfgang Pfoser

2003

UMBAU IN FORTSETZUNGEN // Vom Rathausplatz führt ein gemusterter Steinboden wie ein roter Teppich in das Rathaus, das man über einen gewölbeartigen Zugang betritt, der durch die Lichtführung den seitlich liegenden Eingang verdeutlicht. Das Gebäude besteht aus zwei gotischen Bürgerhäusern, die 1570 vereinheitlicht wurden. Im gleichen Jahr baute man den Rathausturm als Konterpart zum gegenüberliegenden Kirchturm. Die barocke Fassade des Rathauses entstand 1727. Im 20. Jahrhundert fanden im Innenbereich immer wieder Anpassungen statt. Der aktuelle Umbau von Wolfgang Pfoser setzt auf subtile Interventionen, die der Struktur des Gebäudes und dem Materialkanon des Bestands – Glas, Holz, Granit – treu bleiben. // Durch die Umbauten von 2003 entstand eine angenehme Tageslichtstimmung im Inneren des Hauses. Die notwendigen Einbauten, wie der Lift oder eine Brücke in der Halle, wurden möglichst transparent ausgeführt. Das streng geometrische Fußbodenmuster ist eine Referenz an Boris Podreccas Gestaltung des Rathausplatzes. Im Foyer werden in einem Schauraum römische Funde präsentiert. *th*

▲ Installation »Radnetz Y«, Riemerplatz, 2005: Walter Berger
▲ Eiserner Vorhang, Stadttheater St. Pölten, 2002: Ursula Hübner

44

LATITUDE
48° 12' 16"
LONGITUDE
15° 37' 22"

RENOVATION IN INSTALLMENTS // A patterned stone floor leads from the plaza to the City Hall like a red carpet. The light distribution of the vault-like entrance accentuates the lateral entrance. // The building is made up of two stately Gothic townhouses that were combined in 1570. In the same year, the tower of the city hall was built as a counterpoint to the church tower opposite. The baroque façade of the city hall was erected in 1727. During the 20th century the interior was adapted repeatedly. The current renovation, by Wolfgang Pfoser, intervenes subtly, staying true to the structure of the building and the existing materials – glass, wood, and granite. // With the renovations of 2003, a pleasing daylight atmosphere was brought to the house. The much-needed installations, such as the elevator or the bridge in the hall, were kept as transparent as possible. The strictly geometric floor pattern reflects Boris Podrecca's design of the City Hall Square. Roman relics are exhibited in a showroom in the foyer.

Boris Podrecca

STEINERNER TEPPICH FÜR DEN ÖFFENTLICHEN RAUM // Das Spannungsfeld zwischen den historischen Gebäuden Franziskanerkirche und Rathaus wird auf dem rechteckigen Platz durch unterschiedlich gemusterte Bodenzonen visualisiert. Podrecca spricht bei diesem zu Stein gewordenen Teppich von unterschiedlichen »Temperaturzonen«. Dem dominierenden Fischgrätmuster, von dem eine kühle Wirkung ausgehen soll, begegnen quadratische Felder aus rotem, warmem Stein, die durch den Konnex mit der Kirche der Sphäre des Sakralen zugeordnet sind. Die Inszenierung des Platzes, der mit der barocken Dreifaltigkeitssäule einen zentralen historischen Protagonisten besitzt, setzt sich in der Beleuchtung fort, die durch Lichtpunkte und Masten eine Dreiteilung des Raumes produziert. // Unter dem als Fußgängerzone gewidmeten Platz liegt eine Tiefgarage, deren Wölbung Podrecca optisch durch den Einsatz des Fischgrätmusters auflöst. Sie ist jedoch nach wie vor spürbar, wenn man den Platz quert. Das Mobiliar verdichtet sich bei den Treppenaufgängen der Tiefgarage. Die Oberfläche der steinernen Sitzkugeln ergibt sich aus der Nutzung: Wo gesessen wird, ist der Stein poliert. Der stärker frequentierte Bereich beim Rathaus wurde durch einen lang gezogenen Brunnen als Treffpunkt markiert. *th*

⊡ Wohn- und Geschäftshaus, Rathausplatz 2, 1923: Rudolf Frass
⊡ Dorotheum, Rathausplatz 3–4, 1925: Rudolf Frass

LATITUDE
48° 12' 18"
LONGITUDE
15° 37' 22"

STONE CARPET FOR THE PUBLIC // At the Rathausplatz (City Hall Square) in St. Pölten, two historic buildings face each other: the Franciscan Church and the City Hall. Neat rows of houses surround the square. The floor design, like a petrified carpet, changes one's perception of the space by creating "temperature zones". The dominant herringbone pattern, designed to give a sense of coolness, contrasts with the squares of warm red stone, which through their spatial nexus with the church imply an association with the sacred element. The stage-like setting, the central protagonist of which is the historic baroque trinity column, is continued in the lighting, which creates a trichotomy through the use of spotlights and masts, evoking the image of a basilica. // For many years, the square was plagued by automobile traffic, but this has been stopped by its conversion into a pedestrian zone barring all vehicles. Parking is available in the underground garage. The surface curvature, which arose during underground construction, has been visually minimized by Podrecca's use of the herringbone pattern, but the hump can still be felt when crossing the square. Near the stairways leading to the underground garage are several stone furnishings. The texture of the stone seating globes arises from their use: the seat surfaces are polished. The high-traffic area near City Hall has been designated as a meeting place by a long fountain.

Cinema Paradiso
St. Pölten, Rathausplatz 15

BWM Architekten und Partner
Erich Bernard, Daniela Walten, Johann Moser

2002

MEHR ALS EIN KINO // Mit dem Cinema Paradiso hat der St. Pöltner Hauptplatz einen Treffpunkt gewonnen, der in zeitgemäß veredelter Form die Tradition des Wirtshauskinos aufleben lässt. // Aus einer Eisenhandlung wurde in
den 1970er Jahren ein Kino. Nach der Stilllegung kämpfte der Verein Cinema
Paradiso, Clemens Kopetzky, Alexander Syllaba und Gerald Knell, um ein neues
Programm-Kino. Kino schließt das Soziale vor und nach dem Film ein. Konse-
quenterweise wurde der Foyerbereich aufgewertet, ist am Vormittag Café, am
Abend Bar. Mit einer vor die Pfeiler gesetzten Glasfront öffnet sich dieser
Raum zum Platz, wird im Sommer zum Straßencafé. Hier erlebt das Wirts-
hauskino mit Großleinwand und braunen Ledersesseln eine Renaissance. //
Über das Flickwerk des biedermeierlichen Hauses wurde eine fließende Raum-
struktur gelegt. Ein Raum geht in den anderen über, die Leitungen wurden
schräg verbaut, um Sprünge zu vermeiden. // Kino muss gemütlich sein. Die
Farbe Kaffeebraun assoziiert Gemütlichkeit. Echter Kaffee mit mehr oder weniger Milch im Glas stand neben der Wand und gab den Malern bei ihrer Arbeit
den zu treffenden Farbton an. Der große Kinosaal ist dunkler Kaffee. Nach
vorne, zum Foyer wird es immer heller. Der Farbverlauf unterstützt den Raumfluss. Vorne wirkt es wie ein gut gealtertes Kaffeehaus, Kaffee und die gleiche
Menge Milch. Die von Susi Klocker gestaltete Neonschrift Cinema Paradiso
erinnert an die glamouröse Zeit des Mediums Kino in den 1950er Jahren. *ek*

LATITUDE
48° 12′ 19″
LONGITUDE
15° 37′ 24″

MORE THAN JUST A CINEMA // St. Pölten's main square is greatly enriched by the Cinema Paradiso, a meeting-place in the lounge theatre tradition, yet more modern and refined. // The location was a hard-ware store until the 1970s, when it was turned into a cinema. After it was shut down, the Cinema Paradiso Society (Clemens Kopetzky, Alexander Syllaba and Gerald Knell) fought for a new arthouse movie theatre. The social aspect before and after a film is essential to the cinema experience. Accordingly, the lounge area has been upgraded as a café in the morning, a bar in the evening. A glass wall set in front of pillars opens towards the square, converting into a sidewalk café in the summertime and bringing this lounge and big-screen movie theater with brown leather chairs to life. A flowing spatial pattern has been superimposed on the Biedermeier building. The color progression allows one room to merge into the next; the installations are at an angle to avoid changes in wall level. // A cinema must be comfortable. Coffee-colored walls convey this comfort. Glasses of real coffee with varying amounts of milk were placed next to the wall during painting to show the desired color. The large theatre is dark coffee, lightening towards the foyer, where the atmosphere is that of a well-aged café, equal parts coffee and milk. Susi Klocker designed the neon script of the Cinema Paradiso sign, reminiscent of the glamorous age of cinema in the 1950s.

Ernst Beneder, Anja Fischer

Sparkasse Stammhaus
St. Pölten, Herrengasse 4

LÖSUNG OHNE BARRIEREN // Übersichtlichkeit und barrierefreier Zugang waren Ziele des geladenen Wettbewerbs für den Umbau des Stammhauses der Sparkasse Niederösterreich in St. Pölten. Das Hochparterre lag 1,20 m über Straßenniveau, das Prunkstiegenhaus verstellte den Raum. Mit einem Trick wurden die Hindernisse elegant beseitigt. Das Hochparterre wurde im mittleren Teil auf Erdgeschossebene gesenkt, in der Domgasse und der Herrengasse gibt es Kundeneingänge, die Erschließung verläuft längs der Halle. Nebeneffekt war die Vervielfachung der Nutzflächen: Büros in der eingezogenen Galerie sowie Archiv im Keller. In der Halle schaffen Viertelniveausprünge neue Orientierungsmaßstäbe. Verteilerniveaus strukturieren mit Plattformen und Bühnen die Halle. Die ordnenden Eingriffe und der Bestand von 1884 wechseln in collageähnlichen Schnitten und lassen unerwartete Raum- und Materialberührungen entstehen. Beim Eingang Herrengasse wird man von der alten Prunkstiege begrüßt, die Medienwand beim in der Mittelachse gelegenen Eingang Domplatz ist ein Raumteiler zur Halle. Der Innenhof wurde bis ins dritte Obergeschoss mit einer Glas- und Stahlkonstruktion überdacht. Naturstein und Glas prägen die Atmosphäre. Wachauer Grün aus einer Resthalde des Spitzer Steinbruchs, der nun unter Naturschutz steht, wurde verwendet. Den Eingangsbereich markieren Natursteineinschlüsse, Störungen im Stein wirken als ästhetisches Moment. *ek*

⌷ Kebab-Stand, Domplatz, 1998: Gottfried Haselmeyer

LATITUDE
48° 12' 19"
LONGITUDE
15° 37' 32"

A BARRIER-FREE SOLUTION // Clarity and easy access were the goals of the restricted competition for the remodeling of the Lower Austrian Sparkasse Bank's St. Pölten office. The raised ground floor was 1.2 meters above street level. A pompous stairway hampered access. These hindrances have been elegantly brushed away with a simple trick. The middle section of the raised floor has been sunk to ground level. Customer entrances are in the Domgasse and the Herrengasse. The sunken area runs the length of the hall. A positive side effect is the increase in usable space. There are now offices in the inserted gallery and an archive in the basement. Quarter-level differences create new orientation criteria in the hall, which is structured by distribution levels with platforms and stages. The organizational measures and the existing structure from 1884 alternate in collage-like steps, allowing unexpected contact with the space and the materials. Near the Herrengasse entrance, customers are greeted by the grand stairway. The Domplatz entrance is located on the middle axis and a media wall partitions off the hall. The inner court has been covered with a glass and steel construction at the third story. Atmosphere is created by natural stone and glass. Wachau green stone from a waste rock pile of the Spitzer Quarry, which is now under nature conservation, has been used. The entrance area is marked by stone embeddings with aesthetic flaws.

Aquacity

St. Pölten, Schießstattring 15

Lorenz & Partner, Leppa & Partner

2005

EIN BAD MITTEN IN DER STADT // In zentraler Lage wurde 2005 in St. Pölten das neue Hallenbad »Aquacity« eröffnet. Vom Altbestand von Paul Pfaffenbichler wurde das Sportbecken übernommen. Das alte Badhaus aus der Zeit um 1900 wurde als Verwaltungsgebäude adaptiert. // Ohne Abstriche, wie Architekt Lorenz betont, wurde ein Konzept umgesetzt, das ein maximales Raumprogramm in den Baukörper integriert. Die Verlegung der Saunaanlage vom Keller in das Obergeschoss erlaubt es nun, die wohltuende Hitze bei natürlicher Belichtung zu erleben. Sämtliche Becken befinden sich auf einer Ebene, im Untergeschoss sind die Massage- und Fitnessräume. // Die NutzerInnen, in erster Linie Familien, Schüler und Senioren, profitieren von der guten innerstädtischen Erreichbarkeit, ein Faktor, der für die Stadt St. Pölten wesentlich war, die Lage des Hallenbades beizubehalten und nicht – wie in vielen anderen Städten üblich – an die Peripherie zu verlegen. Immer wieder gibt der kubische Baukörper über Glasflächen Einblick in das lebendige Geschehen im Inneren des Hauses. Die dunkle Fassade, mit Eternit überzogen, wurde um einen Farbakzent in Rot, die röhrenförmige Erlebnisrutsche, erweitert. Die Mauer, die bis zum Umbau das Grundstück umfasste, wurde abgetragen und damit nicht nur das Hallenbad selbst, sondern auch die benachbarte Kirche freigestellt. *th*

 Kinder- und Jugendprogramm

48

LATITUDE
48° 12' 18"
LONGITUDE
15° 37' 10"

SWIMMING IN THE CITY CENTER // In 2005, the centrally-located public indoor swimming pool 'Aquacity' was opened in downtown St. Pölten. The original lap pool designed by Paul Pfaffenbichler was retained and the old 1900s bathhouse has been adapted for administrative use. Architect Lorenz emphasizes that the concept for maximum use of space within the building has been fully and effectively realized. The relocation of the sauna area from the basement to the roof has made it possible to enjoy relaxing warmth under natural light. All swimming pools are on the ground floor and massage and exercise areas are below. // The pool users – mostly families, school-children and seniors – benefit greatly from the easy accessibility of the downtown location. This was a deciding factor for the municipality of St. Pölten in choosing not to relocate the pool to the periphery, as is common in many cities. // Glass walls allow glimpses of the activities inside the cubic structures. The dark façade of the building is made of Eternit sheeting and is colorfully accented by the bright red adventure flume. The wall that previously surrounded the grounds has been removed, thereby making both the pool and the neighboring church more open and inviting.

Rudolf Frass

1924

EXPRESSIONISTISCH MONUMENTAL // Der kubisch-plastische Baukörper
wird durch motivisch vereinfachte Anspielungen auf vergangene Stilepochen in
seiner Monumentalität gesteigert. Im zweiten Obergeschoss prägen drei Poly-
gonalerker – durch einen Balkon miteinander verbunden – die Fassade in
Rieselputz. Die Veranda ist mit Holz und Glas verkleidet. Unter dem leicht
gewellten Walmdach liegt ein markantes Dachgeschoss mit einer Mansarde,
die von zwei Gaupen flankiert ist. Die Fenster im Erdgeschoss, die von profi-
lierten Faschen umrahmt sind, tragen eine schmiedeeiserne Vergitterung.
Rudolf Frass (1880–1934), ein Otto-Wagner-Schüler, der auch Mitglied des
Wiener Werkbundes war, plante in St. Pölten zahlreiche Bauten und war auch
in den 1920er Jahren im Wiener Wohnbauprogramm involviert. Ebenfalls starken Bezug zu Wien hatte sein Bruder Wilhelm Frass, von dem die Statue in
einer Nische der Westecke des Hauses stammt. Die Figur zeigt einen Maurer,
womit sich der Künstler auf das Gewerbe des Bauherrn bezog. Wilhelm Frass
(1886–1968) war 1938–45 Leiter der Hochschulklasse der Kunst- und Mode-
schule der Stadt Wien. Von ihm stammen die Skulpturen am Heldendenkmal im
Wiener Burgtor. *th*

49

LATITUDE
48° 12' 16"
LONGITUDE
15° 37' 14"

*EXPRESSIONISTICALLY MONU-
MENTAL // The cubic sculptural
monumentality of this structure is
enhanced by simplified allusions to
past architectural eras. // A balcony
joins the three polygonal oriels
marking the third floor. The veranda is clad in
wood and glass. Beneath the lightly
corrugated hipped roof is a striking
attic story with a garret flanked by
two dormers. The ground-floor
windows are framed with profiled
casing and fronted with a wrought-*

*iron grating. Rudolf Frass
(1880–1934) was a student of Otto
Wagner and a member of the Vienna
Werkbund. He designed many buildings in St. Pölten and was involved in
the Vienna housing initiative of the
1920s. His brother Wilhelm Frass
(1886–1968), who sculpted the
statue in a niche on the west corner
of the house, also had strong
connections to Vienna. The figure
shows a bricklayer, a reference by
the artist to the owner's profession.
Wilhelm Frass was department head*

*at the City of Vienna Art and Fashion
School from 1938–45. His works can
also be seen at the war memorial at
Vienna's Burgtor.*

Bühne im Hof

St. Pölten, Linzer Straße 18

Eduard Neversal

1993

EINE THEATERFABRIK // Die Entdeckung eines St. Pöltner Hinterhofs durch Mimi Wunderer führte zur Entwicklung eines veritablen Theatertreffpunkts. Architektonisch gestaltet hat die Bühne im Hof Eduard Neversal. // Mimi Wunderer und Eduard Neversal kannten einander aus dem Wiener Metropol, hatten beide Erfahrung mit Salettl-Theaterarchitektur. Im April 1990 wurde nach dem ersten Umbau eröffnet, 1993 für nunmehr 500 ZuschauerInnen erweitert. Konzeptuell wurde dem historischen Gebäude und der innerstädtischen Situation Rechnung getragen und eine Hofbühne mit einer guten Portion »Italianità« geschaffen. In den großen Saal ist die bestehende Hausfassade einbezogen. Die klare geometrische Struktur, die neuen kubischen Elemente setzen sich vom Bestand ab. Mit dem Theater im Hof wurde ein Ort geschaffen, an dem drinnen wie draußen gleichermaßen Theater gemacht werden kann. Die Bühne besteht aus 64, 2 m langen, 1 m breiten und 80 cm hohen Podesten. Aus der ehemaligen Fabrikhalle wurde eine Theaterfabrik, die durch die Neutralität der Bühne Potenzial für die Bühnenentfaltung der einzelnen Produktionen freisetzt. Auch das Haus spielt sein Stück: vom Industrieensemble zum kulturellen Treffpunkt. Schiebeelemente variieren den Raum, ermöglichen den Wechsel zwischen Tages- und Kunstlicht. Viele Uraufführungen und österreichische Erstaufführungen finden hier statt, vom Kabarett über zeitgenössisches Sprechtheater bis zum Tanz. *ek*

50

LATITUDE
48° 12' 10"
LONGITUDE
15° 37' 19"

A THEATER FACTORY // Mimi Wunderer's discovery of this rear courtyard in St. Pölten led to the growth of a veritable theater hotspot, designed by Eduard Neversal. // Mimi Wunderer and Eduard Neversal knew each other from Vienna's Metropol Theater, both had previous experience with architecture for traveling theater. In April 1990, the theater was opened following the initial renovation phase, and was extended in 1993 to accommodate 500 spectators. Conceptually, the existing historical building and its inner city location have been taken into consideration and the courtyard theater endowed with a goodly portion of Italian character. An existing house-front has been integrated into the great hall's design. Clear geometric structure and modern cubic elements contrast to the existing architecture. This special courtyard location has been transformed into a place where theater is performed inside and out. The stage is made of 64 pedestals, 2x1 m² and 80 cm high. The former factory has been turned into a theater factory, the neutrality of the stage freeing up potential for the stage development of the individual productions. Even the building itself plays a role: from industrial complex to cultural meeting place. Moving sliding elements can vary the space, making it possible to change from daylight to artificial light. Many world and Austrian premieres take place here, from cabaret to contemporary spoken theater to dance performances.

solid architecture, Pfeil Architekten

Erweiterung Bühne im Hof
St. Pölten, Julius-Raab-Promenade 37

2004

EINE BÜHNE FÜR DAS PUBLIKUM // Der Bühne im Hof in der St. Pöltener Altstadt fehlte ein öffentlicher Begegnungsraum. Mit dem neuen Foyer und der Bar wurde diese Bühne des Sozialen geschaffen. // Einen geladenen Wettbewerb für die Erweiterung der Bühne im Hof entschieden solid architecture und Pfeil Architekten für sich. Für die räumlich schwierige Situation eines von vier Feuermauern umschlossenen Grundstücks, das nur über Wegservitute zugänglich ist, entwickelten sie mit Vorplatz und Schanigarten eine Empfangszone. Das Pausenfoyer mit seinen zwei großen Dachoberlichten spielt mit der Figur des Innenhofs. Die geknickten Dachflächen, die durch die vertikale Verschränkung des Foyerbereichs mit dem Büroriegel entstehen, sorgen für mehr Licht und unerwartet vielfältige Raumsituationen. Farbe und Material üben sich in Zurückhaltung: weiße Wände und graue Linolböden. Hier ging es um Rampenlicht für das Publikum, mit Raumerleben als Hintergrund. // Die geradlinigen Umrisse kontrastieren mit den geknickten, unterschiedlich hohen Dachflächen. Dieses Spiel mit dynamisierten Raumhöhen bestimmt das Raumerleben. Das ist als Nachhall der Kleinteiligkeit der umgebenden Altstadt zu verstehen. Nach innen wie nach außen öffnen sich die kubischen, dynamisch miteinander verschränkten Baukörper zueinander und zur städtischen Öffentlichkeit. *ek*

LATITUDE
48° 12' 10"
LONGITUDE
15° 37' 19"

A STAGE FOR THE AUDIENCE // What was missing from the Bühne im Hof, in the St. Pölten Old Town, was a public meeting place. With this expansion a social stage has been created, in the form of a foyer and a bar. // The firms of solid architecture and Pfeil Architekten won the closed bidding for the expansion of the Bühne im Hof. The spatial situation is a very difficult one. The property is surrounded by four party walls, accessible only by easement. A reception area has nevertheless been created, together with the forecourt and a sidewalk café. Two large skylights top the foyer. The pleated roof spaces arise from the vertical interlacing of the foyer area with the office spaces, providing additional light and an unexpectedly versatile spatial situation. Colors and materials maintain their reserve: white walls and gray linoleum floors. The room puts the public in the spotlight; the spatial experience has been relegated to the background. // Linear contours contrast with the buckled roofs of varying heights. Perception of the space is determined by the interplay of dynamized height differences, which echo the fragmentary character of the surrounding Old Town. On the interior and exterior, these cubic, dynamically interwoven structures open up, both to one another and to the public space of the city.

Bildungshaus St. Hippolyt
St. Pölten, Eybnerstraße 5

Wolfgang Pfoser
Julius Eberhardt

1962/1992

EIN HAUS FÜR DIE SEELSORGE // Das Bildungshaus St. Hippolyt wurde im Jahr 1992 durch Wolfgang Pfoser revitalisiert. Der Bau aus dem Jahr 1962 stammt von Julius Eberhardt und dient pastoralen und seelsorgerischen Zwecken. Orientierung in Lebens- und Glaubensfragen sind ebenso Thema wie soziale Aktivitäten. An einem städtischen Knotenpunkt in der Nähe des Regierungsviertels gelegen, wurde mit der Neugestaltung ein städtebaulicher Akzent gesetzt. Die Rundung des Hauses in Sichtziegel, die zu einer Kante führt, und das leicht geneigte Schrägdach mit Blechschindeln sorgen für entsprechende Fernwirkung. Die Stiegenhäuser und Lifte wurden zum »erlebbaren Treppenhaus«, so Pfoser. Die Fenster in der Sockelzone, als Lichtschlitze angelegt, sorgen nicht nur für eine Belebung der Fassade, sondern werfen bei Sonnenlicht geometrische Muster auf den Boden des Durchgangs. // Die Kapelle des Bildungshauses St. Hippolyt wurde 1981 durch den Linzer Künstler Rudolf Kolbitsch neu gestaltet. Den Raum dominiert das hinter dem Altar angebrachte, schwarz-gold gehaltene Jesusbild in Metall. Im Vorraum wurde als Referenz an den Namenspatron eine Statue von Friedrich Seitz aufgestellt: Der heilige Hippolyt wirkte im Rom im 2./3. Jahrhundert als theologischer Schriftsteller und Priester. Nach dem Bruch mit Papst Kalixt ließ er sich zum Gegenbischof wählen. Es kam zur Kirchenspaltung. Nach Sardinien verbannt, versöhnte er sich mit dem Nachfolger des gegnerischen Papstes. Beide verzichteten auf das Amt. *th*

52

LATITUDE
48° 12' 23"
LONGITUDE
15° 37' 51"

A HOUSE FOR SPIRITUAL GUIDANCE // Wolfgang Pfoser carried out a revitalization of the St. Hippolytus Cultural Center in 1992. The building, from 1962, was designed by Julius Eberhardt, and is used for pastoral duties, spiritual advising, orientation in questions about life and beliefs, and for social activities. Located at a central junction near the government district, the building's refurbishment landmarks the urban landscape. The roundness of the exposed brick leading to an edge, and the slight pitch of the inclined roof with metal shingles, make the house noticeable from afar. The staircases and elevators are "experienceable stairwells", as the architect Wolfgang Pfoser calls them. The slit windows in the foundation area not only animate the façade, they also cast geometric patterns on the passage floor when the sun shines in. // Linz artist Rudolf Kolbitsch remodeled the chapel of the St. Hippolytus Cultural Center in 1981. The room is dominated by the black and gold metal image of Jesus behind the altar. A statue by Friedrich Seitz graces the entrance room, a reference to St Hippolytus, patron saint of the village, a theological author and priest who lived in the 2nd–3rd century in Rome. After breaking off with Pope Calixt, he was elected as the opposing bishop. Later, the church divided and, banned to Sardinia, Hippolytus was reconciled with the successor of the adversarial pope. Both then turned down the papal office.

Wolfgang Pfoser
Reinhard Pfoser

1978/1998

AKZENTE IM RAUM DER DISKRETION // Eine spannende Baugeschichte
besitzt das Haus der NÖ HYPO-BANK in der Kremser Gasse. Ende der 1970er
Jahre wurden einem ehemaligen Hotel und Kaffeehaus, das am Anfang des
20. Jahrhunderts von Rudolf Frass erbaut worden war, die Räumlichkeiten der
Hypo Landesbank implementiert. Reinhard Pfoser setzte mit wabenförmigen
Fenstern einen Akzent nach außen. Eine skulpturale Stiege, die vom Erdgeschoss in den ersten Stock führt und deren Seitenwand durch den Künstler
Robert Herfert gestaltet wurde, prägte den Innenraum. Ursprünglich in Kupfer,
wurde ihre Oberfläche später farbig beschichtet. // Als Wolfgang Pfoser drei
Jahrzehnte später den Auftrag erhielt, den Auftritt der Bank zu erneuern,
begann er, den Bau seines Vaters umzugestalten. Bei den Umbauarbeiten
wurde einiges belassen, so auch die Stiege, die jedoch neue Handläufe erhielt.
Das Innenleben ist in edlem Holz und Stein gehalten. Nach außen hin wurde
die Sockelzone neu interpretiert und die Fassade wurde in blauem Glas umgesetzt. // Priorität bei der Gestaltung der Bankfiliale war, die Pole »Offenheit«
und »Diskretion« in Einklang zu bringen. Entstanden ist ein kundenorientierter
Auftritt, der die Menschen freundlich empfängt und zugleich die nötigen
Schutzzonen schafft. *th*

LATITUDE
48°07'15"
LONGITUDE
15°22'19"

*ACCENTS OF DISCRETION // The
building occupied by the Lower
Austrian State Bank, in the Kremser
Gasse, has an exciting history. In the
late 1970s, a former hotel and coffee
house, built during the early 20th
century by Rudolf Frass, became the
new residence of the Hypo State
Bank. Reinhard Pfoser accented the
exterior of the edifice with honey-
comb-shaped windows. Inside, a
sculptural stairway, the side walls of
which were designed by the artist
Robert Herfert, leads from the
ground floor to the first floor.
Originally in copper, the surface of
the stairway was later painted. //
More than three decades later, when
Wolfgang Pfoser was contracted to
renew the appearance of the bank,
he began renovating his father's
work. He chose to leave much
unchanged, such as the stairs, which
were improved only by new hand-
rails. The interior consists mostly of
exotic woods and stone. On the
outside, the foundation area was
reinterpreted and the façade redone
in blue glass. // An important
consideration of the design of this
branch of the bank was to harmonize
the poles of 'openness' and
'discretion'. The final product is a
customer-oriented atmosphere,
which warmly welcomes while at the
same time providing the necessary
zones of privacy.*

55

Center-Apotheke

St. Pölten, Daniel-Gran-Straße 13

PURPUR.ARCHITEKTUR

Christian Tödtling, Thomas Längauer
Alfred Boric, Alexander Loebell

2005

RAUMWIRKUNG ERWÜNSCHT // Geschäftslokale müssen zunehmend auch durch Architektur auf sich aufmerksam machen. Mit der Center-Apotheke in St. Pölten realisierten Purpur.Architektur eine dramaturgisch stimmige pharmazeutische Einkaufssituation. // Die in einem St. Pöltener Einkaufszentrum gelegene Apotheke setzt auf dynamische Kommunikation mit der Kundschaft. Das konkave Apothekeninnenleben weckt vertraute Anklänge an den weißen ApothekerInnenkittel, mit weißem Kunstleder sind die Fronten der rundumlaufenden Regale gepolstert. In horizontalen Schlitzen sind die Produkte den Blicken dargeboten. Die Nischen sind grün hinterleuchtet. Die Farben sind kulturell codiert, Weiß für die Apotheke, Grün aus dem Spitalsoperationssaal. // Das Herz der Center-Apotheke bleibt den Augen der KäuferInnen verborgen. Die Raumknappheit führte zur Entwicklung eines vollautomatisierten Lagers, das mit der Kassa vernetzt ist. Per Knopfdruck setzt sich der Roboterarm als Greifer in Bewegung, fasst das gewünschte Medikament aus dem Lager und lässt es durch eine Niro-Rutsche den KäuferInnen entgegensausen. Durch die Auslage kann man dieses sekundenschnelle Ereignis, das nicht nur Kinder in den Bann zieht, miterleben. Raum und Zeit sind durchchoreografiert, nichts bleibt dem Zufall überlassen. In Zukunft soll auch die Nachtapotheke vollautomatisiert ablaufen können. *ek*

⊞ Kanzlei- und Wohngebäude, Kremser Landstraße 25, 1930: Klemens Flossmann

56

LATITUDE
48° 12' 35"
LONGITUDE
15° 37' 49"

WANTED: SPATIAL IMPACT // Increasingly, stores and shops have to draw attention to themselves through innovative architecture. The Center Pharmacy in St. Pölten, designed by Purpur.Architektur, is a dramaturgically harmonious pharmaceutical shopping experience. This pharmacy, located in a St. Pölten shopping mall, communicates dynamically with its customers. The concave pharmacy interior awakens familiar echoes of the pharmacist's white overall; the fronts of the surrounding shelves are upholstered in white leatherette. The products are displayed in horizontal slots, and the niches are backlit in green. The colors are culturally coded: white for the pharmacy, green from the hospital operating room. // The heart of the Center Pharmacy is hidden from the customer's eye. Lack of space has led to the development of a fully automated storage system linked with the cash register. When a button is pressed, the robot arm starts to move, picks up the desired medication from the storage room and shoots it through a stainless steel chute straight to the salesperson. This happens at lightning speed, and can be watched through the store window – an attraction not only for children. Space and time have been choreographed thoroughly, nothing is left to chance. In the future, the night pharmacy will also be fully automated.

Prokop, Lutz & Wallner
Margarete Schütte-Lihotzky

Ehemalige Glanzstoffvilla
St. Pölten, Matthias-Corvinus-Straße 2

1929/1954

DIREKTORENWOHNUNG WIRD ISLAMISCHER KULTURVEREIN // Als Direktionsvilla 1928/29 nach Plänen der Baufirma Prokop, Lutz & Wallner erbaut, stand das Gebäude über viele Jahrzehnte in enger Verbindung zur Glanzstoff-Fabrik und später leer. Die aktuelle Nutzung erfolgt durch den islamischen Kulturverein von St. Pölten. Ein Umbau ist in Planung. // Die große, zweigeschossige Villa mit Walmdach ist großzügig mit Grünflächen umgeben. An der imposanten Südfassade mit ihrer geräumigen Veranda ist im Erdgeschoss eine Terrasse vorgelagert. Zwischen zwei rundbogigen Fenstern, die sich als Motiv an den vier Dachhäuschen wiederholen, liegt der Eingang. An der Westfassade befindet sich ein Wintergarten in Glas-Eisen-Konstruktion, der durch einen verglasten Verbindungsgang mit dem Hauptgebäude verbunden ist. Der pavillonartige Wintergarten stammt von der ehemaligen Villa am Mühlweg 60 c, die, als ursprüngliche Direktorenwohnung genutzt, bei der Fabrikserweiterung aufgegeben worden war. // Die Villa wurde in den Jahren 1938 und 1943 innen baulich verändert. Besondere Erwähnung verdient der Umbau des Hauses zu einem Kindergarten bzw. Kinderhaus des Glanzstoffwerks durch Margarete Schütte-Lihotzky 1953/1954. Bei ihrer Adaptierung der Innenräume wurde die äußere Erscheinung weitestgehend beibehalten. *th*

LATITUDE
48° 12′ 55″
LONGITUDE
15° 37′ 40″

FROM DIRECTOR'S RESIDENCE TO ISLAMIC CULTURE SOCIETY // This company director's villa was built in 1928/29 following plans by the building firm Prokop, Lutz & Wallner. For decades it was closely associated with the Glanzstoff factory, and later stood empty. It currently houses the Islamic Culture Society of St. Pölten. // Generous green areas surround the large, two-story villa with a hipped roof. The imposing south façade has a large veranda, and a patio

extending from the ground floor. The entrance is set between two round arch windows, the pattern of which is repeated on each of the four small penthouses above. By the west façade stands a conservatory constructed of glass and iron, connected to the main building by a glass passageway. The pavilion-like conservatory was taken from the villa at Mühlweg 60 c, which was originally the director's residence, given up when the factory expanded. // The villa's interior was remodeled in

1938 and in 1943. The adaptation of the house by Margarete Schütte-Lihotzky in 1954/54 into a kindergarten and children's house for the Glanzstoff factory deserves special mention. Although the interior was changed, the outward appearance remained for the most part the same.

Pfarrkirche Maria Lourdes

St. Pölten, Kremser Landstraße 48

Franz Barnath

1961

SAKRALBAU MIT LICHTDRAMATURGISCHER RAUMWIRKUNG // Franz Barnath setzte beim Bau der Pfarrkirche Maria Lourdes mit dem weithin sichtbaren Turm ein deutliches Zeichen in die Stadtlandschaft rund um die Kremser Landstraße, die vom Bahnhof in Richtung Norden führt. An die Kirche mit flachem Satteldach grenzt im Nordosten der Pfarrhof an. Die Langhauswände werden im Auftritt nach außen durch Betonpfeiler formal gegliedert. // Eine große Glasrosette am Portal und das Licht der farbigen Glasfenster bestimmen die Wirkung des Sakralbaus im Inneren. Der Raum scheint in violettes Licht getaucht zu sein. Die Darstellungen des Künstlers Robert Herfert zeigen an den Langhauswänden figürliche Motive, darunter Bernadette von Lourdes. Auch in der Wochentagskapelle, im Südwesten gelegen, greift die farbige Glasgestaltung stark in die Wirkung des Raumes ein: Herfert entwarf hier ein duales ikonographisches Programm wie z.B. grünender versus dürrer Baum. // Die Strukturierung des Innenraumes der Kirche erfolgt jedoch nicht nur über die Lichtwirkung, sondern auch über die einander überkreuzenden Betonrippen und die Wandpfeiler. Der Chor ist durch einige Stufen erhöht und staffelt sich zum flachen Rund der Apsis. Der Kunstführer »Dehio« beschreibt die Wirkung der Raumsituation, zu der die indirekt beleuchteten Fenster beitragen, als »kulissenmäßig«. th

58

LATITUDE
48°13'00"
LONGITUDE
15°37'33"

SACRED BUILDING WITH DRAMATIC LIGHTING // With the Maria Lourdes Parish Church and its tower, visible from afar, Franz Barnath set a striking landmark in the townscape around the Kremser Strasse, which leads north from the train station. // The church has a shallow gabled roof, and adjacent to it on the north-east side is the vicarage. The exterior of the nave walls is divided by concrete pillars. // A large glass rosette graces the portal addition to the church, playing an important role in the interior of the sacred structure, which appears as if bathed in lavender light. Artist Robert Herfert's figural motifs, including that of Bernadette of Lourdes, line the walls of the nave. In the weekday chapel to the south-west, colorful glass designs deeply influence the atmosphere. Robert Herfert created a dual iconographic program – for example, a green vs. a withered tree. // The layout of the interior is made clear not only through the effects of lighting, but also through the criss-crossing concrete ribs and the wall columns. The choir loft has been raised and is now stepped down to the flat circle of the apse. The art guide "Dehio" describes the effect of the room, which is amplified by the indirectly lit windows, "as if on a stage".

Büro Paul Pfaffenbichler

1975 / 2006

GESUNDEN HINTER PLASTISCHER FASSADE // Das heutige Zentralklinikum
St. Pölten hat seinen Ursprung in einem Krankenhausbau im Pavillonsystem
aus dem Jahr 1895. 1941 teilweise durch Bomben zerstört, wurde beim stufen-
weisen Ausbau 1961 ein Architekturwettbewerb ausgeschrieben. Im ersten
Bauabschnitt wurde die Aufnahmekapazität von 150 Betten zur Gründungszeit
auf 650 Betten aufgestockt. Der Neubau durch das St. Pöltener Architekturbüro
Pfaffenbichler wurde 1975 abgeschlossen. Um eine Maximalversorgung im
Gesundheitsbereich zu gewährleisten, beschloss 1989 der Gemeinderat von
St. Pölten einen weiteren Ausbau. Der 2. Bauabschnitt begann 2002. Das Büro
Pfaffenbichler ist weiterhin für den Ausbau verantwortlich und setzt die Erweiterung weitestgehend im Stil des Ursprungsentwurfs fort. Der vielgeschossige,
weiße Baukörper mit kreuzförmigem Grundriss erhält seine Charakteristik
durch die plastische Auffaltung der Fassade. Der kontinuierliche Ausbau
spiegelt wider, wie sehr St. Pölten seine Bedeutung für die Infrastruktur der
Region ausbauen und die Klinik ihre Rolle durch Spezialisierungen permanent
aufwerten konnte. *th*

LATITUDE
48° 12' 50"
LONGITUDE
15° 37' 36"

RECOVERY BEHIND A SCULPTURAL FAÇADE // What is today the St. Pölten central clinic was originally a hospital with a pavilion layout dating from 1895. // Since it had been partially destroyed by bombing in 1941, an architectural competition for step-by-step expansions was announced in 1961. The first phase of construction raised the number of beds from the initial 150 to 650. Construction was completed in 1975 by the St. Pölten architectural agency Pfaffenbichler. To ensure optimum health care service, the St. Pölten city council moved to continue expansions in 1989. The second phase of construction began in 2002. The Pfaffenbichler agency is still responsible for expansion, continuing the style of the original draft as much as possible. The white, multi-storied structure with a cross-shaped ground plan has maintained its characteristic sculptural unfolding of the façade. The continual expansion is evidence of how much St. Pölten's role in the region's infrastructure is increasing and of the clinic's constant improvement through specialization.

Stadtsäle

St. Pölten, Schießstattring 4

Reinhard Pfoser, Paul Pfaffenbichler

1959

SPIEGEL, EICHE UND MAHAGONI // Als »bürgerliche Schießstätte« 1882 errichtet und 1907 durch die Stadt St. Pölten als Veranstaltungsstätte adaptiert, hatte das Gebäude bereits eine bewegte Geschichte hinter sich, als 1955 zwei junge Architekten eingeladen wurden, die bestehenden Säle umzugestalten. Der damalige Baudirektor Tassilo Lendenfeld besichtigte gemeinsam mit Reinhard Pfoser und Paul Pfaffenbichler auf einer Exkursionsfahrt vergleichbare Bauten. Vorbild wurde der Stadtsaal in Aalen. Auf der Rückfahrt, bei einem mitternächtlichen Besuch einer Bar in München, wurden die St. Pöltener Stadtsäle entworfen, die bis heute erhalten sind. Das Restaurant wurde zwischenzeitlich durch unterschiedliche Pächter stark verändert. // Ein elegantes Flugdach, das auf zwei schlanken Säulen ruht, markiert den Haupteingang. Nach Durchschreiten des Windfanges gelangt man in das Foyer mit Abendkassen, dann zu den weitläufigen Garderoben, schließlich zum Vestibül mit Bar und Schanktheke und über den grünen Saal zum Stadtsaal. Diesen prägt die rötliche Wandgliederung in Form der Mahagonilisenen, das Blau der schweren Vorhänge und das Eichenparkett. Die leuchtenden Kristallmanschetten tragen zur festlichen Stimmung bei. Die Bühnenrückwand aus akustisch berechneten Mahagonielementen ist von senkrecht gerilltem, weißem Stuck flankiert. In der verspiegelten Fensterwand können sich die Tanzpaare bei Bällen selbst zusehen. *th*

▲ Wandbild, Außenwände Stadtsäle, 1959: Maria Sturm
🏢 Hochhaus, Schießstattring 35, 1961: Erich Boltenstern

LATITUDE
48° 12' 20"
LONGITUDE
15° 37' 11"

MIRRORS, OAK, AND MAHOGANY // Erected in 1882 as a "people's target range" and adapted as an events hall by the City of St. Pölten in 1907, the building has a stirring history behind it. // In 1955, two young architects were invited to redesign the existing rooms. Tassilo Lendenfeld, the construction supervisor, went together with architects Reinhard Pfoser and Paul Pfaffenbichler to inspect similar buildings. The rooms were then modeled on the municipal hall in Aale. On the return trip, the St. Pölten municipal halls were drafted during a midnight visit to a bar in Munich, and are still in use today. The restaurant has since been profoundly altered by two different leaseholders. An elegant flying roof supported by two slender columns marks the main entrance. Passing through the vestibule, one enters into a foyer with box offices, then into an ample cloakroom, finally entering a vestibule with a lounge and bar through which one can go into the green room and the main hall. Reddish partitions in the form of mahogany pilaster strips, heavy blue curtains and oak parquet characterize the hall. The brilliant crystal wall lamps contribute to the festive atmosphere. The rear wall of the stage is made of acoustic mahogany elements flanked by white, vertically ribbed stucco. Dancing couples can glimpse themselves in the mirrors along the window wall.

Wolfgang Pfoser

BORG Sanierung und Erweiterung
St. Pölten, Schulring 16

GLAS UND STAHL ZWISCHEN ALT UND NEU // Mit der Generalsanierung des gründerzeitlichen Baus der ehemaligen Lehrerbildungsanstalt wurde das BORG St. Pölten den Anforderungen an ein modernes Schulgebäude angepasst. Der neue, aluminiumverkleidete Trakt setzt sich deutlich vom Altbestand ab. Als Brücke zwischen den beiden Baukörpern fungiert eine feingliedrige Verbindung aus Glas und Stahl, deren Konstruktion sichtbar ist. Die tragenden Stahlteile sind blau hervorgehoben. // Im Zubau liegen Klassentrakt und Turnsaal orthogonal übereinander. Als Gestaltungsfarbe dominiert Blau in verschiedenen Schattierungen. Die neuen Fluchtstiegenhäuser am Ost- und Westende des Gebäudeensembles betonen mit ihren senkrechten Glasschlitzen das Vertikale, das sich auch im aluminiumverkleideten Lift wiederfindet. Die Fassade des Altbaus wurde belassen, und die neuen Fenster wurden den vorhandenen Öffnungen angepasst. Auch bei Details der Innengestaltung zeigt sich, dass die bestehenden Proportionen berücksichtigt wurden, etwa bei der Adaptierung der alten Türöffnungen der Aula. Auffällig dagegen die Gestaltung der Eingangssituation: Bei den Haupteingängen wurden gläserne Windfänge vorgesetzt. Für die Schülerinnen und Schüler wurde als Aufenthaltsbereich im Freien eine begrünte Pergola mit einem Holzdeck als Boden angelegt. *th*

⊡ Kolpingheim, Schulring 13, 1930; Wilhelm P. Wohlmeyer

LATITUDE
48° 12′ 04″
LONGITUDE
15° 37′ 30″

GLASS AND STEEL BETWEEN OLD AND NEW // This Wilhelminian-style building, which formerly housed a teacher's education institute, has been thoroughly renovated and brought up to modern standards. The new, aluminum-clad tract stands out markedly against the original old building. Bridging the two buildings is a slender structure of steel and glass, the engineering of which has been kept clearly visible. The steel supporting elements are accented in blue. // The classroom tract and the gymnasium lie at right angles within the new addition. Shades of blue dominate the interior decoration. At the east and west ends of the building ensemble, new emergency exits with perpendicular glass slits accentuate the vertical, which is reflected in the aluminum-clad elevator. The façade of the old building was left untouched, new windows were fitted into the existing apertures. The details of the interior decoration also show that the existing proportions of the old building were taken into consideration, as for example the old doorway to the aula. In contrast, the entryways are quite noticeable: glass vestibules have been set at the main entrances. A student recreation area with a green pergola on a wooden deck has been added outside.

Prandtauerhalle

St. Pölten, Dr.-Theodor-Körner-Straße 8

Paul Pfaffenbichler

1978

HINTER EINER SPRECHENDEN FASSADE // Klare kubische Formen prägen das von Paul Pfaffenbichler geplante, im Dezember 1978 eröffnete Ensemble aus Bundesschulzentrum und der Prandtauerhalle, einer Dreifachsporthalle. Das viergeschossige Schulgebäude, das die Bundesbildungsanstalt für Kindergartenpädagogik beherbergt, ist nach Süden hin orientiert, die Prandtauerhalle nach Osten. Die großen, nordseitig anschließenden Freiflächen sind die Sportplätze der Jahnturnhalle sowie des Bundesoberstufenrealgymnasiums. Der rhythmuserzeugende Wechsel von Farbigkeit und Material betont die Horizontalität der Fassadengliederung. Weiß, mattes Aschenrot, mattes Violett und Anthrazit prägen das Erscheinungsbild und datieren den Bau fühlbar in seine Entstehungszeit. Markant ist das Spannungsverhältnis zwischen Architektur und Kunst am Bau. Das silbern-metallisch glänzende Wandfries an der Prandtauerhalle mit der abstrakten Figürlichkeit stammt vom niederösterreichischen Maler und Bildhauer Ernst Krötlinger. // Die Stadt St. Pölten fasste 1974 den Beschluss, südlich des bestehenden Oberstufenrealgymnasiums ein neues Bundeschulzentrum zu errichten. Das zwischen 1976 und 1978 gebaute Schul- und Sporthallenensemble setzt einen städtebaulichen Kontrapunkt zur bestehenden Bebauung, die von Wohnhäusern und Villen der ersten Jahrzehnte des 20. Jahrhunderts geprägt ist. Dem Bau waren Proteste einer Bürgerinitiative vorausgegangen, die sich für den Erhalt des Baum- und Sträucherbestands einsetzte. *ek*

62

LATITUDE
48°11'57"
LONGITUDE
15°37'27"

BEHIND A TALKING FAÇADE // Clear, cubic shapes mark the federal school center and Prandtauer Hall ensemble designed by Paul Pfaffenbichler and opened in December 1978. The four-story school building that houses the federal institute for kindergarten pedagogy faces south. The Prandtauer gymnasium faces east. The large lawns adjoining on the north are the playing fields for the Jahn gymnasium and the senior high school. A rhythmic alternation of color and material emphasizes the horizontal division of the façade. White, matte brick red, matte purple, and anthracite tangibly mold the appearance and date the building. The strong interaction between architecture and building art is striking. The abstractly figurative, silver-metallic, shining wall fresco on the side of the Prandtauer Hall is by Lower Austrian painter and sculptor Ernst Krötlinger. // In 1974, the town of St. Pölten decided to construct a new federal school center south of the existing senior high school. The school and sports hall ensemble built between 1976–78 counterpoints the existing urban architecture of early-1900s villas and houses. Construction took place despite protests by a citizens' initiative for the conservation of the trees and bushes.

Leo Keller

Jahnturnhalle
St. Pölten, Jahnstraße 15

EINE HALLE FÜR »NATIONALISTISCH ERTÜCHTIGTE« KÖRPER // Das Bauwerk ist Relikt einer Zeit, in der körperliche Ertüchtigung als Ausdruck des
Deutschtums galt. »Turnvater« Friedrich Ludwig Jahn (1778–1852) verstand
das Turnen als patriotische Erziehung. 1816 erschien sein Buch »Die deutsche
Turnkunst«. Aufgrund seiner nationalistischen Einstellung als gefährlich einge-
stuft, lebte Jahn lange unter Polizeiaufsicht. In Freyburg an der Unstrut im
heutigen Sachsen-Anhalt wurde ihm noch zu Lebzeiten die erste Turnhalle
gewidmet, an deren Stirnseite er begraben ist. Die giebelständige Turnhalle in
St. Pölten stammt von Architekt Leo Keller, der auch die formal verwandte
Jahnturnhalle in Wels entwarf. Zwei Trakte mit Satteldach schließen an Vor-
der- und Rückfront an. Die niederen Nebenräume an der Haupt- und den
Seitenfassaden sind flach gedeckt. Der Eingang erfolgt über einen konvex
geformten Portikus, den zwei freistehende Backsteinpfeiler tragen. Darüber
liegt eine relingartige Balustrade. Backsteinfriese und die über Eck laufenden
Fensterreihen prägen die Fassade. Innen besitzt der geräumige Hallenbau
stirnseitig eine Bühne und entlang der Saalwände Galerien, die durch symme-
trische Treppenaufgänge erschlossen werden. *th*

*A GYMNASIUM FOR "NATIONALIST-
ICALLY TRAINED" BODIES // This
structure is a relict of the times
when physical training was considered to be an expression of German-
ness. "Turnvater" (father of gymnastics) Friedrich Ludwig Jahn
(1778–1852) maintained that physical education is part of a patriotic
upbringing. His book "The German
Art of Gymnastics" was published in
1816. // Classified as dangerous due
to his nationalist beliefs, Jahn lived
under police surveillance for ten*
*years. In Freyburg an der Unstrut in
what is today Saxony-Anhalt, the first
gymnasium was dedicated to him
during his lifetime. His grave stands
at its fore. The gabled gymnasium in
St. Pölten is by the architect Leo
Keller, who also designed a similar
Jahn gymnasium in Wels. Two tracts
with gabled roofs are joined to the
front and back sides. The low
adjoining rooms of the main and side
façades are flat-roofed. The entrance
is through a convex portico
supported by two free-standing brick*
*columns. Above this is a railing-like
balustrade. A brick frieze and
window strips running around the
corner mark the façade. The roomy
hall has a stage at the front and
galleries along the walls, which are
accessible by symmetrical stairways.*

Dr.-Theodor-Körner-Hauptschule

St. Pölten, Johann-Gasser-Straße 5–7

Tassilo Lendenfeld

1954

EINE SCHULE MIT RADIO UND SCHWIMMBAD // Auf dem Gelände der ehemaligen Gasserfabrik wurde 1949 begonnen, eine neue Knaben- und Mädchenhauptschule zu errichten. Die alte zentrale Hauptschule war im Krieg zerstört worden. Der Grundriss wurde so angelegt, dass die Trakte ein lateinisches »W« ergeben. Die Klassen wurden zum Garten hin orientiert und die Turnsäle freistehend angelegt. Zu den Besonderheiten des Baus gehören nicht nur die patentierten Schiebefenster, sondern auch die Tatsache, dass bereits von Anfang an eine Fernheizungsanlage im Einsatz war. Die Beheizung erfolgte laut einer Baubeschreibung aus dem Jahr 1954 geschlechterspezifisch. Während die Knabenklassen mit Deckenstrahlungsheizung bestückt waren, wurden die Mädchenklassen mit Radiatoren beheizt. // Die technische Fortschrittlichkeit der Schule markiert der Umstand, dass über eine zentrale Rundfunkanlage in der Direktionskanzlei alle Klassen am Schulfunk angeschlossen waren und von dort das Pausenzeichen erklang. Eine Attraktion ist die Tatsache, dass die Schule im Mitteltrakt über ein eigenes Hallenschwimmbad verfügt, das auch von benachbarten Schulen mit genutzt wird. Insgesamt zeichnet sich der Bau durch viele originalgetreu erhaltene Details, wie die Stiegenhäuser, die Vertäfelungen und die Beleuchtungskörper aus den 1950er Jahren, aus. Der aus heutiger Sicht äußerlich unauffällige Bau verfügt über ein überaus sehenswertes Innenleben. *th*

▲ Fresken, 1954: Maria Sturm

64

LATITUDE
48° 11' 57"
LONGITUDE
15° 37' 40"

A SCHOOL WITH RADIO AND SWIMMING POOL // In 1949, construction of a new Boys' and Girls' Secondary School began on the site of the former Gasser Factory. The old, central secondary school had been destroyed during the war. // The ground plan of the wings forms the shape of the letter 'W'. The classrooms face the gardens and the gymnasium stands apart. This building is distinctive not only because of its patented sliding windows, but also because of the fact from the very beginning a district heating system was used. According to a construction report from the year 1954, the heating was gender-based. The boys' classrooms used radiant ceiling heaters while the girls' rooms were heated with radiators. // The school was technically very progressive for its time, this can be seen in the central broadcasting system in the director's office, which was wired into all the classrooms and which also sounded the recess bell. // A wood-paneled indoor swimming pool in the center wing is an added attraction, shared by neighboring schools. Overall, the many well-kept original details from the 1950s, such as the stairways and the lighting fixtures, make the building stand out. From a modern point of view the building may not be remarkable when seen from the exterior; the interior, however, is definitely worth viewing.

Franz Barnath

VOM HAMMERWERK ZUR ENERGIEZENTRALE // Bis zum Neubau der EVN-Zentrale durch Paul Katzberger fungierte das Haus als Regionaldirektion St. Pölten des landeseigenen Energieversorgers NEWAG, dem Vorläufer der EVN. Die Gestaltung der breiten, zum Hammerpark orientierten Fassade erfolgte mit leicht versenkten, farbigen Putzfeldern. An der abgerundeten Ecke in Richtung Jahnstraße sind drei Reliefs mit paarweise angeordneten Arbeitern und Bauern des Künstlers Adolf Treberer-Trebersburg angebracht. Das Innere des Gebäudes ist durch den Einsatz nobler Materialien und ein repräsentatives Treppenhaus gekennzeichnet. // Östlich des Verwaltungsbaus liegt ein Elektrizitätswerk, das auf ein Hammerwerk aus dem Jahre 1459 zurückgeht und seit 1903 der Stromerzeugung dient. Die ebenerdige Hallenkonstruktion in Stahlbeton verfügt über eine Kraftzentrale mit Turbine und Generator, das Schalthaus liegt darüber. Der Industriebau, der an den Längsseiten durchgehend verglast ist, trägt ein Sgraffito von Sepp Zöchling, das die Geschichte des Bauplatzes illustriert. *th*

LATITUDE
48° 11' 47"
LONGITUDE
15° 37' 37"

FROM FORGE MILL TO POWER STATION // Until Paul Katzenberger built the new EVN Headquarters, this building near the Hammerpark was the regional headquarters for St. Pölten. The administrative building of 'NEWAG', EVN's predecessor, was erected between 1950–53 following plans by Franz Barnath. The broad façade faces the Hammerpark and is decorated with slightly concave colored plaster areas. The rounded structural form dominates the corner tract near the Jahnstrasse. Three relief panels by Adolf Treberer-Trebersburg have been placed between the floors. The panels portray workers and farmers and the figures are always shown in pairs. The building's interior features elaborate materials and an impressive stairway. Directly adjoining is the electrical power station, which dates back to a forging mill from 1459, and has been in operation as a power station since 1903. The ground-level hall is constructed of reinforced steel and houses a power center with turbine and generator. A circuit exchange lies above it. Windows run the entire length of the long industrial building, which has been decorated with a graffito by Sepp Zöchling illustrating the history of the site.

Mahnmal

St. Pölten, Hammerpark

Hans Kupelwieser

1988

SKULPTUR ALS ANDENKENDES ERINNERN // In einem Park, in dem während des Zweiten Weltkrieges Widerstandskämpfer erschossen wurden, erinnert eine begehbare Skulptur an die Opfer. Hans Kupelwieser verpflichtet sich der Memoria, nicht dem Mahnen. Der Ansatz des Bildhauers bleibt im konkreten Fall ein formaler, der ohne inhaltliches Pathos auskommt. // Ein geschützter Raum, der nach oben hin den Blick auf die Bäume des Parks und den Himmel freilässt, wird als hohe Schale mit zwei Meter Höhe und 4 m Durchmesser von Stahl umfasst. Das Innere funktioniert als Meditationsraum, bei dem sich durch die Ausblendung äußerer Einflüsse der Eintretende ganz auf das Raumerlebnis konzentrieren kann. In Augenhöhe wurden die Namen der Widerstandskämpfer in Bronzebuchstaben angebracht, darüber dringt durch dreizehn Öffnungen Licht als Symbol für die Opfer in den Hohlkörper aus Stahl. Assoziationen überlässt Kupelwieser dem Betrachter. Wenn die Lichtöffnungen im Metall an Schüsse, mit denen ein politisches System sich seiner Gegner entledigte, erinnern, ist das eine von vielen möglichen Ansätzen in der Rezeption. Damit entzieht sich der Künstler einer inhaltlichen Festlegung einer Arbeit, deren Wirkung auf der Wahrnehmung einer Raum- und Lichtsituation basiert. *th*

⬚ Evangelischer Kindergarten, Parkstraße 1d, 1930: Prokop, Lutz & Wallner

LATITUDE
48° 11′ 49″
LONGITUDE
15° 37′ 45″

SCULPTURE AS AN EVOCATIVE REMINDER // In a park where resistance fighters were shot during the Second World War, a walkable sculpture reminds us of the victims. Hans Kupelwieser's commitment is to commemoration, not to admonishment. The sculptor's approach here remains formal without resorting to pathos. // A sheltered space, with a view of the trees and sky above, is encompassed by a high steel shell, two meters high and four in diameter. The interior functions as a meditative space in which the visitor can fully concentrate, excluding the outside world. The names of the dead resistance fighters are mounted in bronze lettering at eye level. Above, light streams into the hollow steel structure through thirteen round openings, symbolic of the victims. Kupelwieser allows the viewers to make their own associations. If the openings in the metal remind one of the gunshots with which the political system eliminated its opponents, then that is only one of many possible interpretations. The artist avoids a specific identification of the meaning of his work, the important thing being the effect on one's perception of space and light.

Rudolf Wondracek

Wohnbau
St. Pölten, Handel-Mazzetti-Str. 1–5

1930

WOHNEN MIT HOLLÄNDISCHEN ANKLÄNGEN // Der Wohnbau am Rand des Hammerparks liegt in einem Quartier mit zierlichen Wohnhäusern aus den 1920er Jahren, die teilweise heute noch erhalten sind. Stärker als andere St. Pöltener Wohnbauten von Rudolf Wondracek besitzt die dreigeschossige Anlage noch ihren ursprünglichen Charakter, der jedoch durch den Einbau von Kunststofffenstern beeinträchtigt wird. // Die Platzfassade zwischen Handel-Mazzetti-Straße und Georgestraße wird mit einem breiten Portal betont, über dem eine große Glasfront das Stiegenhaus belichtet. Die Terrassen und die darüberliegenden Balkone sind um die Gebäudeecken geführt. Im Süden beschließt ein blockartiger Trakt die Anlage. Das Attikageschoss ist durch ein Gesimsband klar abgesetzt. // Formal orientiert sich der Wohnbau an der holändischen Architektur der 1920er Jahre, die von Funktionalität und klarer Proportionierung der Baukörper bestimmt ist. Wondracek verfügte als Absolvent der Technischen Universität Wien und Schüler von Otto Wagner an der Akademie nicht nur über eine fundierte Ausbildung, sondern auch über eine entsprechende Auslandserfahrung. In St. Pölten wirkte er im Stadtbauamt, später als freier Architekt und hinterließ eine Reihe bemerkenswerter Bauten, die aber großteils nicht mehr im Originalzustand erhalten sind. *th*

⊡ Einfamilienhäuser, Georgestraße 1, 3, 5, 7, 1924/1926/1927: Prokop, Lutz & Wallner
⊡ Hammerparksiedlung, Handel-Mazzetti-Straße 24–30, 27–33, 1922: Hermann Richter, Handel-Mazzetti-Straße 47–57, 1921: Rudolf Tintner
⊡ Wohnbau, Fesslerstraße 1–7, 1921: Rudolf Tintner

67

LATITUDE
48° 11' 45"
LONGITUDE
15° 37' 39"

LIVING WITH A TOUCH OF THE DUTCH // Even more than the other St. Pölten apartment buildings by Rudolf Wondracek, the three-story complex gives an authentic impression of original architecture, although diminshed by the synthetic window-frames. Neither the "Blue House" at Herzogenburgstrasse 32, nor the residential annex at Josef-strasse 43–55, nor the house at Neugebäudeplatz 6–7 have remained so true in appearance to the original. This unonestatious residential building draws upon Dutch architecture of the '20s and '30s. Functional construction is the main idea, while at the same time an articulated clarity is distinctly expressed by the proportions. Wondracek, whose father was the master builder for the St. Pölten Municipal Building Construction Authority, has a substantial educational background- a graduate of the Vienna Technical University, a student of Otto Wagner at the Academy of Fine Arts, and also experience abroad. He worked for the St. Pölten Municipal Building Authority and later as a free-lance architect. He has left behind several remarkable buildings.

Voithsiedlung

St. Pölten, Grillparzerstraße – Jahnstraße – Kranzbichlerstraße

diverse Planer

1920er Jahre

WOHNEN MIT GIEBELN UND ERKERN // In direkter Nachbarschaft zum Voith-Werk, das ab 1903 errichtet wurde und über Büro- und Verwaltungstrakte aus den 1920er Jahren verfügt, entstand die Voith-Siedlung im Bereich Grillparzer-straße – Jahnstraße – Kranzbichlerstraße. Die kleinteilige Siedlung, die teil-weise nur über Fuß- und Radwege erschlossen ist, liegt in einer Grünzone mit altem Baumbestand. Die ehemalige Voith-Villa von 1910 mit Zubauten aus den Jahren 1922 und 1931 wird als Kulturheim-Süd genutzt. // Die villenartigen Mehrfamilienhäuser Andreas-Gruber-Straße 3 und Jahnstraße 26, beide von 1923, stammen von Baumeister Rudolf Jäger. Der Gebäudetyp mit Mansard-dach, mit holzverschaltem Giebel und polygonalem Ecktürmchen variiert ledig-lich im Fassadenbild. Einen anderen Haustyp der Voith-Siedlung repräsentiert das Objekt Kranzbichlerstraße 6–8 (Abb.). Das Doppelhaus von Baumeister Josef Weidinger aus dem Jahr 1925 besitzt einen geknickten Dachgiebel und einen polygonalen Eckerker. Ähnlichkeiten mit den Bauten der Glanzstoff-Siedlung in Kupferbrunn besitzt das Haus in der Grillparzerstraße 3 von 1921. Das zweigeschossige Siedlungshaus ist durch das spitz zulaufende Bogendach charakterisiert und trägt deutlich weniger Dekor. Es wurde vom deutschen Architekten Wilhelm Ritter entworfen, von dem auch weitere Häuser in der Siedlung stammen. Die Firma Voith hatte ihr Stammwerk in Deutschland, wodurch diese überregionale Kooperation zustande kam. *th*

⊡ Einfamilienhaus, Grillparzerstraße 2 a, 2000: Peter Raab, Konrad Rauter

LATITUDE
48° 11' 42"
LONGITUDE
15° 37' 31"

LIVING WITH GABLES AND ORIELS // The Voith Factory was built in 1903; the office and administrative wings are from the 1920s. The Voith Community was built next to the factory in the area between Grill-parzerstrasse, Jahnstrasse and Kranzbichlerstrasse. The fragmented community is located in a green zone with old-growth trees, some parts of which are accessible only by pedes-trian and cycle paths. The former Voith Villa, from 1910 with additions from 1922 and 1931, houses the

Cultural Center South. // The villa-like multi-family homes in the Andreas Gruber Strasse 3 and Jahnstrasse 26 were both built in 1923 by master builder Rudolf Jäger. This building style has a mansard roof, and a gable and polygonal turret clad in wood. // The façade is variable. A different example of a Voith Community housing style stands at Kranzbichlerstrasse 6–8. This duplex, built by master builder Josef Weidinger in 1925, has a bent roof gable and polygonal corner

oriel. The 1921 house at Grillparzer-strasse 3 has some similarity to homes in the Kupferbrunn Residential Community. The two-story residence is much less ornamented and is char-acterized by its tapered cambered roof. It was designed by German architect Wilhelm Ritter, who also drafted other buildings in the commu-nity. This inter-regional cooperation arises from the Voith Company's main production plant, which is in Germany.

Rudolf Wondracek
Klemens Flossmann

Zwei Wohnhäuser
St. Pölten, Heidenheimer Straße 21–23 und 23 a

1927/1931

KEINE ANGST VOR DEM FLACHDACH // In einer Villengegend, an einer
Straße mit durchgehendem Baumbestand gelegen, befinden sich nebeneinander zwei signifikante Bauten. // Beide Häuser verfügen über ein Flachdach.
Während dieses bei Klemens Flossmann weit vorkragt und zudem leicht
geknickt ist, beließ es Wondracek (Abb.) bei einer leichten Auskragung des
Dachs. Durch einen Aufbau im Jahr 1962 hat sich dieser klar gegliederte
Baukörper jedoch im Gesamteindruck verändert, da die Proportionen verschoben wurden. Wondracek arbeitete im Doppelhaus stark mit der Positionierung
der Fenster, die im Rahmen von Renovierungsmaßnahmen erneuert wurden.
Im Erdgeschoss liegen an der Stirnseite vier zentrale Fenster, die von jeweils
drei kleinen Fenstern der seitlichen Vorsprünge flankiert sind. Über diesen
liegen im ersten Obergeschoss die Balkone, die an die zwei nach außen ge-
rückten Fenster angrenzen. Das Spiel des Vor- und Zurücktretens wird durch
ein Gesimsband über den Erdgeschossfenstern, das sich ein Stück entlang der
seitlichen Vorsprünge fortsetzt, sensibel betont. Das zweite Obergeschoss
zeigt zur Straße hin zwei querliegende Rechteckfenster. Die seitlichen Balkone
der darunterliegenden Ebene werden hier wiederholt. // Während das Doppelhaus in die Breite orientiert ist, wirkt das Wohnhaus von Flossmann schmal
und hoch. Ein halbrunder Erker, Holzkonsolen, sowie ein leicht gedrehter Treppenaufgang kennzeichnen das Haus. Erwähnenswert auch die Steher des
Zauns, bei dem die Ziegelsteine vertikal und horizontal eingemauert wurden. *th*

LATITUDE
48° 11'52"
LONGITUDE
15° 37'22"

WHY NOT A FLAT ROOF? // On a tree-lined street, in a neighborhood full of villas, two significant buildings stand side by side. Both houses have flat roofs. Klemens Flossmann's juts out far and is slightly angled, while Wondracek's protrudes only slightly. The overall appearance of the clearly divided duplex was changed by a 1962 addition altering the propor-tions. Wondracek positioned the windows, which were renewed during renovations, with care. Four central windows at the front of the ground floor are each flanked by three small windows in the lateral projections. Above this are the balconies on the second story, adjacent to the two windows moved further aside. A cornice band above the ground floor windows, extending partially into the lateral projections, gently emphasizes this staggered pattern. There are two horizontal rectangular windows on the third floor in the street façade, and the side balconies on the floor below are repeated here. // The duplex gives the impression of broadness, whereas the Flossman house looks high and narrow. A semi-circular oriel, wood consoles and a slightly winding stairway characterize the house, as well as the brick fence pillars, laid alternating horizontally and vertically.

Villa Kroboth
St. Pölten, Josefstraße 21

Klemens Flossmann

um 1930

WÜRFEL MIT ERKER // In der Josefstraße, in der zwischen 1920 und 1930
Wohnhausanlagen von Rudolf Wondracek (Nr. 43–55, bzw. 57–69) und
Hermann Richter (Nr. 58–64), aber auch großzügige Einfamilienhäuser u. a.
von Robert Wohlmeyer (Nr. 15) oder Josef Winkler (Nr. 24) entstanden, liegt
eine große Eckvilla von Klemens Flossmann. In Herzogenburg geboren, gründete Flossmann (1882–1951) in den 1920er Jahren ein Büro in St. Pölten. Für
den Bauherren Viktor Kroboth übersetzte er in der Josefstraße Gestaltungs-
elemente des Wiener Gemeindebaus in Villenarchitektur: Der kubische Baukörper mit Flachdach ist durch einzelne Fassadenteile strukturiert, die mit
unterschiedlich langen Gesimsteilen gekennzeichnet sind. Die Wandteile sind
vertikal und horizontal genutet. Ausschnittweise ist die Fassade mit Backstein
verkleidet. Für Abwechslung sorgt die Gliederung der Wandteile in rosa und
ockerfarbenen Putz. Auch die Fenster variieren. Vorwiegend ohne Rahmen in
die Mauer eingeschnitten, unterscheiden sie sich durch ihre Größe. // Der
halbkreisförmige Erker im 1. Obergeschoss, der zugleich als Balkon für das
2. Obergeschoss fungiert, durchbricht die geometrische Reduktion auf den
Kubus. Durch die Loggia mit Eckpfeiler im 2. Obergeschoss öffnet sich das
Haus an einer markanten Stelle. Die dreigeschossige Villa hat ihre Wirkung
bis heute erhalten. *th*

 Methodisten-Haus, Kalcherstraße 4, 1924: Leo Kammel

70

LATITUDE
48° 11′ 56″
LONGITUDE
15° 37′ 20″

*CUBE WITH ORIEL // In the
Josefstrasse, between the apartment
buildings built by Rudolf Wondracek
in 1920–1930 (nos. 43–45 and
57–69) and Hermann Richter
(nos. 58–64), and spacious single-
family homes designed by Robert
Wohlmeyer (no. 15) and Josef
Winkler (no. 24) among others, is a
large corner villa by Klemens
Flossmann. Born in Herzogenburg,
Flossmann (1882–1951) founded an
office in St. Pölten in the 1920s. For
his client Viktor Kroboth, he trans-*

*ferred design elements from
Viennese subsidized housing estates
into the architecture of this villa in
the Josefstrasse. Individual façade
sections, identified by cornice
segments of varying length, structure
the cubic, flat-roofed structure. The
walls are grooved horizontally and
vertically. In parts, the façade is clad
with brick. The division of the walls
into pink- and ochre-colored plaster
ensures variety. The windows also
vary in size, although most are set
without frames into the walls.*

*The semi-circular oriel on the second
floor is also the balcony for the third
floor, breaking through the geometric
outline of the cube. Also on the third
floor, a loggia with a corner post
opens the house in a conspicuous
place. The three-story villa still
retains its urban flamboyance.*

Adolph H. Kelz

Maderna-Haus
St. Pölten, Josefstraße 46 a

1996

ARBEITEN IM KRISTALL // Im südlichen, äußerst lebendigen Vorstadtgefüge von St. Pölten liegt an einer Kreuzung im Straßenblock der Pfarre St. Josef das Maderna-Haus. Der Bau, der in einer kongenialen Partnerschaft zwischen Auftraggeber Alfons Maderna und Architekt Adolph H. Kelz in den 1990er Jahren errichtet wurde, wird heute von Bene Büromöbel als Geschäftsstelle genutzt. Die Fundamente des Baus stammen von einem ehemaligen Lichtspieltheater aus dem Jahr 1926 mit hölzernen Kuppeln, das von den Eltern des Bauherren bis 1967 betrieben und zwischenzeitlich auch als Supermarkt genutzt wurde. Auffälligstes Kennzeichen des Maderna-Hauses ist seine kristalline Form. Nordseitig wurden Wand und Dach mit Titan-Zink-Blech verkleidet. Die Hauptfront öffnet sich über eine schräge Glaswand, die auf Stahlrahmen gehängt ist, zur Straße. Horizontale Lamellen, an der Innenseite mit rötlichem Holz veredelt, dienen als Lichtfilter. Im Inneren des dreigeschossigen Hauses setzt sich der präzise Materialeinsatz fort. Das Stiegenhaus, mit Sperrholz verkleidet, birgt eine Stiege aus Sichtbeton. Der Bau mit seinem skulpturalen Anspruch setzt in St. Pölten ein unübersehbares, urbanes Zeichen. *th*

⌂ Pfarrkirche zum Hl. Josef, Josefstraße 46, 1929: Matthäus Schlager

71

LATITUDE
48° 11' 42"
LONGITUDE
15° 37' 19"

WORKING IN A CRYSTAL // In an extremely lively suburban area of southern St. Pölten, the Maderna house is located on an intersection in the same block as the St. Josef Parish Church. // The building was erected in the 1990s through a congenial partnership between client Alfons Maderna and architect Adolph H. Kelz. Today it is used as a place of business by Bene Office Furniture. The foundations are those of a cinema with wooden cupolas, built in 1926 and run by Maderna's parents until 1967, after which it was used for a time as a supermarket. The most conspicuous characteristic of the Maderna house is the crystalline building structure. To the north, the wall and roof have been clothed in zinc titanium sheet metal. The main façade opens to the street through a slanting glass wall hung upon a steel frame. Horizontal slats, lined on the inside with fine red wood filter the light. In the interior of the three-story house the materials have been used with the same precision. The stairwell, clad in plywood, encloses a stairway of exposed concrete. The sculpturally sophisticated building sets a striking urban landmark on the St. Pölten townscape.

Pantherapotheke
St. Pölten, Josefstraße 51–53

Paul Pfaffenbichler

1974

FUTURISMUS TRIFFT MODERNE // Die Adresse Josefstraße 51–53 bietet eine kleine Reise durch architekturgeschichtliche St. Pöltener Zeitläufte. Die Fassaden legen Zeugnis über das stilistische Aufeinandertreffen der 1930er und 1970er Jahre ab: die der internationalen Moderne verpflichtete Wohnanlage von Wondracek und die futuristische Fassade von Pfaffenbichler. Von Rudolf Wondracek, dem St. Pöltener Bauamtsdirektor, stammt die 1930 errichtete Wohnbauanlage der Allgemeinen Gemeinnützigen Wohnungsgenossenschaft St. Pölten. Der Otto-Wagner-Schüler verwirklichte ab den späten 1920er Jahren sowie während des Ständestaates und des Naziregimes eine Reihe von Wohn- und Siedlungsbauten in St. Pölten und Umgebung. // Für den Apotheker Ewald Biermayer realisierte Paul Pfaffenbichler die bis heute unveränderte Geschäftsfassade, die im März 1974 fertig gestellt wurde. Die nicht unter Denkmalschutz gestellte Fassade ist eines der wenigen erhaltenen Zeugnisse von Geschäftsfassaden aus dieser Zeit in St. Pölten. Der silbergraue Glanz der Fassadenverkleidung kontrastiert mit dem Weiß des Wohnbaus und der blauen Terrassengittern. Die gerundeten Formen von Schaufenster und Türen machen aus der Fassade ein Wandbild, das keine Blickbeziehung in den Geschäftsraum erlaubt. Deutlich spricht die Fassade die aus Science-Fiction-Filmen und ihrer Technologiegläubigkeit vertraute Designsprache der 1970er Jahre. 2006 übersiedelte die Panther-Apotheke in ein neues Domizil. *ek*

LATITUDE
48° 11' 36"
LONGITUDE
15° 37' 21"

FUTURISM MEETS MODERNISM // Josefstrasse 51–53 provides a brief journey through the architectural history of St. Pölten. The façades evidence the stylistic conjunction of the 1930s and 1970s: Wondracek's residential annex true to international Modernism and the futuristic façade by Pfaffenbichler. The residential annex, built in 1930, was designed by Rudolf Wondracek Jr., director of the St. Pölten Building Commission, and funded by the St. Pölten Non-profit Public Housing

Cooperative. Wondracek, a student of Otto Wagner, realized a series of residential complexes and apartment buildings in and around St. Pölten both under the corporative government and the Nazi regime. // Paul Pfaffenbichler designed the shop façade, which is still unchanged, for pharmacist Ewald Biermayer. It was completed in March 1974. The façade, which is not historically protected, is one of the rare examples of 1970s storefronts preserved in St. Pölten. The silver-gray sheen of

the façade casing contrasts with the white apartment building and blue balcony rails. The rounded forms of the shop windows and doors transform the façade into a mural that offers no view into the interior. The façade speaks the clear design language of 1970s science fiction films and its faith in technology. The Panther Pharmacy moved away in 2006.

Walter Zschokke, Walter Michl

Haus L.
St. Pölten, Mariazeller Straße 64

VORNE VERSCHLOSSEN, HINTEN OFFEN // Mit der Übersiedelung des Arbeitsplatzes aus der Wiener Herrengasse in das Regierungsviertel von St. Pölten verlegte der Bauherr nach langjährigem Pendeln seinen Wohnsitz von Wien wieder in sein Elternhaus. Um den engen Kostenrahmen wahren zu können, wurde am Altbestand mit seinem zu groß wirkenden Dachausbau kein Eingriff vorgenommen. Dessen gelber Anstrich erfolgte nach Abschluss des Umbaus in Eigenregie. // Der Anbau hält sich an der Fassade zur Mariazeller Straße gegenüber dem Bestand aus den 1920 er Jahren dezent zurück und schottet sich gegenüber dem Verkehr nahezu hermetisch ab. An der dem Garten zugewandten Rückseite dreht sich die Gewichtung um. Neben der Fassade des Altbestands, der durch die asymmetrische Fensterverteilung über grafische Qualitäten verfügt, dominiert das verglaste Treppenhaus, das die verschiedenen Niveaus von Alt- und Neubau miteinander verbindet. Beim Zubau, der in Ziegel erfolgte – die heute gängigen Holzbausysteme waren noch nicht verfügbar –, war aufgrund des schmalen Grundstückes der Handlungs- spielraum der Architekten eingeschränkt. Aller Beengtheit zum Trotz entstand ein großzügiges Raumgefüge. In einem Atelier direkt unter dem flachen Pultdach hat der Bauherr seinen persönlichen Rückzugsort gefunden. *th*

🔲 Waschblausiedlung: Birkenstraße 3–21, 4–22, 25–43, 26–44, Munggenaststraße 18–32, 29–39, Stoßgasse 19–21, 27–29, 28–42, 1930: Rudolf Wondracek
🔲 »Volkswohnhausanlage«, Mariazeller Straße 45–63, 55–57, Munggenaststraße 8–10, Stoßgasse 9–11, Hoißgasse 4–16, 1940: Josef Weidinger

LATITUDE
48° 11' 34"
LONGITUDE
15° 37' 09"

CLOSED TO THE FRONT, OPEN TO THE BACK // When his workplace moved from the Vienna Herrengasse to the government district of St. Pölten, the building owner commuted for years before moving from Vienna back to his parents' house in St. Pölten. // In order to stay within the minimal budget, no changes were made to the existing building and its seemingly oversized roof extension. Once remodeling was completed, the owners themselves painted the house yellow. The addition's Mariazeller Street façade is modest compared with the existing building from the 1920s, almost hermetically secluded from traffic. The emphasis is reversed towards the back, where the house opens to the garden. The glazed stairwell joining the various levels of new and old buildings dominates the old building's aesthetic façade with asymmetrically distributed windows. The architects of the addition – built in brick, since the timber con- struction methods common today were not available at the time – had very little room to maneuver on the narrow property. Yet despite the close quarters, a generous suite of rooms has been created. The owner has his private space for retreat in a studio with a flat pent roof.

Gymnasium

St. Pölten, Josefstraße 84

Franz Sturm

1954

EINST DER MODERNSTE SCHULBAU ÖSTERREICHS // Die Zerstörung des 1863 begründeten St. Pöltener Gymnasiums am Schillerplatz im Jahr 1945 machte einen Neubau erforderlich. Für die Schule, die entsprechend den Bedürfnissen eines modernen Lehrbetriebs geplant wurde, wählte man ein Grundstück im Süden St. Pöltens, einem damals wichtigen Stadterweiterungsgebiet. // Auf einer Fläche von 2 ha sind die in sich straffen Gebäudegruppen weiträumig gruppiert. Die starke Präsenz von Freiflächen mit Pausenhof, Sport- und Rasenplatz bezeugt die bis heute gültige Wertschätzung sportlicher Ausbildung. Der Pausenraum, mit einem Sgraffito von Leopold Schmidt, kann durch große Fenster-Tür-Elemente geöffnet werden. Eine großzügige Belichtung erhielten auch die Sonderunterrichtsräume. Sowohl Nord-, West- als auch Südseite sind durch gliederungslose, enge Fensterreihen geprägt, während an der Ostseite die großflächigen Stiegenhausfenster die Fassade dominieren. Im Schulgebäude, das zur damaligen Zeit als modernster Schulbau Österreichs galt, kam eine völlig neue Konstruktion für die Fenster zum Einsatz, die nicht eingemauert, sondern sturzlos in Blechrahmen eingeschoben und festgeschraubt wurden. // Das Gebäude, für die damalige Schülerzahl großzügig ausgelegt, erwartet trotz Umbauten in den 1970er Jahren möglicherweise eine neuerliche Erweiterungsphase. *th*

74

LATITUDE
48° 11′ 21″
LONGITUDE
15° 37′ 21″

ONCE THE MOST MODERN SCHOOL BUILDING IN AUSTRIA // Following the destruction in 1945 of the St. Pölten High School on Schillerplatz, the school, founded in 1863, had to be rebuilt. In order to erect a modern learning institution, a building site on the southern periphery of St. Pölten was chosen, an important expansion area at the time. // Themselves closely packed, the building groups are loosely scattered across a 2-hectare flat area. The dominance of open spaces, such as the recess area, sports field and lawn, is evidence of the high value placed upon physical education, which still remains today. The recess room, decorated with a graffito by Leopold Schmidt, is fitted with large French windows. The special studies rooms are also generously illuminated. The north, west and south sides of the building are marked by long rows of close-set windows, while a broad stairwell window dominates the eastern façade. The school building, which at the time was considered the most modern in Austria, was equipped with a completely new type of window construction, not sealed in the walls, but set without headers in sheet metal frames and screwed tight. // The building, planned to accommodate easily the number of pupils attending at the time, was expanded in the 1970s and will possibly soon need to be further expanded.

R. Zöch

Pfarrkirche zum Hl. Johannes Capistran
St. Pölten, Josefstraße 90

ZWISCHEN KIRCHE UND WELT // In den späten 1960er Jahren setzten sich in Neubaugebieten statt zeichenhafter Kirchenbauten zunehmend »Mehrzweckräume« durch, die Kirche und Gemeindesaal unter einem Dach vereinen. Mit »schwellenfreien« Gebäuden sollte ein fließender Übergang zwischen Kirche und Welt demonstriert werden. Funktional bieten sie den Vorteil, dass der Versammlungsraum der Gemeinde nicht allein für die gottesdienstliche Nutzung vorgehalten werden muss, sondern auch für andere Veranstaltungen zur Verfügung steht. Hauptstück des Pfarrzentrums ist der weitläufige Kirchenraum mit einer flexiblen Einzelbestuhlung, die dreiseitig um die Altarinsel angeordnet ist und somit den »Circumstantes«-Gedanken aufnimmt, mit dem sich die liturgische Erneuerung im 20. Jahrhundert vom traditionellen Bild des Hochaltars löste. Für größere Feiern kann der Kirchsaal um die nebenliegende Werktagskapelle erweitert werden. Zwischen den aufragenden Wohnbauten wurde auf einen Turm verzichtet und ein einfacher Betonbau aus Fertigteilen errichtet. Die künstlerische Ausstattung der Kirche ist betont karg; der heilige Raum der Werktagskapelle wird durch zwei direkt in Beton eingebrachte, raumhohe Wandzeichnungen von Robert Herfert mit Darstellungen der Apokalypse definiert. 1993 wurde das Pfarrzentrum um einen Anbau mit Büros und Gemeinderäumen erweitert. *mn*

LATITUDE
48°11'16"
LONGITUDE
15°37'21"

BETWEEN THE SACRED AND THE SECULAR // In the late 1960s, "multi-purpose rooms" combining church and municipal rooms under one roof began to increasingly replace formerly more symbolic church buildings. // These "barrier-free" buildings were meant to illustrate the easy transition between the sacred and the secular. They also have the practical advantage that the municipality can use them for more than just the purpose of holding services. The main section of the parish center is the spacious church with flexible, individual seating surrounding the altar island on three sides. This draws upon the idea of "circumstantes", with which the liturgical reformation of the 20th century broke away from the traditional high altar design. For large events, the church can be extended to include the adjacent weekday chapel. Since the building is situated between towering residential buildings, a spire was deemed unnecessary, and a simple concrete structure of prefabricated components was erected. The décor of the church is emphatically sparse; the weekday chapel is defined by two ceiling-high murals by Robert Hefert, portraying the Apocalypse and set directly into the concrete. In 1993, the parish center was expanded to include offices and municipal rooms.

Wirtschaftskammer Niederösterreich

Rüdiger Lainer + Partner

St. Pölten, Landsbergerstraße 1

2005

DIE NUTZER IM BLICK // Am Grundstück des ehemaligen Sportplatzes des WIFI im Süden von St. Pölten gelegen, ist das Bürohaus mit dem Bauteil des WIFI von Günter Domenig über einen Glassteg verbunden. // Aus der rau verputzten Fassade in erdigem Orange-Ton (Farbkonzept: Oskar Putz) leuchten hellorange, eckige Loggien hervor. Die scheinbar zufällig über die Fassade verteilten, reflektierenden Fenster unterliegen funktionsgebunden den Regeln einer Rasterung. // Wenn man das Gebäude durch eine außen türkis markierte Schleuse betritt, findet man sich im Atrium wieder, das den Blick in den glas-überdachten Lichthof des sechsgeschossigen Innenlebens des Baus öffnet. Entlang der Fassade sind die Büros, größtenteils mit Zugang über die Galerie, entsprechend der Y-Form des Grundrisses angeordnet. Die geschwungenen Bögen der mehrgeschossigen Galerieebenen treten deutlich hervor, im Blick von oben verstärkt durch das Blutorange des Linoleumbodens. Mitarbei-terInnen nutzen den Lichthof für Kommunikation bisweilen auch quer über die Etagen. // Die angenehmen klimatischen Bedingungen, die durch ein intelli-gentes Belüftungssystem, das Grünraumkonzept von Maria Auböck und einen freundlich plätschernden Innenteich erreicht werden, sind neben dem präg-nanten Beschriftungssystem eines von vielen Indizien, dass bei der Planung auf die Bedürfnisse der NutzerInnen in besonderem Maße Rücksicht genom-men wurde. *th*

LATITUDE
48° 11' 02"
LONGITUDE
15° 37' 26"

WITH THE USERS IN MIND // In southern St. Pölten, at the site of the former WIFI sports area, the office building is connected to Günter Domenig's WIFI building by a glass corridor. // Bright orange, angular loggias illuminate the earthy orange (color concept: Oskar Putz), rough plaster façade. The apparently random reflecting windows distrib-uted across the façade are in fact functionally subject to the rules of a grid. Upon entering the building through a small, turquoise-painted portal into an impressive atrium, one's attention is immediately drawn to the glass-covered inner court of the six-story building. The offices are along the front of the building, most are accessible through the gallery and ordered correspondingly to the Y-shaped floor plan. The sweeping arches of the multi-storied gallery levels are prominent, especially when seen from above, due to the blood-orange color of the linoleum floor. Employees communicate across the inner court, or even between different stories. // An agreeable climate is maintained by the intelli-gent aerating system and by Maria Auböck's green space concept, which includes a gently murmuring indoor pond. The concise legend system is one of the many indications that the planning of this building took the needs of the user into special consideration.

Karl Schwanzer

1972

HORIZONTALE SKULPTUR // Mitte der 1960er Jahre entschloss sich das Wirtschaftsförderungsinstitut Niederösterreich zur Errichtung eines zentralen Lehr- und Werkstättengebäudes. Karl Schwanzer war der Wettbewerbssieger. // Im Süden St. Pöltens, nahe der Autobahnabfahrt, liegt das Areal in einer Gewerbezone, an das östlich ein Wohngebiet anschließt. Schwanzer setzt auf schalreinen Sichtbeton. Stark gegliederte Einzelbaublöcke, großflächige Scheiben und Pfeiler, stützenlose Fensterbänder mit bis zu 17,5 m Länge schaffen die expressive Anmutung. Neben den flachen Werkstätten, Theoriekursräumen und Verwaltungseinheiten befand sich die 17 Stockwerke hohe Skulptur des Internatsgebäudes, das zu Beginn des 21. Jahrhunderts abgetragen wurde. Dem dynamischen Wechsel von Aufenthalts- und Schlafräumen im vertikalen Internatsturm entsprach in den horizontalen Lehr- und Werkstättengebäuden der Wechsel zwischen Höfen, Sälen, Terrassen und Werkstätten. Der Haupteingang verläuft quer durch das Bauwerk. Ein kreuzungsfreier Besuchergang, wie sonst nur im Industriebau, bietet Einblick in die Werkstätten. Architektur, die zu schauen gibt, in jedem Detail. Wände und Einbaukästen sind weiß, Holzglaselemente, Türen und Möbel aus Fichtenholz mit redwoodfarbener Oberfläche. Die Fußböden sind in weißgrauem Naturstein, rotem Klinker, goldfarbenem Nadelfilz oder Asphalt. Die Plastizität der Form, die das Innere nach außen kehrt, findet in Materialien und Farben konsequent ihre Fortsetzung. *ek*

77

LATITUDE
48° 11' 11"
LONGITUDE
15° 36' 59"

HORIZONTAL SCULPTURE // In the mid-60s, the Lower Austrian WIFI (adult education institute) held a competition for the design of a central educational building, won by Karl Schwanzer. // In southern St. Pölten, near a freeway exit, the site is in an industrial zone bordering a residential area. Schwanzer built with high-quality exposed concrete. Highly sectionalized building blocks, extensive panes and posts, and supportless window bands up to 17.5 m long create an expressive appearance. Next to the low workshops, classrooms and administrative units once stood the 17-story high sculpture of the dormitory building, demolished at the start of the 21st century. The dynamic exchange between the dormitory tower's living and recreation rooms corresponded to the horizontal alternation of the classrooms, patios, courtyards, and workshops in the educational and workshop buildings. The main entrance crosses the building diagonally. A visitors' hallway without intersections, like those found in industrial buildings, gives insight into the workshops. The architecture offers a view of every detail. The walls and built-in cupboards are white. The wood and glass elements, doors and pine furniture all have a stained redwood surface. The floor is grey-white natural stone, red clinker, gold-colored needled felt or asphalt. The plasticity of form that turns the interior outwards is continued consistently in the materials and colors.

A **Siedlung Kleinhain**
Obritzberg, Kleinhain 38–40
80

B **Zubau Pfarrkirche**
St. Pölten-Viehofen
Austinstraße 43–45
81

C **Einkaufszentrum Traisenpark**
St. Pölten, Dr.-Adolf-Schärf-Straße 5
82

D **Landessportschule**
St. Pölten, Dr.-Adolf-Schärf-Straße 25
83

E **Autohaus Teuschl**
St. Pölten, Wiener Straße 211
84

F **Neuapostolische Kirche**
St. Pölten, Wiener Straße 189
85

G **EVN-Zentrale**
St. Pölten, Wiener Straße 100
86

H **Landespensionistenheim**
St. Pölten, Hermann-Gmeiner-Gasse 4
87

I **Wohnhausanlage Mühlbach**
St. Pölten, Dr.-Otto-Tschadek-Straße
88

J **Pfarrkirche zum Hl. Michael**
St. Pölten-Wagram
Unterwagramer Straße 48
89

K **Musterwohnhausanlage**
St. Pölten-Wagram, Salzerstraße
90

L **Milleniumskirche**
St. Pölten-Stattersdorf
Johann-Klapper-Straße 7
91

M **Pax-Christi-Kirche**
St. Pölten-Harland, Salcherstraße 43
92

N **Pfarrkirche zur Hl. Theresia**
St. Pölten-Spratzern, Eisenbahnstr. 2
93

O **Caritas-Werkstatt**
Ober-Grafendorf
Mariazeller Straße 53
94

P **Kirche zur Hl. Familie**
Prinzersdorf, Hauptplatz 3
95

Q **Straßenmeisterei**
St. Pölten, Linzer Straße 106
96

R **Logistikzentrum**
St. Pölten, Linzer Straße 106
97

S **Haus Haselmeyer**
St. Pölten, Goethestraße 35
98

T **Ambulatorium Sonnenschein**
St. Pölten, Eichendorffstraße 48
99

U **Gartensiedlung**
St. Pölten-Waitzendorf
Ringelnatzgasse 5
100

V **»Russendenkmal«**
St. Pölten, Goldeggerstraße 52
101

W **Friedhofshalle**
St. Pölten, Goldeggerstraße 52
102

X **Stahlhaus**
St. Pölten, Franz-Stangler-Gasse 1
103

Y **Wohnanlage Kupferbrunnberg**
St. Pölten-Kupferbrunn
Dr.-Karl-Reinthaler-Gasse 23–35
104

Z **Siedlung Kupferbrunn**
St. Pölten-Kupferbrunn
Kupferbrunnstraße / Gerdinitschstraße
105

Siedlung Kleinhain
Obritzberg, Kleinhain 38−40

Gottfried Haselmeyer

1998

ANGER AKTUELL // Wenige Kilometer von St. Pölten entfernt liegt Kleinhain. Das erhöhte Verkehrsaufkommen macht dem Straßendorf zu schaffen. Die Zersiedelung schreitet voran, es fehlt an Entwicklungsräumen. Bei der Wohnhausanlage unternahm Gottfried Haselmeyer den Versuch, das Thema des Angers zu aktualisieren. Zwei von der Straße abgesetzte parallele Baukörper mit je zwölf und ein westlicher Riegel mit 24 Mietwohnungen umschließen einen zentralen, von Baumreihen gesäumten Freiraum. Die Bebauung bildet eine neue Ortskante, ähnlich jenen mächtigen Gehöften, die in manchen Nachbarorten die Dorfränder fassen. Die öffentliche Zone und die Privatgärten existieren in kultiviertem Nebeneinander, wobei die Parkplätze für die auf dem Land unverzichtbaren PKWs einen Filter dazwischen bilden. Die dreigeschossigen Baukörper sind mit Pultdächern gedeckt. Die Auskragung der jeweils mittleren Geschosse an den Eingangseiten verhalf der Anlage im Volksmund zur Bezeichnung »Rucksackhäuser«. Die transparent gehaltenen Eingangsbereiche sorgen zusammen mit einem Schlitz aus Glasbausteinen im ersten Obergeschoss und einem Oberlichtkasten für sonnige Stimmung im großzügig dimensionierten Stiegenhaus. Nach Süden öffnen sich die Häuser mit Wintergärten, Loggien und Balkonen. Die Räume der Wohnungen gruppieren sich jeweils um einen relativ großen Vorraum. Zu den Sonnenseiten hin liegen die Wohnräume, die als offene Einheit mit Küche, Essplatz und Wohnbereich konzipiert sind. *fl*

LATITUDE
48° 11' 53"
LONGITUDE
15° 38' 19"

THE MODERN VILLAGE GREEN // The one-street village of Kleinhain is only four kilometers away from St. Pölten. The high traffic level is a disturbance for the village. Urban sprawl is rampant, planning is lacking. // With this residential estate, architect Gottfried Haselmeyer has attempted to update the concept of the village green. Two parallel buildings with 12 apartments are set back from the street and, together with a west wing with 24 rental units, surround a central, tree-lined open space. The development creates a new village border, like one of the powerful homesteads that line the edges of some of the neighboring villages. // Public areas and private gardens coexist harmoniously, the parking spaces for the cars so indispensable in this rural area forming a barrier between them. A pent roof covers the three-story structures. The bulge of the middle floors on the entrance side has given the houses the local nickname of "backpack houses". The transparent entrance areas, glass block slits on the second floor and skylights ensure a sunny atmosphere in the amply proportioned stairwells. To the south, the houses open into winter gardens, loggias and balconies. // The rooms inside the apartments are grouped around a central, relatively large hallway. The living rooms are on the sunny side, open units combining kitchen, dining area and living room.

Richard Zeitlhuber, Wolfgang Zehetner

Zubau Pfarrkirche
St. Pölten-Viehofen, Austinstraße 43–45

1997

DER SAKRALRAUM UND DAS LICHT // Die 1898 im neogotischen Stil errichtete Pfarrkirche Viehofen bei St. Pölten wurde um einen großzügigen, linsenförmigen Zubau erweitert. Der neue, weiße Baukörper wird vom schlanken Kirchturm mit dem Spitzpyramidendach weithin überragt. // Entlang des geschwungenen neuen Baukörpers, der in der Längsachse zur Austinstraße hin um 30 Grad verschwenkt ist, ist ein Kirchenplatz entstanden. Vertikal betont wird die geschwungene Fassade durch die kleinen Quadrate, die als Tageslichtspender herausgeschnitten und verglast wurden. Dach und Mauer sind voneinander abgehoben, rundum läuft ein Licht-Glasband von einem Meter Höhe. Ab Einbruch der Dämmerung leuchtet der Sakralraum von innen. Auf zwei Säulen ruht das schiffsrippenartige Tragwerk. Die Verbindungswand zur Kirche wurde abgebrochen. Im Hinübergehen vom Oval zum hohen, neogotischen Gewölbe des bestehenden Kirchenschiffs passiert man die Grenze zwischen Alt und Neu. Dort ist auch der Tabernakel positioniert. Das Motiv des Guckkastens, das die Fassade prägt, taucht im Tabernakel wieder auf. Ein galvanisch vergoldeter Zylinder, der auf einer Steinsäule steht, ist mit kleinen, geschliffenen Glasquadraten besetzt. Vier kegelstumpfförmige Säulen aus schwarzgrünem, glänzendem Edelserpentin tragen die schwebende Altarholzplatte. Stein und Holz symbolisieren den alttestamentarischen Opferstein und die neutestamentarische Mensa. *ek*

LATITUDE
48° 13' 40"
LONGITUDE
15° 38' 23"

CHURCH BUILDING AND LIGHT // Erected in 1898, the Neo-gothic Viehofen St. Pölten Parish Church has been enhanced by the addition of an ample lens-shaped structure. The pointed pyramid roof of the slender church steeple towers high above the new white building. // A church square has taken shape along the sweeping new structure, whose longitudinal axis stands at 30° from the Austinstrasse. The curved façade is emphasized vertically by many tiny squares that have been cut out and glazed to provide daylight. Roof and walls are silhouetted against one another. A glass lighting strip runs round the wall at a height of one meter. After dusk the room glows from within. During the day light streams in from outside. The structure, which resembles the ribs of a ship, rests upon two columns. The connecting wall to the church has been taken out. Passing from the new oval construction to the high neo-Gothic arches of the old nave, one crosses the line between old and new, where the tabernacle is positioned. The peep-show motive that graces the façade is repeated on a smaller scale in the tabernacle. A galvanized, gold-plated cylinder studded with small cut glass squares stands upon a stone pillar. Four blunt conical columns of shiny, blackish-green serpentine carry the raised wooden slab of the altar. The materials stone and wood symbolize the offering-stone of the Old Testament and the altar of the New.

Einkaufszentrum Traisenpark

St. Pölten-Viehofen, Dr.-Adolf-Schärf-Straße 5

Wolfgang Brunbauer

1992

MARKT WIRD MALL // Das Freizeit- und Einkaufszentrum Traisenpark am Nordrand von St. Pölten ist sowohl mit dem PKW als auch mit öffentlichen Verkehrsmitteln gut erreichbar. Zur Gesamtanlage gehören nicht nur ein Einkaufszentrum, sondern auch Sportanlagen wie die »Promotion-Eishalle«, die 1000 Sitzplätze umfasst und eine Kletteranlage. Markantester Bau des Gebäudekomplexes ist ein roter Büroturm mit 31 m Höhe. Er erinnert an den Bug eines Schiffes. Kommt man aus Richtung der Traisenbrücke, begegnet man zuerst dem spitz aufragenden Eck. // Von den insgesamt 55.000 m² Nutzfläche verteilen sich in der Shoppingmall 60 Läden unterschiedlicher Größe auf etwa 15.000 m². In der zweigeschossigen Mall wollte Planer Wolfgang Brunbauer die Stimmung eines traditionellen niederösterreichischen Marktplatzes neu generieren. Die üblicherweise weniger attraktive obere Ebene erhält durch ihre direkte Anbindung vom Parkdeck aus gleichwertigen Status. Mit der Glasüberdachung wurde für eine gute Belichtung gesorgt, Lüftungskippfenster garantieren durch natürliche Erwärmung und Durchlüftung bemerkenswert angenehme Luftverhältnisse. Dass beim Bau der Anlage auf weitere ökologische Maßnahmen gesetzt wurde, zeigt sich auch im Sammeln des anfallenden Regenwassers in eigenem Sickerbauwerk, sowie im besonderen Augenmerk der Planung auf Fragen der Abfallentsorgung. *th*

82

LATITUDE
48° 13' 04"
LONGITUDE
15° 38' 52"

FROM MARKET TO MALL // Traisen Park, a shopping and recreation center on St. Pölten's northern periphery, is easily accessible both by car and by public transport. // It comprises not only a shopping center, but also several sports centers, such as the "Promotion Ice Rink", which holds 1000 spectators, and a climbing facility. The most striking building in the complex is the bright red 31-meter high office tower, which looks like the bow of a ship. For anyone approaching from the direction of the Traisen Bridge, the first thing that comes into view is the pointed corner of the towering structure. // Some 15,000 m² of Traisen Park's 55,000 m² floor space is in the shopping mall, where 60 shops and boutiques of all types and sizes are housed on two stories. Architect Wolfgang Brunbauer wanted to recreate in miniature the feeling of a traditional Lower Austrian market-place. The normally less attractive upper floor has attained equal status through the addition of an entrance directly from the parking deck. The glass roofing provides excellent lighting, tilting ventilation windows guarantee a remarkably pleasant atmosphere through natural warming and aeration. It is quickly apparent that ecological building methods were used for this complex; for example, rainwater is collected in a seepage basin. During planning, special attention was also paid to creating an ecological garbage disposal system.

Ekkehard Krainer
Wolfgang Mistelbauer
Bernhard Eder

Niederösterreichische Landessportschule und Tenniscenter

St. Pölten, Dr.-Adolf-Schärf-Straße 25

1990 / 1995

EIN HAUS FÜR DEN SPORT // Dem Charakter der Au entlang der Traisen entspricht die zurückhaltende, locker angeordnete Architektur der Niederösterreichischen Landessportschule. Wolfgang Mistelbauer und Ekkehard Krainer entschieden den 1987 von der NÖ Plan ausgeschriebenen Wettbewerb für sich. // Das Areal der Sportschule mit seinen 150.000 m² befindet sich zehn Kilometer nordöstlich vom Zentrum St. Pöltens. Mit dem Bau fiel der Startschuss für die Entwicklung von St. Pölten-Nord und die Aufwertung der Traisenlandschaft zum Freizeit- und Erholungsgebiet. Von einem turmähnlichen Eingangsgebäude führt ein Steg zur Sporthalle und zur Tribüne unter dem Wohntrakt mit seiner Metall-Glas-Fassade. Mehrzweckhalle, Gymnastikhalle, Veranstaltungsarena und mehrere Outdoor-Spielfelder gehören zur Anlage. Gewölbte Holzleimbinder überspannen die helle, gläserne Sporthalle. 1995 kam eine Tennishalle von Ekkehard Krainer und Bernhard Eder dazu. Das Tenniscenter markiert städtebaulich den Knick des Traisentals. Die Tragkonstruktion besteht aus im Grundriss rautenförmig angeordneten Bogenbindern aus Brettschichtholz, die auf rechteckige Stahlbetonpfeiler montiert sind. Die Dachkonstruktion inklusive der Blecheindeckung besteht aus 28 vorgefertigten Plattenelementen à 0,5 mal 19 m. Drei trapezförmige Lichtbänder, die zur Mitte der Halle hin breiter werden, beleuchten die vier Spielfelder. *ek*

⌂ Tennisstadion, 1995: Johannes Zieser
▲ »Quadrant«, Granit, Freiraum der Landessportschule, 1992: Eva Afuhs
▲ Skulptur, Freiraum der Landessportschule, 1990: Klaus Pinter

LATITUDE
48° 12' 59"
LONGITUDE
15° 38' 52"

A HOUSE FOR ATHLETICS // The character of the Traisen's riverside landscape is well suited to the reserved, loosely ordered architecture of the Lower Austrian College of Physical Education. Wolfgang Mistelbauer and Ekkehard Krainer won the solicited competition held by 'NÖ Plan' in 1987. // The 150,000 m² of the athletics college campus is located ten kilometers north-east of the center of St. Pölten. Its construction marked the beginnings of the emerging northern St. Pölten district, and the landscape around the river began to be used as a recreation area. A walkway leads from one of the tower-like entry buildings to the gymnasium and to the tribune under the metal and glass-fronted housing tract. The base construction under the tribune houses changing rooms, equipment storage and sanitary facilities. A multipurpose hall, gymnasium, events arena and several outdoor playing fields are also part of the annex. Vaulted, bonded wood girders span the light-flooded, glazed sports hall. In 1995, a tennis hall was added to the complex. The tennis center marks the bend in the Traisen Valley. The load-carrying system is made of arched laminated wood girders placed in a diamond-shaped pattern and mounted on square reinforced steel supports. The roof structure, including the sheet metal covering, is made of 28 prefabricated panel elements, each 0.5 x 19 m. Three trapezoidal light bands, widening towards the middle of the hall, light the four playing-fields.

Autohaus Teuschl
St. Pölten, Wienerstraße 211

Martin Mittermair

1997

MIT SCHWUNG AUF STRASSENNIVEAU // An der hochfrequentierten Kreuzung von Bundesstraße 1 und Dr.-Adolf-Schärf-Straße zeigt das Autohaus Mitsubishi Teuschl eine schwungvoll gebogene Glasfront. // Zum auskragenden Dach strebt die Glasfassade leicht nach außen gekippt in die Höhe, verstärkt den Schaueffekt. Das Grundstück wurde einen Meter aufgeschüttet und so auf Straßenniveau gebracht. So wird der peripherietypische Blick auf im Graben liegende Gebäude vermieden und die Stahl-Glas-Konstruktion zum Blickfang. Geneigte Schaufront und auskragendes Dach verhindern weitgehend die Lichtreflexion. Das 65 m lange Schaufenster setzt auf urbane Schaugewohnheiten: zu Fuß, vom Rad, vom Auto aus. Die Funktionsabläufe bestimmen das Zusammenspiel der beiden Baukörper mit Schauraum und Kundenzentrum auf der einen sowie Werkstätte auf der anderen Seite. Die 755 m² große Ausstellungshalle lebt vom Kontrast des hellen Materials mit den ausgestellten Autos. Direkt zwischen den Autos trifft man auf die Verkäufer. Der Weg führt auf eine Galerie aus silberfarbenem Stahl mit gelochtem Trapezblech, das ebenso wie die Glaskonstruktion von Geländer und Wänden mit der Lichtreflexion spielt und den Raum optisch vergrößert. *ek*

84

LATITUDE
48° 12' 54"
LONGITUDE
15° 39' 06"

STRAIGHT TO STREET LEVEL // The Mitsubishi Teuschl car showroom displays the sweep of its curved glass front at the busy traffic intersection of the arterial road and the Adolf Schärf Strasse. // The glass façade tilts lightly out, striving to reach the projecting roof and amplifying its showiness. The entire lot has been filled, raising it a whole meter to street level. This draws attention away from the sunken buildings typical in the periphery, bringing the steel and glass construc-

tion into the limelight. The inclined showfront and projecting roof reduce to a minimum any light reflections. The 65-meter display window panders to urban viewing habits: by car, bike, or foot, the Stattendorfer Lake is not far. // Functional processes are the defining factors of interactions within the building structures: showroom, customer service, and workshop. The service desk is at the entry to the showroom. Automobile delivery faces the driveway. The 755 m² showroom's

complex daylight distribution contrasts the light-colored building materials with the cars on display. The massive walls have been painted matte white with latex paint; façade and gallery are made of silver-colored steel. The sales personnel are located between the cars. A path leads to a gallery made of punched profiled sheeting, which combines with the glass construction of walls and parapets in an interplay of light reflections, optically enlarging the room.

Gottfried Haselmeyer, Heinz Frühwald

Neuapostolische Kirche
St. Pölten, Wiener Straße 189

2003

SAKRALER RAUM NACH REGELN // Die neuapostolische Kirche definiert die Anforderungen an einen sakralen Raum sehr genau. Beim geladenen Wettbewerb zum Bau der Kirche in St. Pölten wurde das Projekt des Büros Haselmeyer ausgewählt und umgesetzt. Der weiße Kubus wurde — weithin erkennbar — mit dem Symbol der neuapostolischen Kirche, einem Kreuzzeichen mit Wellen und Sonnenmotiv, versehen. Die neuapostolische Gemeinde verfügt weltweit über elf Millionen Angehörige, die Gemeinschaft in St. Pölten besteht aus 35 Mitgliedern (Stand 2006). Für diese schufen Gottfried Haselmeyer und Heinz Frühwald unter strikter Berücksichtigung des Kostenrahmens eine schlichte und zugleich ausdrucksstarke Kirche. Der Eintritt erfolgt über eine Eingangsnische, die das regulär erforderliche Vordach ersetzt. Im Andachtsraum schwebt eine abgesetzte Decke wie eine Wolke über dem Geschehen. Die Eisenrahmenkonstruktion kam ohne sichtbare Auflagen zum Einsatz und leitet das von oben kommende Tageslicht seitlich weiter. Mit dieser technischen Lichtführung interpretierte Gottfried Haselmeyer das Glaubensbekenntnis: Auch wenn man das Licht nicht direkt sehen kann, ist es präsent. Das Innere der Kirche wurde sorgfältig mit Vertäfelungen in Eiche gestaltet. Aus Kostengründen wurde jedoch bei der Orgel und bei der Bestuhlung, für die eigens entwickelte Eichenbänke zum Einsatz gekommen wären, auf gespendetes Mobiliar zurückgegriffen. Der rote Altar ist dazu ein Konterpunkt. *th*

LATITUDE
48° 12' 22"
LONGITUDE
15° 38' 27"

ACCORDING TO THE RULES // The New Apostolic Church sets very precise guidelines for its churches. In an invited competition, Haselmayer's project was chosen for the construction of the St. Pölten church building. // The white cube, recognizable from afar, has been decorated with the symbol of the New Apostolic church, a cross with waves and sun. Worldwide, the New Apostolic church has over 11 million members. As of 2006, the congregation in St. Pölten has 35 members.

Gottfried Haselmayer and Heinz Frühwald constructed a simple yet finely expressive church while strictly observing financial guidelines. Visitors arrive through an entry niche that replaces the normally obligatory canopy. A hanging ceiling in the prayer room floats like a cloud over the congregation. The iron frame construction, which underwent no visible alterations during realization, channels incoming light to the sides of the room. This technical light distribution can be interpreted as an

avowal of religious belief: the light cannot be seen directly, but is nevertheless present. The interior of the church has been painstakingly decorated with oak paneling. Specially designed oak benches were planned for the organ and seating rows, but for financial reasons donated furniture has been used. The red altar counterpoints this.

EVN-Zentrale

St. Pölten, Wiener Straße 100

Paul Katzberger

2003

ENERGIEBÜNDEL // Für die EVN-Zentrale St. Pölten hat Paul Katzberger innerhalb des modularen Systems der niederösterreichweiten Niederlassungen des Energieversorgers eine betont abstrakte Lösung gefunden. Das Grundprinzip eines metallverkleideten Kubus, der auf einem massivem Sockel sitzt, wurde in St. Pölten neu interpretiert: Der mit Klinker verkleidete Sockel, die Fensterbänder und die mit Metallpaneelen verkleidete Attika liegen in horizontalen Schichten übereinander. Wie bei allen Objekten der EVN-Serie von Katzberger gleicht auch in der Landeshauptstadt der Sockel topographische Unebenheiten aus. Über eine Lichtkuppel werden die innenliegenden Räume belichtet, in denen helles Eichenholz als Material dominiert. // Als Ende der 1980er Jahre durch Umstrukturierungen die NEWAG zur EVN wurde, waren flexible Typenlösungen gefragt. Für die neuen Bezirksleitstellen, in denen die Regionaldirektionen aufgingen, bestehen zwei grundlegende Variationen: flach gedeckter Quader mit zurückgesetztem Betonsockel oder mit gegliedertem Volumen auf massivem Sockel mit Zeltdach. In St. Pölten wird das Prinzip der Trennung zwischen Sockel und Obergeschoss aufgehoben. Die Bauteile verschmelzen zu einem und schaffen einen neuen Typus — sozusagen als Visualisierung der Bündelung von Energie und Kräften in der Landeshauptstadt. *th*

LATITUDE
48° 12' 22"
LONGITUDE
15° 38' 27"

A BUNDLE OF ENERGY // Paul Katzberger's architectural solution for the EVN (state energy company) Center in St. Pölten, part of a modular system of office buildings used across Lower Austria, places emphasis upon the abstract. The basic principle of a metal-clad cube set upon a massive foundation has been reinterpreted in St. Pölten: the clinker-clad foundation, the strip windows and the attic story clad with metal panels lie in horizontal layers. As with all structures in Katzberger's EVN series, the foundation compensates for topographical irregularities. A cupola provides light for the interior, in which pale oak dominates. // Flexible standard solutions were in demand in the late 1980s, when the NEWAG was restructured to become the EVN. The new district coordinating offices, which replaced the former regional administrative offices, are one of two basic variations: flat-ceilinged cubes with a recessed concrete base, or a sectionalized volume on a massive base with a tent roof. However, in St. Pölten the principle of distinguishing between base and upper floors has been reversed. The structural elements are merged to create a new model — a visualization of concentration of energy and power in the provincial capital.

Georg W. Reinberg

Landespensionistenheim
St. Pölten, Hermann-Gmeiner-Gasse 4

2000

MÜNDIG ALTERN MIT EIGENEM GARTEN // Wie ein vertäutes Schiff liegt das Landespensionistenheim an der Traisen. In den Fenstern seiner konvexen Westseite reflektieren sich Himmel und Erde, wenn nicht gerade die bunten Jalousien in ihrer Funktion als Sonnenblenden im Einsatz sind. Über einen zweigeschossigen Eingangsbereich öffnet sich der kompakte Baukörper, der in 51 Einbett- und 35 Zweibettzimmern den Heimbewohnern einen Alterswohnsitz bietet. Das Konzept basiert auf der Überzeugung, dass der Verlust von Selbständigkeit im Alter nicht zur Entmündigung von Menschen führen darf, und wurde vom Architekten stets als optionale Wohnform avisiert. // Besonderes Augenmerk wurde darauf gelegt, die weniger mobilen BewohnerInnen am alltäglichen Geschehen im Haus teilnehmen zu lassen. Die Zimmer verfügen nicht nur über Außenfenster, sondern auch über ein schmales, hohes Fenster neben der Tür, das den Blick in die Halböffentlichkeit der fünfgeschossigen, begrünten Innenhalle freigibt. Die Kommunikation findet auf der Galerie des glasüberdachten Innenhofes statt. Verbindende Brücken erhalten den Charakter einer kleinen Aussichtsplattform. // Ein spezielles Lüftungssystem sorgt für eine angenehme Raumluft. Im Innenhof wächst, auf Drahtseile gespannt, ein »grünes Segel« der Landschaftsplanerin Anna Detzlhofer empor. Ein zentrales Beet, das mit Sitzgelegenheiten umgeben ist, wurde als Treffpunkt eingerichtet. Die Pflege des Grüns erfolgt durch engagierte HobbygärtnerInnen aus den Reihen der HeimbewohnerInnen. *th*

LATITUDE
48° 12' 20"
LONGITUDE
15° 38' 18"

GRACEFUL AGING IN YOUR OWN GARDEN // Anchored like a ship, the St. Pölten Retirement Home sits on the bank of the Traisen River. The sky and earth are reflected in the windows of the building's convex west side, unless the colorful blinds are lowered to block the sun. Opening up above a two-story entrance area, the compact building, with 51 single and 35 double-occupancy rooms, provides a home for its elderly residents. The concept is based upon the conviction that the loss of independence that happens with age need not lead to incapacitation. With this in mind, the architect has aimed to fulfill a self-determined way of living. // Special emphasis has been placed upon providing support for even the less mobile residents to take part in the daily life of the house. As well as outside windows, the rooms have a high, narrow window beside the door, providing a view of the semi-public space of the five-story, plant-filled hall. People meet to talk in the gallery of the glass-covered inner courtyard. Connecting bridges underscore the character of a little observation deck. // A special ventilation system ensures good air quality in the inner courtyard, where Anna Detzlhofer's green sculptural sail is spanned on metal cables. The many dedicated hobby gardeners amongst the residents care for the greenery, actively shaping and defining the communal areas.

Wohnhausanlage Mühlbach
St. Pölten, Dr.-Otto-Tschadek-Straße

ARGE Karl Baumschlager
Dietmar Eberle, Peter Raab

1996

ZIMMER MIT AUSSICHT // Im Grünraum des Mühlbachs liegt die Wohnhausanlage mit 62 geförderten Eigentumswohnungen zwischen Einfamilienhäusern und einem Hochhaus aus den 1970er Jahren. In fußläufiger Entfernung befindet sich am anderen Ufer der Traisen das Regierungsviertel. // Der soziale Wohnbau mit drei- und viergeschossigen Häusergruppen verfügt über vier bis fünf Wohnungen pro Etage um ein zentral gelegenes, vom Dach aus belichtetes Stiegenhaus. // Der in sich geschlossene Haustyp der Architekten kam an anderen Orten bereits zum Einsatz. Die Wohnquader erhielten in St. Pölten darüber hinaus ein Band von Balkonen, die für die Bewohner einen zusätzlichen Freiraum schaffen. Verschiebbare Holzläden regulieren die Lichtsituation und ermöglichen einen individuellen Umgang mit Sichtschutz. // Während die ebenerdig gelegenen Wohnungen Vorgärten besitzen, befinden sich auf dem Dach Terrassen. Die Aussicht ins Grüne ist allgegenwärtig. *th*

LATITUDE
48° 14' 10"
LONGITUDE
15° 55' 10"

ROOM WITH A VIEW // This residential annex with 62 state-assisted condominiums lies in the green belt of the Mühl Creek, situated on St. Pölten's periphery between single-family houses and a 1970's high-rise. The government district is on the opposite bank of the Traisen, within walking distance. // The state-assisted residential complex is made up of three- and four-story housing blocks with four to five apartments per floor centered around a central stairway lit from the roof. // This introverted building style has also been used elsewhere by the architects. A row of surrounding balconies was added to the housing block in St. Pölten, increasing free space for the residents. Sliding wooden shutters regulate incoming light, also enabling individual choice of privacy. // The ground-floor apartments have small yards and the rooftops have terraces, making the view of nature omnipresent.

Rudolf Wondracek

Pfarrkirche zum Hl. Michael
St. Pölten-Wagram, Unterwagramer Straße 48

1938

ANKLÄNGE DER MODERNE // Auffälligstes Merkmal des gesüdeten Kirchen-
baus mit schlichter Putzfassade ist der freistehende Glockenturm. Ein Laubengang verbindet diesen Turm mit Kirche und Pfarrhof. Der kreuzförmige Grundriss der Kirche fügt sich additiv aus dem annähernd quadratisch angelegten
Saal mit Kassettendecke, der Marienkapelle im Osten und der Sakristei im
Westen zusammen. Der kubische Ambo setzt die Betonung des Geometrischen
fort. In den hohen Glasfenstern im Chor, die Reinhold Klaus 1938 gestaltete
und 1963 um zwei weitere ergänzte, gruppieren sich Heiligenfiguren um die
Mittelfigur des hl. Michael, dem Patron der Pfarre. Im unteren Bereich der
Fenster sind Stadtveduten von St. Pölten zu sehen. Die bildliche Darstellung
der Stadt betont die Zugehörigkeit des Vororts Unterwagram zu St. Pölten: Im
Jahr 1922 war diese Kernsiedlung der heutigen Landeshauptstadt eingemein-
det worden, eine rege Bautätigkeit folgte. // Die Kirche gehört zum Spätwerk
des St. Pöltener Architekten und oftmals unterschätzten Wagner-Schülers
Rudolf Wondracek, der 1942 im 56. Lebensjahr verstarb. In seiner nüchtern-
klaren Formensprache spiegelt sich seine Auseinandersetzung mit der internationalen Moderne wider. *th*

⌧ Hubert-Schnofl-Siedlung, Bahntrasse – Wienerstraße – Brunnenstraße, 1942: Rudolf Wondracek

LATITUDE
48° 12' 17"
LONGITUDE
15° 38' 59"

*SOUNDS OF THE MODERN AGE //
The most conspicuous feature of the
south-facing church building with a
simple plaster façade is the free-
standing bell tower. The tower,
church, and parish yard join together
above the arcade. The cross-shaped
floor plan of the church results from
the roughly square hall with coffered
ceiling, the Chapel of Our Lady to the
east, and the registry to the west.
The cubic ambo continues the
emphasis upon geometrical shapes.
Reinhold Klaus designed the high
stained-glass windows in the choir
loft in 1938. Two more were added in
1963. The window scenes portray
saints gathering around the central
figure of Saint Michael, the parish's
patron. Panoramas of St. Pölten are
depicted in the lower section. The
pictorial representation of the city
emphasizes the affiliation of the
suburban village Unterwagram to
St. Pölten. This central settlement
had been incorporated in 1922 into
what is today the provincial capital.
A brisk flurry of construction
followed this unification. // The
church is one of the later works of
the St. Pölten architect and oft-
undervalued pupil of Wagner, Rudolf
Wondracek, who died in 1942 at the
age of 56. His somber, clear architectural symbolism mirrors his
dialogue with international
Modernism.*

Musterwohnhausanlage
St. Pölten-Wagram, Salzerstraße

Helmut Christen

1995

PRIVAT TRIFFT KOLLEKTIV // Als 1995 die Wohnhausanlage in St. Pölten-Wagram fertig gestellt wurde, würdigten Kritiker die Konsequenz, mit der sich der Architekt Helmut Christen gegen die allgegenwärtigen Satteldächer durchzusetzen vermochte. // Auf einer grünen Wiese wurde die Wohnhausanlage mit insgesamt 107 Wohnungen und 40 Apartments errichtet. Vier Wohnungen passen sich den Bedürfnissen Behinderter an. Die kompakten Wohneinheiten orientieren sich entlang der Ost-West-Achse. Der lange, aufgestelzte Apartmentblock ist asymmetrisch in die Reihen der Hauszeilen eingefügt. Credo des Planungsteams ist das Recht der Nutzer auf gleichwertige Wohnbedingungen. Individuelle Freiräume, auch im intim geschützten Außenbereich, wie Gärten oder Terrassen sind gegeben. // Besonderes Merkmal der Siedlung ist die Schaffung von Gassenräumen, die bewusst mit Laubengängen und halböffentlichen Treppen die Bewegung innerhalb der Anlage verdeutlichen und als kollektiv wahrgenommene Räume zur Kommunikation beitragen. Die Lage in der Vorstadt erlaubt ein geschlossenes Auftreten, das durch den Einsatz von farbreduzierten Materialien – naturgraue Faserzementplatten für die Fassaden, verzinktes Blech bei den Stiegen oder Holzfenstern – Authentizität und noble Schlichtheit ausstrahlt. *th*

LATITUDE
48° 11' 54"
LONGITUDE
15° 38' 44"

PRIVATE MEETS COLLECTIVE // In 1995, when the housing development in St. Pölten-Wagram was completed, contemporary critics praised the steadfastness with which Helmut Christen resisted using the gabled roofs omnipresent in Lower Austria. // A green field surrounds these 107 apartments and 40 studio apartments, four of which are adapted to the needs of disabled people. The compact units are constructed along an east-west axis. A long apartment block upon stilts has been inserted asymmetrically into the rows of housing. The planning team's top priority was the maintenance of each resident's right to living conditions of equal standard. Privacy has also been provided, both inside and in enclosed outdoor areas such as yards and terraces. // Notable attributes of the estate include the creation of tree-lined areas and the semi-public stairways which allow easy movement within the complex and as perceived collective space, encourage communication. The location in the suburbs allows an introverted appearance, and muted colors – natural gray fiber-cement panels for the facades, galvanized sheet metal for the stairs, and wooden windows – radiate authenticity and noble simplicity.

Wolfgang Pfoser

Milleniumskirche
St. Pölten-Stattersdorf, Johann-Klapper-Straße 7

2002

RECHTECK, ELLIPSE UND BAND // In Stattersdorf, einem vormals ländlich geprägten Vorort von St. Pölten, steht eine Kirche in einer Winkelsymmetrale zwischen der Domkirche im Zentrum der Landeshauptstadt und dem örtlichen Friedhof. Die Anlage wird von drei sehr unterschiedlichen Elementen geprägt: einem rechteckigen Sockelgebäude in rötlichem Ziegelmauerwerk, in das die eigentliche Kirche, ein ellipsenförmiger Bau mit Metallfassade und umlaufendem Fensterband eingeschnitten ist, und dem schlanken, offenen Glockenturm in Sichtbeton. Ursprünglich war die Kirche als rein metallener Baukörper konzipiert. Die Realisierung ist das Ergebnis der Annäherung zwischen Bauherr und Architekt. // Die schräg angeschnittene Ellipse gibt dem Kirchenraum eine klare Richtung. Gegenüber zeitgenössischen Ansätzen setzte sich bei den geistlichen Auftraggebern im Rahmen des ausgeschriebenen Wettbewerbs das bunte Altarkreuz aus Glas von Rudolf Gritsch, das zugleich als 15. Station des Kreuzweges die Auferstehung symbolisiert, durch – ein Wermutstropfen in Hinblick auf die anderen Optionen. // Der Kirchenraum ist räumlich flexibel nutzbar, sodass, auch bei intimen kirchlichen Feiern wie der Taufe, sich die Gläubigen nicht im Großraum verlieren. Erst bei entsprechenden Anlässen, etwa bei der Christmette, wird das Raumangebot voll ausgeschöpft. *th*

LATITUDE
48° 10' 58"
LONGITUDE
15° 38' 20"

RECTANGLE, ELLIPSE AND STRIP // The Millennium Church in Stattersdorf, a once rural suburb of St. Pölten, is located symmetrically in the angle between the local cemetery and the cathedral in the center of the provincial capital. The facility is characterized by three very different elements: a rectangular, red brick base into which the actual church, an elliptical building with a metal façade and a surrounding strip window, is set; and the open, exposed concrete bell-tower. The church was originally conceived entirely in metal – the result is a compromise between the client and the architect. With the diagonally incised ellipse, Wolfgang Pfoser has given the interior a clear direction. Rudolf Gritschnow's colorful glass altar cross, which also symbolizes the Resurrection at the 15th station on the Way of the Cross, was more successful with the clerical sponsors than some of the more modern approaches submitted in the open competition. The interior can be adjusted so that people do not feel lost in the vastness during intimate occasions, such as Christmas Mass, the generous space is used to its full potential.

Pax-Christi-Kirche
St. Pölten-Harland, Salcherstraße 43

Johann Kräftner

1966

KIRCHE MIT EINFACHSTEN MITTELN // Die flachen Baukörper der Filialkirche in Harland wären ohne den freistehenden Glockenträger und das dezente Stahlkreuz an der Westseite des Gebäudes in ihrer Funktion kaum erkenntlich. In der Kunsttopographie St. Pölten als »Notkirche« bezeichnet, überzeugt der Bau des damaligen Diözesanbaumeisters nach wie vor durch seinen schlichten Auftritt. Im Allgemeinen bezieht sich der Begriff auf einen Kirchenbau mit einfachen Mitteln für einen provisorischen Gebrauch. Speziell in der Zwischen-, aber auch Nachkriegszeit wurden Notkirchen errichtet, die man in der Folge durch massive Bauten ersetzte. Otto Bartning schuf in Deutschland zahlreiche Notkirchen, die teilweise heute noch in Betrieb sind. // Der Zugang erfolgt über einen offenen Arkadengang im niedrigen, mit weißem Klinker verkleideten Bauteil an der Nordseite des Gebäudes. Das erhöhte Hauptgebäude wurde mit dunkelbraunem Klinker ausgestattet. Entlang der Längswand befindet sich ein breites Fensterband. Der Kirchenraum selbst, ein rechteckiger Saal mit flacher, holzverkleideter Decke, ist geostet. Die Sakristei liegt im Norden, der Beichtraum im Süden. Bei der Einrichtung blieb die Ausführung auf das Notwendigste beschränkt: Altartisch, Ambo, Tabernakelstele und die Weihwasserbecken in poliertem grauen Marmor sind einheitlich gestaltet. *th*

A CHURCH BUILT WITH SIMPLE RESOURCES // Without the detached belfry and the modest steel cross on the west side of the building, the flat structure of the subsidiary church in Harland would barely be recognizable as a place of worship. // Defined in the St. Pölten art scene as an "emergency church", the simple appearance created by the diocesan master builder of the time is nevertheless compelling. Generally, churches built with such simple resources are only temporary. In the inter-war period and following WWII, many such 'emergency churches' were built, later to be replaced by massive buildings. Otto Bartning designed numerous such churches in Germany, many of which are still in use today. An open arcade leads to the low, white, clinker-clad structure on the north side of the building. The raised main building was finished in dark brown clinker. A broad strip window runs the length of the building. The church itself is a rectangular east-facing hall with a flat, wood-covered ceiling. The vestry is to the north, the confessional room to the south. Furnishings were kept to a minimum: the altar table, ambo, tabernacle stele and polished gray marble font are uniformly designed.

Hans Zita, Otto Schottenberger   **Pfarrkirche zur Hl. Theresia vom Kinde Jesu**
St. Pölten-Spratzern, Eisenbahnerstraße 2

GRUNDVERSORGUNG MIT NEUER SACHLICHKEIT // Das 1922 zu St. Pölten
eingemeindete Spratzern weist die typische Siedlungsstruktur der Arbeiter-
wohnsiedlungen nach dem Ersten Weltkrieg auf. Im Zuge der Industrialisie-
rung war die Einwohnerzahl stark gewachsen. Mit neuen Siedlungsbauten gab
sich St. Pölten als aufstrebende Industriestadt, für die auch die kirchliche
»Grundversorgung« zu gewährleisten war. Die 1931/32, unmittelbar nach der
Weltwirtschaftskrise, erbaute Kirche für die neue, 1934 errichtete Pfarre in
Spratzern stellte für die Gemeinde eine bis heute gültige Verbindung zwischen
Tradition und Moderne her. Die Kirche im Stil der Neuen Sachlichkeit besitzt
betont schlichte, aber funktionale Details wie die raumprägenden Spitzbögen
aus Eisenbeton, den geteilten Orgelprospekt mit Blick auf das rückwärtige
Fenster oder die Beichtgelegenheit unter der Empore. Die Grundanordnung als
Wegekirche, der Hochaltar, die Heiligenbilder in den Kirchenfenstern und die
künstlerische Ausstattung verleihen dem Kirchenraum aber das vertraute Bild
einer traditionellen Gemeindekirche, die den zumeist aus dem ländlichen Raum
zugezogenen Arbeitern in ihrem neuen Lebensumfeld ein Stück Heimat zurück-
gab. *mn*

⌂ Pfarrheim, Spratzern, Rößlergasse 20, 1931: Klemens Flossmann

LATITUDE
48° 10' 12"
LONGITUDE
15° 37' 11"

NEW OBJECTIVITY COVERS THE BASICS // Spratzern, incorporated into St. Pölten in 1922, demonstrates the typical structure of working class residential estates following WWI. In the course of industrialization, the population had grown considerably. St. Pölten, an ambitious industrial town, built new residential areas and the churches to go with them. This church, built in 1931–32 for the Spratzern parish (founded in 1934) shortly after the global economic crisis, makes a connection between the traditional and the modern that is still valid today. The church, in the New Objectivity style, demonstrates simple yet functional details such as the reinforced concrete pointed arches, the divided organ front with a view of the back window, or the confessional beneath the gallery. The historic layout, the holy images in the church windows, and the artistic furnishings all endow the church with the familiar feel of a traditional village church, giving the mostly rural workers a taste of home.

Caritas-Werkstatt

Ober-Grafendorf, Mariazeller Straße 53

Georg W. Reinberg

2004

THERAPIE TRIFFT ÖKOLOGIE // Menschen mit Behinderungen unterschiedlicher Altersgruppen werden in Ober-Grafendorf untertags betreut. Der lang
gezogene Bau zeigt im Bereich der Werkstätten in Richtung der örtlichen
Industriezone, während der Pflegebereich zum umliegenden Wohngebiet hin
orientiert ist. Der großzügige Gemeinschaftsraum wird auch als Speisesaal
genutzt. Die Glasfront zum Garten lässt den Saal noch geräumiger erscheinen.
In der Galerie darüber befindet sich das Besprechungszimmer – ein Rückzugs-
bereich für die Betreuerinnen und Betreuer. Die Wandflächen aus Lehm sind
sonnengelb oder naturbelassen. Im Bereich für die Pflege von Schwerstbehinderten befindet sich der »Snoezelen-Raum«. Hinter dem holländischen
Begriff verbirgt sich ein Ort, in dem die Wahrnehmung der Sinne auf spielerische Weise erprobt werden kann. Der ökologische Anspruch zeigt sich im Einsatz von schadstoffgeprüften Materialien, im ressourcenschonenden Umgang
mit Wasser und im Einsatz von Solarenergie. Die Fassade in witterungsbestän-
digem Lärchenholz spiegelt diesen Ansatz auch nach außen. Im Therapie-
garten, im Nachhinein von Ing. Lhotka angelegt, setzt sich mit rollstuhlgerech-
ten Wegen die Benutzerfreundlichkeit des Hauses im Freiraum fort. *th*

LATITUDE
48° 08' 29"
LONGITUDE
15° 32' 37"

*THERAPY MEETS ECOLOGY //
Disabled people of all ages are cared
for during the day in Ober-Grafendorf. The workshop area of the
elongated building faces the local
industrial zone, while the care zone
looks towards the surrounding
residential area. The large community room is also used for dining.
The glass front facing the garden
makes the room seem even larger
than it is. A conference room in the
gallery above – a withdrawal area for
caregivers. The loam walls are either
sunny yellow or left unpainted. In the
care center for the severely handicapped is a "Snoezelen Room". This
is a Dutch term for a place where
sensual perception can be playfully
explored. The use of non-toxic
materials, water-saving devices and
the implementation of solar panels
are all proof that this is an eco-
friendly building. The weatherproof
larch façade displays this approach
on the exterior. The therapy garden,
designed later by engineer Lhotka,
extends the user-friendliness of the
house to the outdoors on its wheel-
chair-accessible paths.*

Julius Bergmann

Kirche zur Hl. Familie
Prinzersdorf, Hauptplatz 3

EXPRESSIONISMUS MIT SYMBOLCHARAKTER // Nach dem Zweiten Weltkrieg wuchs mit steigender Einwohnerzahl der Bedarf an einer eigenen Kirche. Der Beschluss zum Kirchenbau fiel 1955, noch im gleichen Jahr wählte ein Preisgericht Julius Bergmann als Architekten. Julius Bergmann, der bereits in der Zwischenkriegszeit als Architekt tätig war, schuf mit der Kirche ein expressionistisches Spätwerk. Situiert an der Stirnseite eines weiträumigen Platzes, der neben der Durchzugsstraße liegt, ist der Kirchenbau von weiteren Bauten aus den 1960er Jahren umgeben. // Ein gedeckter Brückengang führt zum Ensemble von Sakristei, Pfarrhaus und Kindergarten. // Dem Namen entsprechend trägt die Kirche an der Ostfassade ein monumentales Mosaik der Hl. Familie von Hermann Bauch (1967/68). Der zeltförmige Innenraum des Skelettbaus ist durch immer enger aufeinander folgende Pfeiler expressiv gegliedert. Die Schlitzlukenreihe, die über den von Robert Herfert gestalteten Rundfenstern liegt, belichtet den weiträumigen Saal indirekt. Der Zugang zum bühnenartig erhöhten Presbyterium erfolgt über einen breiten, zentralen Treppenaufgang. Darunter liegt die Werktagskapelle. Auf ikonographischer Ebene stellt der Bau das Schiff Petri dar. Der dominante Turm versteht sich als Schiffsmast, im Nordwesten läuft die Chorpartie kielförmig zusammen, und die Rundfenster mit der Darstellung der Zehn Gebote erinnern an Bullaugen. *th*

LATITUDE
48° 12' 11"
LONGITUDE
15° 30' 59"

EXPRESSIONISM WITH A SYMBOLIC CHARACTER // Following WWII, Prinzersdorf's population growth brought with it the need for a town church. A decision to build was made in 1955, and that same year the awarding council chose Julius Bergmann as the architect. Bergmann, who was already working as an architect during the inter-war period, created a late expressionist work here. At the front of a spacious square next to a thoroughfare, the church is surrounded by structures also built in the 1960s. // A covered corridor leads to the ensemble of the vestry, rectory and kindergarten. The eastern façade of the church is decorated with a monumental mosaic of the Holy Family (1967/68) by Hermann Bauch. The tent-shaped interior of the frame construction is expressively partitioned by columns placed successively closer to one another. The row of slits above the round windows designed by Robert Hefert indirectly illuminates the expansive hall. Central, broad steps access the raised, stage-like presbytery. The weekday chapel lies below. On an iconographic level, the church depicts St. Peter's ship. The dominant tower is the ship's mast, the choir area narrows to a keel in the northwest, and the round windows displaying the Ten Commandments are reminiscent of portholes.

Straßenmeisterei St. Pölten-West

St. Pölten, Linzer Straße 106

Franz Gschwantner

1991

REGIONAL OHNE REGIONALISMEN // Mit der Realisierung dieser Anlage stellt Franz Gschwantner unter Beweis, dass regionale Verkehrsbauten keiner ländlich verbrämten, pseudo-traditionellen Verkleidung bedürfen. // Straßenmeistereien sind technische Verkehrsbauten, die dem Unterhalt der in ihrem Zuständigkeitsbereich liegenden Bundes- oder Landesstraßen dienen. Sie haben einen enormen Fuhrpark und lagern Streugut für den Winter. Mit einer schlichten, flach ins Gelände gebetteten Komposition wird auf die traditionellen Gutshöfe des Pielachtals und die Topographie reagiert. Von Norden nach Süden hat das Grundstück einen Niveauunterschied von fünf Metern. Die flache Anlage bietet den hier oft herrschenden starken Winden wenig Angriffsfläche. Die Materialien sprechen unverkleidet die Sprache der technischen Funktion: Betonsteinmauerwerk, Stahlbetonskelett, Metallkonstruktionen. Der Verwaltungs- und Wohntrakt liegt an der Bundesstraße, in den Untergeschossen befinden sich die Garagen, Schutzräume, Archiv sowie das zentrale Bekleidungslager der niederösterreichischen Straßenverwaltung. Tiefer gelegen sind die Hallen mit den Tankstellen, Werkstätten, Garagen sowie Waschanlagen. Eine Hackschnitzelheizung nutzt die Abfallhölzer von den Grünstreifen entlang der Autobahnen oder Landesstraßen. Als Windschutz recycliert wurden Bäume aus den Schrebergärten, die mit der Errichtung des St. Pöltner Regierungsviertels verschwunden sind. *ek*

96

LATITUDE
48° 12' 01"
LONGITUDE
15° 36' 53"

A TECHNICAL FACILITY // With the completion of this facility in the early 90s, Franz Gschwantner proved that regional infrastructure buildings did not have to be dressed up with countrified, pseudo-traditional embellishments. Maintenance depots are technical traffic buildings that service and upkeep the highways and freeways in their area. They have an enormous fleet of vehicles as well as sand and gravel for the winter. This unostentatious building complex is smoothly embedded in the terrain, reacting to both the topology and the traditional farming estates of the Pielachtal. The altitude of the site has a difference of five meters from north to south. The low-lying facility presents little area to the high winds common to the region. The materials speak the bare language of technical functionality: cement stone masonry, reinforced concrete framework, metal constructions. The administrative and housing tract lies on the highway. The basement levels house garages, shelters, archives and the central uniform storage for the Lower Austrian Highway Department. Even further down are halls with fueling stations, workshops, garages and car washes. A wood-chip heating system uses waste wood from the green strips along the highways and freeways. Trees from the allotment gardens that were razed when the St. Pölten Government District was built were recycled into a windbreak.

Franz Gschwantner, Erich Millbacher

2005

EINE KLARE SACHE // Am Gelände der bestehenden Straßenmeisterei errichtete Franz Gschwantner gemeinsam mit Erich Millbacher das Logistikzentrum St. Pölten. Die klare Formensprache korrespondiert mit den anderen Objekten des Areals: Verwaltungstrakt der Straßenmeisterei und Windrad. Der Neubau versteht sich im städtebaulichen Kontext als Tangente. An der Kante zum Freigelände gelegen, entwickelt sich ein Dialog zum Umfeld. // In der aktuellen Erschließung begegnet einem an der Hauptzufahrt der konvexe Kopfteil des Logistikzentrums, das mit einer Metallfassade versehen wurde. Für die rund 60 MitarbeiterInnen wurde eine äußerst benutzerfreundliche Situation geschaffen, die sich durch die besondere Qualität der inneren Erschließung und Orientierung auszeichnet. // Mit der zeichenhaften Formgebung des Gebäudes verleihen Gschwantner und Millbacher dem Ort eine Identität. Die Erweiterung des Gebäudekomplexes setzt sich fort: einerseits mit dem Neubau des NÖ Landespolizeikommandos durch Neumann und Partner und andererseits mit den Kulturdepots des Landes Niederösterreich durch Ernst Maurer. *th*

⌷ Lagerturm, Lagerhausgasse 8, 1961
⌷ Umspannwerk St. Pölten-West, Linzer Straße 92, 1968

97

LATITUDE
48° 12' 01"
LONGITUDE
15° 36' 53"

A CLEAR THING // Franz Gschwantner and Erich Millbacher erected the St. Pölten Logistics Center on the grounds of the existing Highway Department complex. // The building's clear architectural symbolism, corresponds to the other structures of the premises: the administrative wing of the Highway Department and the windmill. The new building can be seen from an urban planning context as a tangent. On the edge of the premises, near the open field, a dialogue with the surroundings is taken up. // In the present layout, from the main entrance the visitor sees the curved top, with its metal façade. // The very user-friendly and easily navigable layout is a boon for the approximately 60 workers.

Haus Haselmeyer

St. Pölten, Goethestraße 35

Gottfried Haselmeyer

1998

SCHLICHT UND ELEGANT // Das Wohnhaus des Architekten Haselmeyer auf einer kleinen Parzelle am westlichen Stadtrand von St. Pölten leitet seine Form aus den gesetzlichen Mindestabständen und den Straßenfluchten ab. In sanftem Ocker gehalten, passt sich das Haus der Umgebung, speziell dem direkt angrenzenden Zweifamilienhaus aus den 1920er Jahren an. Die Veranda an der stark windanfälligen Westseite wurde verglast, während die durch Nachbargebäude beeinträchtigte Südseite nur einen schmalen senkrechten Fensterschlitz besitzt. An der Ostseite liegt im Obergeschoss ein geschützter Freiraum, in dem die Hausbewohner die Kommentare der Passanten mitverfolgen können, während sie im offenen Atrium die Ausblicke genießen. Im Keller hat Architekt Haselmeyer – ein leidenschaftlicher Trompetenspieler – einen schalldichten Musikraum eingerichtet, der durch Absenkung des Gartenniveaus natürlich belichtet werden wird. In seiner eleganten Schlichtheit knüpft das Haus an die Tradition der Brünner Funktionalisten der 1920er Jahre an. *th*

LATITUDE
48° 12' 36"
LONGITUDE
15° 36' 33"

SIMPLE AND ELEGANT // Architect Gottfried Haselmeyer's house stands on a small plot on the western edge of St. Pölten, taking its dimensions from the regulation clearance to the neighbors and from the line of the street. // The soft ochre of the house blends in with the surroundings, especially with the two-family 1920s house directly adjacent. The veranda on the windy west side has been glazed. The neighboring building detracts from the south side, which has only a narrow, vertical window slit. Upstairs, a protected outside space on the east side lets one follow the conversations of passers-by while enjoying the view from the open atrium. Haselmayer, a keen trumpet player, has set up a soundproofed music room in the cellar, which receives daylight from the lowered level of the garden. A two-story glass wall in the central living room brings in direct light, even as far as the basement. The ochre tone of the façade is continued on the interior with the warm stone floors and matching furnishings. The elegant simplicity of the house is reminiscent of the Brünner functionalist tradition of the 1920s.

Wolfgang Pfoser

2005

AUF ERFAHRUNG GEBAUT // Am Stadtrand von St. Pölten liegt das ambulante Kinderzentrum für Diagnose und Behandlung bei geistiger und körperlicher Behinderung, das im Jahre 1995 von einem betroffenen Vater gegründet wurde. Der ursprünglichen, provisorischen Unterbringung folgte dieser Neubau, dessen metallverkleidete Fassade die Ecke zwischen einer leistungsstarken Straße und einer Seitengasse besetzt. Die Blockrandbebauung erlaubt es, die Räumlichkeiten des Ambulatoriums von der Straße abzuschotten und zugleich einen großen Innenhof zu schaffen, dessen ruhiger Garten therapeutischen Zwecken gewidmet ist. // Das zweischenkelige Haus steigt dynamisch zur Mitte hin an: der Zentralbereich ist zweigeschossig, die Gebäudeflügel sind eingeschossig. Herzstück des Ambulatoriums ist der Gruppenraum. Die Innengestaltung vermittelt zugleich Offenheit wie Intimität. Ruhezonen für Eltern wurden am Rand der Therapieräume eingerichtet. Der wohnliche Charakter steht im Vordergrund. Die Orientierung innerhalb des Gebäudes fällt leicht, und zwischen den Besucher- und den Mitarbeiterwegen wurde – wie für medizinische Einrichtungen üblich – eine bewusste Trennung vollzogen. Die Rücksichtnahme auf die Bedürfnisse der NutzerInnen beginnt mit der behindertengerechten Anbindung an den öffentlichen Verkehr sowie adäquaten Parkplätzen und setzt sich in vielen Details fort. Der konzeptionelle Ansatz beruht auf dem Austausch mit den Erfahrungen betroffener Eltern. *th*

BUILT FROM EXPERIENCE // The children's center, for diagnosis and treatment of physical and mental disabilities, lies on the outskirts of St. Pölten. It was founded in 1995 by the father of a disabled child and soon proved to be a sustainable institution. The originally temporary accommodation was replaced in 2004 by a new facility with a metal-clad façade, set at the intersection of a busy thoroughfare and a side street. A perimeter block development shields the clinic from the street, at the same time creating a large open space. The result is a delightful and relaxing garden dedicated to therapeutic purposes. // The two-winged house rises dynamically towards the middle: the central area is two stories high, the wings only one. The heart of the clinic is the patients' lounge. The interior decoration creates an atmosphere both open and intimate. Rest areas for parents have been placed along the therapy rooms. An inviting, homey character can be felt throughout the building.

Orientation within the clinic is easy. As usual in medical facilities, visitor and employee zones have deliberately been kept separate. The needs of patients and their families have been considered extensively. It begins with the handicapped-accessible public transport connection and adequate parking, and shows in many fine details. The conceptual approach of the clinic is based upon exchanges with patients and families about their experiences.

Gartensiedlung
St. Pölten-Waitzendorf, Ringelnatzgasse 5

Christian Hackl, Werner Silbermayr
Ulrike Lambert

1992

INDIVIDUALISMUS IN PASTELL // Die zwölf Reihenhäuser der Gartensiedlung Waitzendorf am Stadtrand von St. Pölten orientieren sich nach Süden:
Eigenständigkeit der einzelnen Häuser innerhalb der drei Zeilen mit vier Einheiten wurde durch leichte Staffelung der Baukörper erreicht. Der trapezförmige Zuschnitt, die flachen Pultdächer und Windfänge aus Wellkunststoff verleihen den Häusern ihr charakteristisches Aussehen, hervorgehoben durch eine
zarte Farbigkeit, die an die Pastelltöne von Lilienporzellan erinnert: dominant
das matte Türkisgrün, aufgelockert durch Lila und Rosa. Die Siedlung orientiert
sich an Vorbildern aus den 1920er Jahren. Im verdichteten Wohnen mischt
sich der individuelle Lebensraum, man kommt einander nahe. Energietechnisch
gesehen dienen die massiven Mauern im Sockelgeschoss als Speichermasse,
über den als Aufbau die Ständerkonstruktion in Holz gesetzt wurde. Die Deck-
leisten als fassadengestaltendes Element referieren, so Christian Hackl, auf
das Landhaus Spanner bei Gumpoldskirchen von Adolf Loos aus dem Jahr 1924
und sein bewachsenes Rankgerüst. Die ständig wachsende Aneignung der
Siedlung durch ihre Bewohner zeigt private Eingriffe innerhalb des architektonischen Prinzips. *th*

100

LATITUDE
48° 13' 12"
LONGITUDE
15° 36' 14"

*INDIVIDUALISM IN PASTELS // The
twelve terrace houses of the
Waitzendorf Garden Estate are
located on the periphery of St.
Pölten, facing south. // The
autonomy of each house within the
three rows of four is achieved by
slight staggering. The trapezoidal
floor plan, the flat single-pitch roofs
and the corrugated plastic porches
give the houses their characteristic
appearance, accentuated by delicate
shades of color reminiscent of the*
*pastels of Lilien porcelain – a matt
turquoise-green dominates, lightened
by lavender and pink. The estate
draws upon models from the 1920s.
Individual living areas meld into the
dense living situation of the collective, so that people get to know one
another. The massive walls of the
ground floor store heat, assuring
high energy efficiency, and are
topped by wooden column constructions. Cover moldings are the fash-
ioning elements of the façades, and,*
*according to Christian Hackl, are a
reference to the overgrown flower
trestle of the Spanner country house
built by Adolf Loos, near
Gumpoldskirchen in 1924. The
increasing readiness of the residents
to adopt and identify with the estate
can be seen in private changes to the
original architectural concept.*

1945

MIT FAHNE UND GEWEHR // Russendenkmal – Befreiungsdenkmal – Sieges-
denkmal // Denkmäler oder Mahnmäler sind seismographische Signaturen
gebauter Ideologien. Wie kaum ein anderes öffentliches Bauwerk konservieren
sie die Erzählung des Zeitgeists im monumentalen Andenken und seiner Form-
werdung. // Nur wenige Monate nach dem Sieg der Alliierten über das Nazi-
regime wurde im August 1945 der Beschluss gefasst, ein repräsentatives
Denkmal für die Gefallenen der Sowjet-Armee in St. Pölten zu errichten. Am
19. August war das Denkmal am Wiener Schwarzenbergplatz der Öffentlichkeit
übergeben worden. Daran orientierte sich auch der Entwurf für St. Pölten, er
fiel jedoch weit weniger monumental aus. Am 31. August berichtete das
St. Pöltner Amtsblatt über eine Stadtratssitzung, in der vom russischen Stadt-
kommandanten die Errichtung eines Denkmals vor dem Stadtfriedhof angeordnet wurde. Die finanziellen Mittel wurden als »Spende der Stadt bewilligt«. Die
Planungen für den Soldatenfriedhof und das »Heldendenkmal für die gefallenen
Russen« lagen im Stadtbauamt St. Pölten. Thomas Pulle, Leiter des Stadt-
museums St. Pölten, berichtet von Detailplänen, die einen vor einem Obelisken
stehenden Rotarmisten zeigen. In der rechten Hand hält er ein Gewehr, in der
linken Hand eine Fahne. Die russische und deutsche Sockelinschrift lautet:
»Ewiger Ruhm den Kriegern der Roten Armee, gefallen in Kämpfen für Ehre
und Unabhängigkeit der sowjetischen Heimat. 1941–1945«. *ek*

101

LATITUDE
48° 11' 54"
LONGITUDE
15° 38' 13"

WITH A FLAG AND A GUN //
Monuments and memorials are seis-
mographic signatures of built ideolo-
gies. Like no other public edifice they
preserve the history of the Zeitgeist
in monumental remembrance. // In
August 1945, only months after the
victory of the Allies over the Nazi
regime, a resolution was passed to
erect a representative monument to
the fallen soldiers of the Russian
army. On 19 August, the Russian
monument on Vienna's Schwarzenbergplatz was unveiled. The design
for this memorial was adapted to the
already finished Russian monument
in Vienna, though much less monumental. On 31 August, the St. Pölten
Gazette reported a City Council
Meeting in which the Russian town
major ordered the erection of a
monument in front of the town cemetery. The funding was approved as a
"donation from the city". Plans for
the soldiers cemetery and the
"Monument to Our Heroes, the Fallen
Russians" were given to the
St. Pölten Municipal Construction
Office. Thomas Pulle, Director of the
St. Pölten City Museum, reports
detailed sketches of a Red Army
soldier standing in front of an
obelisk. In his right hand he holds a
rifle, in his left a flag. The inscrip-
tion, in Russian and German, reads,
"Eternal glory to the soldiers of the
Red Army fallen in battles for honor
and independence of the Soviet
homeland. 1941–1945".

Friedhofshalle

St. Pölten, Goldeggerstraße 52

Erich Boltenstern, Paul Pfaffenbichler

1970

EIN ORT DES ABSCHIEDS // Erich Boltenstern, der Architekt des Wiener Ringturms, hat sich sein planendes Leben lang mit der Architektur der Bestattung, mit dem Ritual der Verabschiedung von den Toten und dessen baulicher Ausgestaltung auseinandergesetzt. // Zwischen 1968 und 1970 plante Erich Boltenstern gemeinsam mit Paul Pfaffenbichler die Friedhofshalle St. Pölten. Die langjährige Auseinandersetzung mit den sakralen und intensiv fordernden Momenten des Totengedenkens, sei es in den Friedhofshallen in St. Michael, der Friedhofshalle in Grammatneusiedl, in Hallein oder in St. Peter, der Urnengruft in Salzburg oder im Urnenhain in Wien-Simmering, merkt man der St. Pöltener Friedhofshalle an. Hier war jemand am Werk, der sich mit den besonderen Bedingungen des Raums für die Verabschiedung von den Toten, des Gedenkens durch die Lebenden, schon lange auseinandergesetzt hat. Pate für die durch ihre schlichte Zurückhaltung und bescheidene Großzügigkeit überzeugende Friedhofsanlage standen skandinavische Friedhofsarchitekturen, die Boltenstern von seinen Reisen kannte. Ein riesiger Vorhof begrüßt die Abschiednehmenden, die Friedhofsbesucher. Hier wird ein Übergang geschaffen, für die Ankommenden, aus der Welt draußen in die Welt der Toten. Links und rechts sind die Aufbahrungshallen situiert. Bunte Glasfenster markieren den Eingang. *ek*

102

LATITUDE
48° 11' 54"
LONGITUDE
15° 38' 13"

A PLACE OF FAREWELL // The architect Erich Boltenstern, who also designed the Vienna Ringturm, has concerned himself for much of his professional life with the architecture of burial, the rituals of parting with the dead, and the building forms associated therewith. // Erich Boltenstern and Paul Pfaffenbichler designed the St. Pölten Cemetery Hall between 1968 and 1970. Many years of experience are visible in the architecture of the Hall. Experience with the sacred and intensely demanding moments of remembrance – in the cemetery halls of St. Michael, Grammatneusiedl, Hallein, the urn vault in St. Peter's, Salzburg, and the urn grove in Vienna Simmering. It can be seen that someone who cares about the special circumstances of relinquishment, and about commemoration by the living, worked long on this building. Boltenstern's acquaintances, Scandinavian cemeterial architects whom he met during his travels, are mentors to this burial place, which is marked by simple modesty and humble generosity. A large forecourt welcomes the mourners and cemetery visitors. A transition is made here for those arriving, from the outside world to the sphere of the dead. To the left and right are funeral halls. Stained glass windows grace the entrance.

Peter Raab, Konrad Rauter

1999

EIN GUTES MEDIUM // Das namensgebende Material dieses Einfamilienhauses wurde sowohl konstruktiv wie ästhetisch eingesetzt. // Der Stahlskelettbau besteht aus verzinktem Stahl. Die Leichtbauwände sind nach außen wärmegedämmt und mit schimmernden Aluminiumpaneelen bekleidet. An der Südseite öffnet das Haus mit einer zweigeschossigen Glasfront zum Garten mit dem alten Baumbestand. Außenliegende Jalousien fungieren als Sonnenschutz, ein Nussbaum sorgt für ausreichend Sichtschutz zur Straße. Aus Kostengründen wurde auf einen Keller verzichtet und dafür nordseitig ein massiver Zubau für Garage, Werkstätte, Abstellraum und Waschküche errichtet. Im Inneren weicht die Stahlanmutung weißen Wänden aus Gipskarton und Holzböden. Die Wohnräume auf Gartenniveau sind Küche, Esszimmer, Arbeitszimmer und das zweigeschossig hohe Wohnzimmer. Dieses ist südseitig über die volle Höhe und Breite verglast und nordseitig fensterlos. Hier ist als Rückgrat des Hauses die über beide Geschosse laufende Bücherwand, die den Wohnbereich abschließt. Im oberen Geschoss finden sich Galerie, Bad, Schrankraum und zwei Schlafräume. *ek*

▲ Wohnhäuser, Dr.-Bilcik-Gasse 22, 26–36, 1927/1928/1929: Robert Wohlmeyer

103

LATITUDE
48° 12' 59"
LONGITUDE
15° 37' 04"

A GOOD MEDIUM // The eponymous material of this single-family home was used both constructively and aesthetically. Not only is the wood used widely in the construction of the house allowed to develop its qualities, steel also develops interesting characteristics. // Galvanized steel was used for the construction of the lightweight frame. The walls of the building are heat-insulated on the exterior and clad with shimmering aluminum panels. A south-facing glass front opens from both floors of the house on to a garden with stately trees. Exterior sun-blinds offer protection, and a walnut tree provides privacy from the street. For financial reasons no cellar was built. A massive addition to the north houses a garage, workshop, storage space and laundry-room. Inside, the steely impression softens, giving way to white alabaster walls and wood floors. The kitchen, dining room, study and two-story-high living room are all at garden level. The living room is fully glazed to the south and windowless to the north. Here is the backbone of the house: bookcases spanning both stories, enclosing the living areas. Upstairs are a gallery, bathroom, walk-in closet and two bedrooms.

Wohnanlage Kupferbrunnberg
St. Pölten, Dr.-Karl-Reinthaler-Gasse 23–35

Peter Raab, Johannes Winter
Josef Zapletal

1992

LEBEN IN DER BANANENBURG // Die Wohnanlage liegt an der nordwestlichen Peripherie St. Pöltens, wo Grünflächen und Siedlungsgebiet einander abwechseln. Die Motivation für die Anfang der 1990er Jahre erfolgte Siedlungsgründung war, eine gemeinschaftliche Wohnform mit städtischem Lebensstil zu schaffen. Das Modell setzt auf Eigenverantwortung im Wohnbau. Das Baukünstlerkollektiv Peter Raab, Johannes Winter und Josef Zapletal ermöglichte den »Siedlern« Mitbestimmung und Eigenleistung bei den offen angelegten Grundrissen ihrer »Bananenburg«. Die gesamte Gebäudetiefe zwischen Straße und Garten konnte so optimal individuell strukturiert werden. Um eine Glasveranda wurden die Wohnräume zumeist gartenseitig, die Sanitär- und Nebenräume sowie Stiegen rückseitig angelegt. Die sieben sonnigen Reihenhäuser mit ansteigendem Pultdach bilden eine konvexe Großform, die nach Südwesten ausgerichtet ist. Ein Balkonband zieht sich entlang des zweiten Obergeschosses und fasst die gekrümmte Zeile. Die konkave Ankunftsseite wird durch einen zweigeschossigen Laubengang in buntem Holz gegliedert. Der Pioniercharakter der Siedlung liegt im Gruppenprozess seiner Entstehung. Durch die geringe Fluktuation in der Eigentümerstruktur, in der dem Gemeinschaftsleben große Bedeutung zukommt, entstand ein persönlicher Nahraum. *th*

104

LATITUDE
48° 13' 02"
LONGITUDE
15° 37' 11"

LIFE IN THE "BANANA CASTLE" // The Kupferbrunnberg Residential Estate is located on St. Pölten's north-west periphery, where populated areas and green open space alternate. // In the early 1990s, the motivation for the establishment of this colony, a private initiative, was to create a communal way of life compatible with an urban lifestyle. A model of personal responsibility among residents has arisen from this precept. The 'Baukünstlerkollektiv' (Peter Raab, Johannes Winter and Josef Zapletal) enabled the 'settlers', through codetermination and personal contribution, to influence the open floor plan of their 'banana castle'. Thus arose an optimal, individual structuring of the entire length of the building. The living rooms, fronted by a glass veranda, mostly face the garden. The bathrooms, side rooms and stairs are at the rear. These seven sunny row houses with rising lean-to roofs form an overall convex shape facing southwest. A band of balconies stretches continuously along the third story, surrounding the curved line of the building. A two-story arcade made of colorful wood divides the concave front wall. // The estate's pioneer flair arises from the group determination process. Due to the low fluctuation of residents, personal proximity has been established, within which communal interaction has gained great importance. The peripheral building site was chosen with expectations of future city expansion.

Prokop, Lutz & Wallner

Siedlung Kupferbrunn
St. Pölten, Kupferbrunnstraße – Gerdinitschstraße

1925

WOHNRAUM FUR DIE ARBEITER // Mit dem Bau der »Ersten Österreichi-
schen Glanzstoff-Fabrik« 1905–1908 wuchs der Bedarf an Wohnraum für
Betriebsangehörige. In zwei Bauphasen wurde zwischen Kupferbrunnstraße,
Fuchsenkellergasse, Urbanstraße und Gerdinitschstraße die Kupferbrunnsiedlung errichtet. Die erste Bauphase ab 1914 wurde wegen des Ersten
Weltkrieges unterbrochen, ein Teil bis 1918, der Rest bis 1923 fertig gestellt.
Die zweite Bauphase erfolgte 1924 / 25. Die Firma Prokop, Lutz und Wallner
entwarf die Pläne zur großflächigen Siedlung, die heute nur mehr teilweise im
Originalzustand erhalten ist. Speziell Eternitverkleidung ist als Relikt der Umbauten in der zweiten Hälfte des 20. Jahrhunderts zu finden. Die Ein- bis Vierfamilienhäuser variieren im Typ: Die kleineren Hauseinheiten sind eingeschossig, verfügen jedoch über ausgebaute Dachgeschosse. Die giebelständigen
Häuser haben entweder Bogen- oder Satteldächer. Die größeren Wohnhäuser
dagegen fügen sich jeweils aus zwei giebelständigen Einheiten zusammen, die
einen Mittelteil mit Sattel-, Walm- oder Bogendach flankieren. Doppelhäuser
dominieren die Wohnzeilen: Zwei- und Vierfamilienhäuser, bei denen die
Grundrisseinheiten symmetrisch gespiegelt sind. // Während in direkter Nähe
der Glanzstoff-Fabrik auch Beamtenwohnhäuser und Villen errichtet wurden,
liegen die Arbeiterwohnhäuser der Kupferbrunnsiedlung etwas abseits, heute
in direkter Nähe zur Wohnhausanlage Kupferbrunnberg aus dem Jahr 1992. *th*

105

LATITUDE
48° 13' 01"
LONGITUDE
15° 36' 56"

*LIVING SPACE FOR WORKERS //
When the "First Austrian Glanzstoff
Factory" was built in 1905–1908, the
need for factory employee housing
became apparent. The Kupferbrunnberg Residential Community was
erected in two phases between the
Kupferbrunnstrasse, Fuchsenkellergasse, Urbanstrasse and Gerdinitsch-
strasse. The first building phase
began in 1914 and was interrupted
during WWI. Work continued in
1918, and the remainder was
completed in 1923. The second*

*building phase followed in 1924/25.
The company Prokop, Lutz und
Wallner drafted the plans for the
large area community, which today is
only partially in its original condition.
The special Eternit facing is a relict
of the renovations undertaken during
the second half of the 20th century.
The one- to four-family houses vary
in style. The smaller housing units
are one-story but have a finished
attic. The gabled houses have either
a cambered or a saddle roof. The
larger buildings are each made up of*

*two gabled units flanking a center
saddle, hipped or cambered roof.
Duplexes dominate the residential
avenues: two- and four-family
houses, the floor plans mirrored
symmetrically. Whereas the resi-
dences and villas for officials were
erected close to the Glanzstoff
Factory, the workers' housing of the
Kupferbrunn Community is further
away, now near the Kupferbrunn
Apartment Complex built in 1992.*

Vom Wienerwald ins Tullnerfeld

Kindergarten
Wördern, Altgasse 28

Anton Schweighofer

1972

GEOMETRISCHE STÄRKE // Inmitten einer ruhigen Wohngegend mit Gärten liegt der Landeskindergarten, der seit den 1970er Jahren keinen wesentlichen baulichen Eingriff erfuhr. Aus Polygonen zusammengesetzt, bildet der Bau eine starke geometrische Form. Die Sichtziegelwände geben dem Kindergarten ein markantes Auftreten. Durch großzügige, bis zum Boden reichende Verglasungen können die Kinder den Außenraum, speziell den Gartenbereich, miterleben – unterstützt durch eine Sitzleiste entlang der Fenster. Die beiden Kindergartengruppen verfügen über einen eigenen Raum, der jeweils von außen als auch über eine gemeinsame Halle erreichbar ist. Diese wird als Bewegungsraum genutzt, wobei sich die Wände öffnen lassen, um einen offenen, jedoch weiterhin überdachten Raum zu schaffen. Im gesamten Kindergarten gibt es keine Gänge. Die Räume sind durch Eckschließungen miteinander verbunden. Die beiden Gruppenräume sind nach der Idee einer Spiellandschaft mit Höhlen und Galerien ausgestattet. Nasseinheit und Garderobe sind nicht extra abgetrennt, sondern öffnen sich zum Spielraum. Der Kindergarten bewährt sich auch nach mehr als drei Jahrzehnten. Modifiziert wurden lediglich die zwei Wohneinheiten für Kindergärtnerinnen, die heute als Abstellraum dienen. *th*

🏠 Atelier- und Wohnhaus, St. Andrä-Wördern, Webergasse 6, 1993: Anton Schweighofer

LATITUDE
48° 19' 48"
LONGITUDE
16° 12' 33"

GEOMETRIC STRENGTH // The regional kindergarten lies in the middle of a quiet residential area with many gardens, where little has changed since the 1970s. Made up of polygons, the building has a strongly geometric form. The exposed brick walls give the structure a striking appearance. Full glazing and a seating ledge the length of the window allows the children to visually experience the outdoors, in particular the garden, through expansive, floor-length glazing. Each kindergarten group has its own room, accessible from the outside through a shared hall. This area is used for physical activities and the walls can be opened to create a wide open yet covered space. There are no corridors in the kindergarten, the rooms being joined at the corners. Both group rooms are designed as play landscapes with caves and galleries. Wash area and cloakroom are not separated, but are open to the play area. The kindergarten stands the test of time, even after three decades. The only modification is that the two former living units for teachers are now used as storage.

Konrad Schermann, Werner Stolfa

Kulturhaus
St. Andrä-Wördern, Kirchenplatz 2

2003

NEUE BESPIELUNG // Die Revitalisierung des alten Pfarrhofs in St. Andrä-Wördern, eines Bauwerks des 17. Jahrhunderts, erschließt öffentlichen Raum für kulturelle Nutzung. 1973 wurden im Zuge des Ausbaus der Bundesstraße einige Gebäudeteile entfernt. Damals hatte der Verkehr Priorität gegenüber dem Denkmalschutz. Neben einem dominanten Kreisverkehr liegt der Pfarrhof an einer Geländekante parallel zur Pfarrkirche. Der Bau wird über zwei Ebenen erschlossen: Er öffnet sich südseitig dem oberen Kirchenplatz. Die zweigeschossige Nordfassade schließt an den unteren Kirchenplatz an. Bei der Revitalisierung war der Zubau eines verglasten Foyers als repräsentative Zugangssituation der bedeutendste Eingriff in den Bestand. Die Transparenz der Fassade sorgt für den wechselseitigen Austausch von Innen und Außen, wenn sich die Umgebung im Glas spiegelt oder bei nächtlicher Beleuchtung die Scheiben Einblicke in das Gebäudeinnere zulassen. Die neuen Bauelemente verharren nicht in historisierender Annäherung, sondern setzen sich deutlich erkennbar vom Altbestand ab. // Bei den Umbauarbeiten stieß das Architektenteam auf einen zugemauerten Kellersaal mit Tonnengewölbe, der nunmehr für Veranstaltungen genutzt wird. Im ehemaligen Wirtschaftstrakt im Untergeschoss wurde ein Café eingebaut. Die Bespielung des Gebäudes durch lokale Kulturvereine trägt zur lebendigen Nutzung des transformierten Hauses bei. *th*

⌂ Einfamilienhaus Stolfa, St. Andrä-Wördern, Kernstockstraße 5, 1991: Werner Stolfa

LATITUDE
48° 19' 15"
LONGITUDE
16° 12' 25"

NEW USE // The old parish cloister in St. Andrä-Wördern was built in the 17th century. Its revitalization has created a public space for cultural use and events. // In 1973, some of the building sections had been removed during a federal highway expansion project. At that time, traffic development was a higher priority than the protection of historic landmarks. Next to a dominant traffic circle, the parish cloister lies along one side of the property, parallel to the parish church. The building has been developed on two stories: the southern tract opens up to the upper church square, the two-story northern face adjoins the lower church square. During revitalization, the most significant alteration to the existing building was the addition of a glass foyer, which created a prestigious entrance area. The transparency of the façade ensures a duality between inside and out, for example, when the surroundings are reflected in the glass or when the evening lights allow insight through the windowpanes to the building's interior. The elements of the new building do not insist upon historic accuracy, but contrast markedly with the old building. // During renovations, the architectural team stumbled across a walled-off cellar room with a barrel vault, which is now used for various events. A specially furnished café has been built in the former facilities tract on the lower floor. Various local cultural societies contribute to the vitality of the transformed building.

Haus am Hang

Hintersdorf, Hauptstraße 143

Alexander Runser, Christa Prantl

1993

HAUS AM HANG // Seine charakteristisch auf dem Hang thronende, machtvolle Anmutung gewinnt das von Alexander Runser und Christa Prantl entworfene Haus durch ein flach geneigtes, auf Stützen aufruhendes Satteldach, das über einen Balkon vorspringt. // Ein langgestreckter, schmaler Baukörper mit durchgängigen Fensterbändern erlaubt die optimale Ausnutzung der Nordhanglage. Die Aussicht ins Donautal genießt man von der Nordseite des Grundstücks. Die Grundeinheit für Raumproportionen, Fensterteilungen, Schalbetonelemente, Innenwände, außenlaufenden Umgang und Dachkonstruktion ist ein Raster von 1 x 1 m. Auf einen mehrjährigen Planungsprozess mit den Bauherren folgte eine elfmonatige Bauzeit. Die Raumanforderungen umfassten einen Wohnraum mit offener Küche im oberen Geschoss, Schlafzimmer, Arbeitszimmer sowie vier Kinderzimmer und einen Freizeit-Keller mit Schutzraum. Ein Umgang aus unbehandeltem Lärchenholz ist die Verbindung zur Wiese und erweitert das Haus nach außen. Besonderes Augenmerk wurde auf Ökologie und Sonnenenergienutzung gelegt. Die Stahlbetonwände dienen als Speicher, die Verglasungen filtern das Sonnenlicht und ermöglichen passive Sonnenenergienutzung. Eine sommerliche Überhitzung wird durch die großen Dachvorsprünge verhindert. Küche und Bad sind konstruktive Stahlbetonkerne. Sechs Materialien kamen in diesem Haus zum Einsatz: Beton, Stahl, Glas, Holz, schwarzer Granit, Asphalt. Als Dämmmaterial dient Kork. *ek*

LATITUDE
48° 17' 31"
LONGITUDE
16° 12' 37"

HOUSE ON A HILL // Designed by Alexander Runser and Christa Prantl, the house sits powerfully on the hillside, as if on a throne. This impression is made by the shallow-sloped saddleback roof, which rests upon supports, jutting out over the balcony. // This narrow, drawn-out structure with continuous strip windows makes the most of its north-side position. One can enjoy the view of the Danube Valley from the north side of the property. The basic unit for all proportions, window partitions, shuttered concrete elements, inner walls, outer walkway and roofing is a grid measuring 1 x 1 meter. After a planning phase that lasted several years, an eleven-month building period followed. The layout specifications included an open kitchen, upstairs living room, bedroom, office, four children's rooms and a basement recreation room and shelter. An untreated larch walkway links the house and the lawn, expanding the house to the outdoors. Special attention has been paid to ecology and the use of solar energy. The reinforced concrete walls store heat, the expanses of glass filter sunlight and allow the passive use of solar energy. In the summertime, overheating is prevented by the great projection of the roof. The kitchen and bathroom are cores of constructive reinforced concrete. Six materials have been used in this house: cement, steel, glass, wood, black granite and asphalt. The insulation is of cork.

Fritz Matzinger

Wohndorf
Tulbingerkogel, Wohndorfweg 16—18

1980

RUND UMS ATRIUM // Das Wohndorf am Tulbinger Kogel entstand als vierte Ausgabe eines Siedlungstyps mit sozialem und ökologischem Anspruch. Unter dem Namen »Les Palétuviers«, auf deutsch »Wurzelbaum«, nahm das Projekt 1974 in Linz-Leonding seinen Anfang und wurde bis heute in Österreich und Deutschland knapp zwanzig Mal wiederholt. Die Idee entstand aus der Berührung mit afrikanischer Kultur, der Gartenstadtbewegung und den Kommunenbewegungen der 68er-Generation. Das ganzjährig genutzte Atrium, im Winter mit mobilem Glasdach und im Sommer als offener Hof, dient den BewohnerInnen als attraktiver Gemeinschaftsraum, um den die Hausgruppen mit zweigeschossigen Wohnungen angeordnet sind. Die einzelnen Wohnungen, die auch über den Innenhof erschlossen werden, sind jeweils mit Garten und Dachterrasse ausgestattet. Dabei wurde besonders auf die Wahrung der Privatsphäre der einzelnen Familien Bedacht genommen. Nach dem Motto, dass die Qualität der Gemeinschaftseinrichtungen die Kommunikation unter den Bewohnern fördert, wurden bei der Siedlung am Tulbingerkogel Einrichtungen wie Sauna und Schwimmhalle eingebaut. // Der überdachte Innenhof wird in den kühleren Jahreszeiten zum Warmluftspeicher, und die gut isolierten Außenfassaden sind möglichst klein gehalten, wodurch der Einsatz einer Niedertemperatur-Fußbodenheizung ermöglicht wurde. Die begrünten Dächer implizieren aktiven Naturschutz. *th*

SURROUNDING AN ATRIUM // The residential village on the Tulbinger Kogel was the fourth of this type of social and ecological community. // Under the name "Les Palétuviers", in English "The Mangroves", the project was started in Linz-Leonding in 1974. The concept has been realized almost twenty times so far in Austria and Germany. The idea came from a combination of contact with African cultures, the garden city movement, and the commune movement in north-western Europe.

The atrium can be used all year round. A mobile glass roof covers it in the winter, and in the summer the open courtyard functions as an attractive communal area. The house groups with two-story apartments are built around this area. Each individual living area is accessible through the courtyard and features a private garden space and rooftop terrace. Intimacy for each family has been ensured. Following the motto that qualitative communal facilities encourage communication between

residents, the community on the Tulbinger Kogel, which has two courtyards, has been outfitted with a sauna and a swimming pool. // The covered inner courtyard functions as a warm air chamber in the cooler seasons. The well-insulated exterior walls have as little surface area as possible, making a low-temperature floor heating system possible. The lush vegetation on the rooftops manifests nature conservancy in action.

Wohnhausanlage
Ried am Riederberg, Hauptstraße 44

Gerd Köhler

1989

MIT ÖKOLOGISCHEM BEWUSSTSEIN // Die Siedlung in Hanglage besteht aus drei Doppelhäusern, einem Einzelhaus und einem Gemeinschaftspavillon und ist ökologischen Prinzipien verpflichtet. Die Häuser in Holzkonstruktion und naturbelassener Bretterschalung stehen in unterschiedlichen Winkeln zur Sonne und bilden zwei Höfe. Sonnenkollektoren dienen der Energiegewinnung, ein eigener Brunnen versorgt das Wassersystem. Für die innenliegenden Wände wurde Tuffstein aus Niederösterreich verwendet. Über einen zentralen Kachelofen beheizt, entsteht in den Häusern Wärme durch Strahlung: Die Luft selbst bleibt dabei relativ kühl. Ein weiteres Indiz für die besondere Berücksichtigung eines gesunden Lebensstils ist die Möglichkeit, den Schlafbereich stromfrei zu schalten. Naturnah auch die Ausstattung des Kellers mit Lehmboden. Dieser dient bei Bedarf der Lagerung von Obst und Gemüse. In manchen Häusern führen Schächte zwecks Mülltrennung zu eigenen Behältern im Keller. Die begrünten Dächer dienen auch der Wärmedämmung. // Der gedeckte Sitzplatz zum Garten ist die einzige private Grünzone, alle anderen Grünflächen werden gemeinsam gepflegt. Auf Zäune wurde verzichtet. Die Abstellplätze für Autos befinden sich am Rand der Siedlung. Unkonventionell wie die Siedlung selbst war auch die Betreuung der Baustelle: der Architekt lebte in einer improvisierten Hütte direkt vor Ort. *th*

112

LATITUDE
48° 15' 13"
LONGITUDE
16° 03' 53"

ECOLOGICAL AWARENESS // The hillside estate, consisting of three duplex houses, a single house and a communal pavilion, is committed to ecological principles. The timber-constructed houses with untreated board casings are set at differing angles to the sun, forming two inner courtyards. Solar collectors collect energy and a well supplies the water system. The inlying walls are made of tufa stone from Lower Austria. A central tiled stove gives the houses radiant heating, so that the air remains relatively cool. Another indication of the special attention paid to healthy living is the possibility to switch off all electricity for the sleeping area. There is a natural clay floor in the cellar, which improves fruit and vegetable storage. Some of the houses have separating chutes leading to recycling containers in the basement. The greened roofs provide additional insulation. // The covered sitting area in the garden is the only private green zone, all other outdoor areas are cared for communally. There are no fences. Automobile parking is at the edge of the estate. The supervision during building was as unusual as the houses themselves: the architect lived in a temporary hut on-site.

Georg W. Reinberg

Haus Lenhart
Tulbing, Stegerngasse 18

1989

QUADRAT MIT AUSBLICK // Auf Basis eines quadratischen Grundrisses konzipiert, dessen Diagonalen auf die vier Himmelsrichtungen verweisen, öffnet sich das Südeck des Hauses zu einem ebenfalls quadratischen Glashaus mit Turmcharakter. Der helle Raum, der das Sonnenlicht in das ganze Haus weiterleitet, wird vor allem in den Übergangszeiten als Aufenthaltsraum mit Ausblick in die Natur genutzt. Der Blick in die Landschaft ist wichtiges Element. Zu sehen sind der Wienerwald, das Tullner Becken mit der Donau, eine Hügellandschaft und Weinberge, auch hier wiederholt sich die Vierzahl. Dass der Blick hinaus, etwa danach, ob schon die Marillenbäume blühen, im morgendlichen Ritual an erster Stelle kommt, wie die Hausherrin berichtet, vermag nicht zu verwundern. // Als Niedrigenergiehaus angelegt, wird die im Glashaus gewonnene Sonnenenergie in Form erwärmter Luft durch Ventilatoren und Lüftungskanäle an die Speichermasse abgegeben. Zur Gewährleistung der Speicherung wurden die tragenden Teile massiv ausgeführt. Dem Wunsch nach dem Baustoff Holz kam Architekt Reinberg in Form von Trennwänden nach. Der Innenraum, der durch vier tragende Säulen gegliedert wird, definiert sich durch das Ineinandergehen einzelner Wohnzonen, die dennoch ein klares Ganzes ergeben. *th*

⌧ Einfamilienhaus, Königstetten, Franz-Liszt-Straße 4, 1991: Irmgard Frank

LATITUDE
48° 17' 12"
LONGITUDE
16° 07' 38"

A SQUARE WITH A VIEW // This house was conceived upon the basic principle of a quadratic floor plan, the diagonals of which are aligned with the four points of the compass. // The southern corner of the house opens into a glass-house, also square, which has the feel of a tower. The bright room distributes sunlight throughout the whole house and is used mainly in the spring and fall as a sitting room. The view of the landscape is a very important element of the house. One can see the Vienna Woods, the Tulln basin with the Danube River, a hilly landscape and vineyards. The number four is repeated here. It comes as no surprise that the woman of the house starts her morning ritual by looking outside to check if the apricot trees are blooming, or if the sun is shining. // In this low-energy design, the solar energy entering the glass-house is pumped as warmed air through ventilators and aeration channels into the heat accumulator mass. To ensure heat retention, the primary components are of massive materials. Reinberg, the architect, fulfilled the client's desire for wood in the form of partitioning walls. The interior, divided by four supporting beams, is defined by the dovetailing of the individual living areas, which nonetheless form a harmonious whole.

Haus Schmircher

Nitzing, Weitenfeldstraße 16

Franz Schartner

2001

TRANSFORMATION IN HOLZ // Das Wohnhaus mit angeschlossenem Grafik-atelier setzt bei den gewachsenen Strukturen des Angerdorfes Nitzing an und findet mit der radikalen Weiterführung von Konstruktion und Tradition zu etwas völlig Neuem. In geschlossener Bauweise wurde an Stelle eines verfallenden Bauernhauses ein Neubau realisiert, der, den Typus des ländlichen Hauses und das Material Holz transformierend, an die Ästhetik der Gegenwart anschließt. // Das Haus ist eine gebaute Untersuchung, die beweist, dass neu Bauen nicht am Dorfrand auf großen, der Zersiedelung Vorschub leistenden Parzellen statt-finden muss, sondern in die bestehende, geschlossene Bebauungsstruktur ein-gebettet werden kann. Der Eingangshof wird von einem Flugdach überdeckt, Wohnen und Arbeiten werden getrennt erschlossen. Die Fassade des straßen-seitigen Wohnteils gibt sich mit einem Oberlichtband und zwei Fenstern ver-schlossen, dahinter liegen die Wirtschaftsräume. Alle Fenster sind nach innen orientiert. So entsteht ausreichend besonnte, ungestörte Privatsphäre, die Formensprache knüpft an die Wirtschaftstrakte der Bauernhäuser oder Scheu-nen an. Ein steiles Pultdach über dem vorderen Trakt mit den Wirtschafts- und Nebenräumen fügt das Haus in das Ortsbild ein. Der hintere Teil ist niedriger, hat ein Flachdach, unter dem die zum Garten hin über die gesamte Raumbreite und Höhe geöffneten Wohnräume liegen. Windgeschützter und gut zu nutzen-der Außenraum entstand zwischen Wohnhaus und unterkellertem Grafikatelier.
ek

LATITUDE
48°18'30"
LONGITUDE
16°05'41"

A TIMBER TRANSFORMATION // This residence with adjoining graphic design studio starts from the established structures of the village of Nitzing, radically continuing construction and tradition to arrive at something completely new. Using a compact building method, a new building has been erected on the site of a dilapidated farmhouse, trans-forming the rural house style and the material wood into a structure that melds with modern aesthetics. // The house is a building exploration,

proving that new construction need not take place on plots at the village outskirts, adding to rampant sprawl, but can be imbedded within the existing housing structure. A flying roof covers the entrance area. Home and work areas are separately acces-sible. The street façade of the living section is secluded behind two windows and a skylight strip; the utility rooms are to the rear. All the windows face the inner courtyard, ensuring sunny, undisturbed privacy. The architectural form is reminiscent

of the outbuildings or barn of a farmhouse. The steep pent roof over the front section with the utility rooms integrates the house into the surrounding village architecture. The rear section is lower, with a flat roof topping the living areas, which open across their entire length and height towards the garden. Protected from the wind, the comfortably usable outer areas lie between the house and the graphics studio, which has a cellar.

Ernst Maurer

Feuerwehrschule
Tulln, Langenlebarner Straße 106

2006

FEUERWEHR PROBT ERNSTFALL // Die niederösterreichischen Feuerwehren werden zentral in der Feuerwehrschule Tulln ausgebildet, deren neues Areal 2006 eröffnet wurde. Ernst Maurer war aus einem zweistufigen Wettbewerb als Sieger hervorgegangen. // Die städtebauliche Konfiguration setzt auf eine Abfolge von Höfen, die eine klar geordnete, in sich geschlossene Feuerwehr-Welt mit Übungsdorf und Gerätelager entstehen lassen. Gläserne Transparenz in Kombination mit strahlendem Weiß bestimmen den ersten Eindruck. Die Orthogonalität der Formensprache der Moderne wird aufgebrochen durch den großen Radius der nach außen gewölbten Lochblechfassade des Gästehauses. Gebrochene Transparenz bestimmt das Gästehaus, dessen französische Fenster als Sehschlitze den Schwung der Fassade rhythmisieren. Der Stahlbeton-skelettbau ist mit Vollwärmeschutz versehen. Die Werkstätten haben Stahlbetonstützen, die Holzleimbinder-Dächer wurden komplett vorgefertigt. Die Karrees der Höfe sorgen für Windschutz. Garagen und Werkstätten bilden zugleich den Übungshof, in dem an den Fahrzeugen gelernt wird. Für die Entwicklung des Übungsfeuerwehrdorfs wurden Recherche-Reisen in andere Städte unternommen. In simulierten Szenarien wie einem Tunnel, einem Teich, von dessen Brücke ein Auto stürzt, oder einem Brandhaus proben die angehenden Feuerwehrleute die Ernstfälle. *ek*

⚑ Aubad Tulln, Donaulände/Badesee, 1979

LATITUDE
48° 19' 45"
LONGITUDE
16° 04' 12"

PRACTICING FOR AN EMERGENCY // The Lower Austrian Fire Department staff is trained centrally at the Tulln Firefighting Academy, which opened its new campus in 2006. Ernst Maurer won the two-phase competition for the design of the complex. // The urban configuration is based on a series of courtyards that make up a clearly organized, self-contained firefighting world complete with a mock village and an equipment depot. A striking first impression is made by the transparency of glass combined with radiant white. The wide radius of the bulging perforated sheet metal façade of the guesthouse lightens the orthogonal modern stylistic elements. The guesthouse is defined by refracted transparency, the observation slit of the French windows making a pattern in the sweep of the façade. The reinforced concrete frame construction is equipped with upgraded insulation. The workshops have reinforced concrete supports; the glued laminated wood roof girders were entirely prefabricated. The square courtyards ensure protection from wind. Garages and workshops surround the drill yard, where vehicle training is carried out. Development of the mock village for fire training was done following research visits to other cities. Trainees hone their emergency reaction skills in simulated scenes in a tunnel, a car falling off a bridge into a pond, or in a burning house.

Donaubühne
Tulln, Donaulände

Eduard Neversal

1999

SCHWIMMENDES THEATERSCHIFF // Eduard Neversal hat in enger Zusammenarbeit mit einem Schiffsbauer die größte Flussbühne Europas entwickelt. Das schützende Dach der wetterfesten Bühne ist ein technisch aufwändiges Netzgewölbe. In die Stahlseilkonstruktion ist eine durchsichtige, parabolförmige Kunststoffplane gespannt. Seitlichen Schutz gegen Wind und Wetter bieten Glaswände. Größtmögliche Transparenz des Bühnenaufbaus auf dem Schiffskorpus war das Ziel, um den Blick auf die umgebende Naturkulisse freizuhalten. Neversal, der neben seinem Architekturstudium auch eine Ausbildung als Opernsänger absolvierte, hat langjährige Erfahrung mit dem Theaterbau, vor allem auch mit mobilen, temporären Bühnen. // Im Zuge der Realisierung des Theaterschiffs wurde die bereits bestehende Zuschauertribüne erweitert. Von der Linzer Werft kam der schiffsförmige Theaterunterbau geschwommen, der gesamte bühnentechnische Aufbau und die Montage erfolgten dann vor Ort. Die Bühne selbst ist nach hinten variabel vergrößerbar, um auch Musikproduktionen mit größeren Chören realisieren zu können. Die Leichtigkeit der schlanken Konstruktion und die spürbare Fragilität des Materials schaffen einen spannenden Kontrast: schwimmender Theaterkubus in Freiluftatmosphäre. *ek*

116

LATITUDE
48° 19' 59"
LONGITUDE
16° 03' 05"

FLOATING THEATER SHIP // Cooperating closely with a shipbuilder, Eduard Neversal developed Europe's largest river stage. The weatherproofed stage is roofed with a technically complicated reticulated vault. A transparent parabolic awning is stretched across the steel cable construction. Glass walls complete the insulation from wind and weather. The goal was to avoid hampering the view of the surrounding natural beauty by constructing a highly transparent stage. Neversal, who completed training as an opera singer in addition to his architecture studies, has many years of theater building experience, especially with mobile temporary stages. In the process of building the theater ship, the existing spectator stands were also expanded. The ship-shaped theater base was floated from the shipyard in Linz. The stage rigging and assembly took place on-site. The stage itself can be variably extended to the rear, for example to accommodate musical productions with large choruses. The lightness of the slender construction and the tangible fragility of the material make a fascinating contrast: a floating theater cube in an outdoor atmosphere.

Johannes Zieser, Alfred Oszwald

Amts- und Museumsgebäude
Tulln, Minoritenplatz 1

1995

ENTDECKUNGSREISE RICHTUNG VERGANGENHEIT // Bei seinem Umbau
erwies sich das ehemalige Minoritenkloster an der Donaulände als stadt-
archäologische Fundgrube vom Barock bis zur Römerzeit. Weiterbauen ist aber
nicht nur Freilegung, sondern immer auch Re-Konstruktion und Interpretation
baulicher Vergangenheit von heute aus. // 1996 wurde das Projekt für den
Österreichischen Staatspreis für Architektur und Wirtschaftsbauten nominiert.
Mit Suchschlitzen schuf man während des Umbaus Fenster in die Vergangenheit: Eine frühromanische Apsis, ein seltenes Papstsiegel, römische Spuren
tauchten auf. Das nun hier befindliche Stadtmuseum titelt »Tulln unter der
Erde«. Aus der U-förmigen Klosteranlage war im 19. Jahrhundert eine Pionier-
kaserne im Stil der Wiener Rossauerkaserne geworden, dann ein Wohnhaus.
Nun zeigen die Außenfassaden wieder den Kasernenzustand. Ornamentierung
und Gesimse sind freigelegt. Ein anderes Hilfsmittel der historischen Wieder-
herstellung kam bei der donauseitigen Fassade zum Einsatz – ein historischer
Stich diente als orientierende Vorlage. Der Südtrakt wurde entfernt, ein groß-
zügiger Vorplatz geschaffen. Das dreigeschossige, gläserne Eingangsbauwerk,
dessen Brücken die historischen Teile miteinander verbinden, ermöglicht eine
ringförmige Erschließung. Im Innenhof ist eine Stahlkonstruktion, die in Trau-
fenhöhe den Hof überdacht. Acht Rundstützen tragen dieses Tischdach, unter
dem sich Exponate des Feuerwehrmuseums befinden. *ek*

117

LATITUDE
48° 19' 55"
LONGITUDE
16° 02' 58"

EXPEDITION TO THE PAST // The
renovation of an old Minorite
monastery in the Danube valley has
proved to be a veritable treasure
trove of artifacts from Roman times
to the Baroque. However, renovation
not only entails exposure, but also
reconstruction and interpretation of
the edifice's past. // In 1996, this
project was nominated for the
Austrian Federal Award for Architecture and Commercial Buildings.
During reconstruction, narrow search
slits created windows to the past: an
early Roman apse, a rare Pope's
signet, traces of the Romans were
uncovered. The museum now located
here is called "Underground Tulln".
In the 19th century, the U-shaped
complex of the monastery had been
converted into barracks styled after
the Viennese Rossauer Barracks,
then into a residential home. Now,
the façade are once again as they
were for the barracks. Ornaments
and cornices have been exposed.
Another historical device was useful
during the reconstruction of this
Danube-facing façade – a historical
engraving served as a point of
orientation. The southern tract was
removed and replaced by an ample
forecourt. The three-story glass
entrance structure, the bridges of
which link the historical sections,
creates a ring-shaped enclosure. A
steel construction in the inner courtyard covers the court at the height of
the eaves. Eight round columns
support this table roof, beneath
which the exhibits of the fire
department museum are located.

Stadtsaal

Tulln, Nussallee 4

Willy Frühwirth

1971

NEUE NUTZUNG ERWÜNSCHT // 1971 wurde der von Willy Frühwirth geplante Stadtsaal Tulln eröffnet. Der zweigeschossige Stahlbetonskelettbau mit großem Saal und Restaurant wird für Veranstaltungen und Bälle genutzt. 1977 wurde, den Stil des Stadtsaals aufgreifend, von der Stadt in Eigenplanung das Amtsgebäude als viergeschossiger, ausgemauerter Stahlbetonskelettbau hinzugefügt. Damals kam die markante Fassade, eine Wärmeschutzfassade mit Aluminiumverkleidung, für beide Gebäude dazu und machte aus ihnen ein charakteristisches Ensemble, das in einer Kleinstadt gewagt erschien und bis heute für Diskussionen sorgt. Die Fassade stammt von Architekt Grünberger, der Mitte der 1970er Jahre als »Bäderpapst« galt und unter anderem die Bäder Stockerau und Döbling realisierte. Mit rhetorischer Vehemenz setzte er in der Gemeinderatssitzung seinen Entwurf durch, zu dessen Vorbild, dem La-Roche-Gebäude beim Wiener Südbahnhof, die Planungsabteilung sogar eine Studienreise unternahm. Ein öffentliches Gebäude sollte zeichenhaft der neuen Technologie huldigen, die heute vor einer notwendigen bauphysikalischen Adaptierung steht. Die Ämter werden demnächst in das ehemalige Minoritenkloster übersiedeln. Für das Amtsgebäude fehlt ein neues Nutzungskonzept, eventuell wird ein Geschoss abgetragen, da es nach wie vor als zu hoch gilt. Der Stadtsaal bleibt erhalten, da die große Lösung zur Innenstadtaktivierung nicht umgesetzt wird. *ek*

118

LATITUDE
48° 19' 52"
LONGITUDE
16° 02' 57"

WANTED: NEW FUNCTION // The Tulln Community Center, designed by Willy Frühwirth, opened its doors in 1971. The two-story, reinforced concrete frame construction with a large hall and a restaurant is still used for events and balls. In 1977, a four-story, brick-lined municipal building was added, planned by the city in the same style as the community center. At that time, a striking, heat-insulated façade clad in aluminum was added to both buildings. This created a characteristic ensemble that was quite daring for a small town, and which continues to inspire discussion even today. The façade is by architect Grünberger, who was considered the leading authority on swimming pools up into the 1970s, having realized the Stockerau and Döbling pools, among others. He pushed his draft through with rhetorical vehemence at a city council meeting, the planning committee of which even undertook an investigative excursion to view an example of a similar façade at the La-Roche building near the Vienna South train station. A public building that symbolically rendered homage to a new technology, it is today in need of adaptation. The city offices will soon be moved to the former Minorite monastery. No specific use has yet been decided for the official building. One story might be removed, since the building is still considered too high. The municipal hall will remain, since major plans for the revitalization of the inner city will not be realized.

Erich Millbacher

LEBEN UND ARBEITEN // Am Nordrand von Tulln liegt das »Komponisten-Viertel«, das in der Bevölkerung seinen Namen aufgrund der Straßenbezeichnungen erhielt. Entlang der Franz-Léhar-Straße befindet sich links und rechts der Fahrbahn die Siedlung von Erich Millbacher. Die rhythmisch vor- und zurückgesetzten Baukörper sind mit rotbraunem Eternit verkleidet. Die Oberfläche der Häuser trägt stark zum individuellen Charakter der Siedlung bei. Ins Haus gelangt man über einen ebenerdigen Zugang, aber auch über interne Stiegen, die von der Garage ins Hausinnere führen. Beim Grundriss der Häuser wurden im Nebeneinander der Einheiten die Wohnräume jeweils spiegelverkehrt angeordnet, um zu verhindern, dass Privates einsichtig wird. Freien Ausblick in die teilweise noch unverbaute Landschaft haben die Bewohner vom Garten aus, der über 250 m² verfügt und wie auch die Wohnräume nach Süden hin orientiert ist. Mauern trennen die Gärten der Nachbarn. Die Terrassen liegen auf gleicher Ebene mit den Wohnräumen, eine Stufe darunter liegt das private Grün. Weitere Außenflächen stellen die ebenfalls gartenseitig gelegenen Balkone dar. Dass über das Wohnen hinaus auch noch das Thema Home-Office bereits angedacht wurde, zeigt sich in der Berücksichtigung eines Arbeitsbereichs im Grundriss. In Anbetracht der Entstehungszeit der Siedlung in den frühen 1980ern, als Lebens- und Arbeitswelt noch weitaus weniger verschränkt waren, ist das als bemerkenswertes Detail anzusehen. *th*

⊞ Fachhochschule, Tulln, Konrad-Lorenz-Straße 10, 2003: Erich Millbacher

LATITUDE
48° 19′ 18″
LONGITUDE
16° 03′ 36″

LIVING AND WORKING // The "Composer's Quarter", on the northern edge of Tulln, gets its local name from the street names in the district. Ernst Millbacher designed this residential estate, which lines both sides of the Franz-Léhar-Strasse. // The houses are clad in reddish-brown Eternit and set off from the road in a regular staggered pattern. The exterior of the houses enhances the special character of the estate. A ground-level entryway leads to each house, as does an internal stairway leading from the garage to the interior. The floor plans of the houses are mirrored back-to-back, ensuring privacy for the living-quarters. An open view of the partially undeveloped landscape can be had from the south-facing 250 m² gardens, which are separated by high walls. The patios are on the same level as the living rooms, one step below is a private green space. Balconies over the garden provide an additional outdoor area. In addition to the usual rooms, the floor plan allows for an office – a surprising detail, considering that the estate was built in the early '80s, when living and working worlds were much less intertwined.

Umspannwerk
Tulln, Staasdorfer Straße 65–67

1955

GETARNT ALS HAUS // Das Umspannwerk, dessen Fassade mit zahlreichen horizontalen und vertikalen Fensterbändern durchzogen ist, bemüht sich, mit seiner angepassten Dachform den Eindruck eines »Hauses« zu erwecken. Technischen Bauwerken aus Rücksicht gegenüber dem Dorf- und Stadtbild den Charakter eines Wohnhauses zu verleihen, war die in Niederösterreich herrschende Doktrin. Menschen trifft man darin jedoch keine. War früher die Technikzentrale durchgehend personell besetzt, funktioniert heute die Schaltanlage ferngesteuert. // Interessant ist auch das Sgraffito von Sepp Zöchling. Das Bild mit einer Gesamtfläche von ca. 42 m² zeigt die Begegnung von Kriemhild und König Etzel an der Donau. Diese Szene des Nibelungenliedes war noch im Jahr 2005 Thema des neu erbauten Nibelungendenkmals in Tulln. Wie auch das Bild vom Einzug Kriemhilds in Traismauer von Walter Prinzl aus dem Jahr 1933 am Wiener-(Römer-)Tor zeigt, wurde das mittelalterliche Heldenepos gern zur Geschichtskonstruktion in der Donauregion herangezogen. *th*

120

LATITUDE
48° 19' 10"
LONGITUDE
16° 03' 27"

DISGUISED AS A HOUSE // The transformer station, with many horizontal and vertical window bands in its façade and its conformable roof shape, is an attempt to give the impression of a 'house'. At the time it was built, Lower Austria's doctrine was to disguise technical buildings as regular homes, out of respect for the appearance of the surrounding village or city. But there are no people here; whereas in the past, technical stations were manned around the clock, today this transformer station is remote-controlled. // Sepp Zöchling's graffito is very interesting. Its surface area of about 42 m² shows the meeting of Kriemhild and King Etzel on the banks of the Danube River. In 1995, this scene from the Song of the Nibelungs was also the subject of the newly erected Nibelungen Monument in Tulln.

STÜTZENFREIE PRÄSENTATION // Als Mehrzweckhalle für Ausstellungen und Sport – hier vor allem für Handball und Tennis – konzipiert, galten Heiz- und Belüftbarkeit als technische Voraussetzungen für den Bau der Rundhalle. Die entsprechenden Heizungs- und Belüftungsanlagen wurden am Kegelschalenhängedach, so die korrekte technische Bezeichnung, angebracht. Die Dachhaut wiederum lagert ringförmig auf einem Montageseilnetz. Die Konstruktion aus Fertigteilen in Beton und Stahl basiert darauf, dass Stützen im Fundament eingespannt oder gelenkig gelagert wurden und dabei große Flächen stützenfrei überdacht werden konnten. // Gerade für die Präsentation bei Messen ist der freie Innenraum vorteilhaft. Auf dem größten Messegelände Niederösterreichs, das mit acht Hallen und zahlreichen Freiflächen insgesamt 85.000 m² Ausstellungsfläche aufweist, ist das Objekt mit dem Namen »Donauhalle«, zumindest der Bezeichnung nach, Halle Nummer Eins. Die Hallenkonstruktion wurde von der produzierenden Firma für unterschiedliche funktionelle Kontexte, so auch als Fabrikationsstätte, vorgesehen. Die Dimensionierung des modularen Systems galt als nach oben hin unbegrenzt. Die Halle in Tulln umfasst 60 m Durchmesser und hat entsprechende Präsentationsflächen. Mit der Messe setzt sich die Tradition der volksfestähnlichen Landwirtschafts- und Industrieausstellungen, die in Österreich ihre Wurzeln im 19. Jahrhundert haben, auch in Tulln fort. *th*

121

LATITUDE
48°19'38"
LONGITUDE
16°02'15"

PROPLESS PRESENTATION // This structure is a multi-purpose hall for exhibitions and sports, especially handball and tennis, so efficient heating and ventilation were high on the list of technical requirements for the circular hall. Accordingly, special heating and ventilation systems have been attached to the hanging cone shell roof. The membrane of the roof itself is layered in rings on rope netting. The construction, of prefabricated concrete and steel components, is held up by supports either spanned or linked with joints in the foundation. This makes it possible for large areas to be roofed over with no supports. // The open interior is a great asset, especially for presentations at trade fairs. It is the largest exhibition center in Lower Austria, with eight halls and numerous open spaces in its 85,000 m² of exhibition space. The "Donauhalle" (Danube hall) is, in name at least, "Hall Number One". The producing company developed this type of structure for a wide variety of functional contexts, such as factories. In theory, the dimensions of the modular system are unlimited. The model in Tulln is 60 m in diameter and has corresponding presentation areas. Tulln continues the tradition of festive agricultural and industrial exhibitions that has been alive in Austria since the 19th century.

Rosenbrücke
Tulln

Alfred Pauser

1995

EIN ZEICHEN IN DER LANDSCHAFT // Mit ihrem charakteristischen, hohen Pylon und den dünnen Kabeln wirkt die Tullner Rosenbrücke als markantes Landschaftswahrzeichen. Vor 1969 gab es in Niederösterreich nur drei Donaubrücken, in Mautern, in Tulln sowie beim Donaukraftwerk in Ybbs/Persenbeug. Zwischen 1969 und 1972 wurden drei weitere Donaubrücken in Melk, Krems und Hainburg errichtet. Um Tulln vom Verkehrsaufkommen zu entlasten, fasste man die Errichtung einer zweiten, stromaufwärts gelegenen Donaubrücke ins Auge. Ein Rahmenentwurf des Ingenieurbüros Werner legte die Planungsbedingungen fest. Aus den fünf Entwürfen des Gutachterverfahrens ging der des Wiener Ingenieurbüros Alfred Pauser als Sieger hervor. In einem Bürgerbeteiligungsverfahren wurden die Entwürfe der Bevölkerung zur Abstimmung vorgelegt. 1.250 Personen machten von der Möglichkeit der Mitbestimmung Gebrauch und favorisierten ebenfalls eindeutig den Entwurf mit dem Wahrzeichencharakter. Die Konstruktion ist eine einhüftige Schrägkabelbrücke mit A-Pylon in Kombination mit einer gevouteten Deckbrücke. Das Bild der Brücke wird vom Kontrast zwischen Pylon und Kabeln bestimmt. Der mächtige Pylon ist 70 m hoch, die dünnen, filigran erscheinenden Kabel entfalten sich wie ein Fächer. Georg Janauer vom Institut für Hydrobotanik übernahm während der Bauzeit die ökologische Kontrolle in den sensiblen Auwaldbereichen. Die Grundsteinlegung erfolgte am 8. Juni 1992. Das Schlussstück wurde am 25. August 1995 betoniert. *ek*

122

LATITUDE
48° 20' 04"
LONGITUDE
16° 01' 39"

AN IMPOSING LANDMARK // With its characteristic high pylons and thin cables, the Rose Bridge in Tulln makes an imposing landmark. Prior to 1969, there were only three bridges crossing the Danube in Lower Austria; in Tulln, Mautern, and at the Danube Hydroelectric Dam in Ybbs/Persenbeug. Between 1969 and 1972, three more bridges were built; in Melk, Krems and Hainburg. To ease traffic impact on Tulln, a second bridge was planned upstream of the first one. A sketch by the Werner engineering office set the basic planning requirements. Five drafts were submitted to the committee of experts and the contract was awarded to Alfred Pauser's Viennese engineering office. In a citizen involvement process, drafts were presented to a public vote. 1,250 people took advantage of the opportunity to codetermine city planning, likewise clearly favoring the design with a strong landmark character. The construction is a single-mast cable-stayed bridge with A-pylons in combination with a haunched cover bridge. The appearance of the bridge is marked by the contrast between pylon and cables. The powerful pylon is 70 m high, the thin, seemingly filigree cables fanning out from the top. Georg Janauer from the Hydrobotanic Institute was responsible for protecting the fragile ecosystem of the surrounding alluvial forest. The first cornerstone was laid on June 8, 1992, the last piece set in place on August 25, 1995.

Driendl*Steixner
Georg Driendl, Gerhard Steixner

INDIVIDUELLER STANDARD // 1989 wurde von Driendl*Steixner mit Standard
Solar ein Haus als Modell ökologisch bewussten Lebensraums realisiert. Die
Bereitschaft der Familie Magerl, die Entstehung ihres Hauses als Experiment
zu begreifen, führte zu damals noch völlig ungewöhnlichen Ergebnissen. //
Außergewöhnlicher Materialeinsatz, Holz-Stahl-Leichtbauweise aus Fertig-
teilen, ein offener Grundriss sowie ein passiv/aktives Solarenergie-Nutzungs-
system entwickeln in diesem Haus ihre Qualitäten. Wände aus Glas, offener
Baderaum oder ein frei über das Haus gestelltes Satteldach sind die Besonderheiten. Das Dach ist recycelt, hatte zuvor als provisorische Überdachung
der von Driendl*Steixner ausgestatteten Segelyacht Piran gedient. Die
Lüftungselemente sind aus Holz. Die verglaste Südfassade leitet das Licht ins
Hausinnere. Die massive nordseitige Außenwand dient als Speicher, Rohr-
leitungen zwischen Wand und Basaltverkleidung leiten das erwärmte Wasser
in ein 70 m³ fassendes, unterirdisches Speicherbecken, an das Konvektoren
und eine Fußbodenheizung angeschlossen sind; das System wird über einen
gasbetriebenen Wärmetauscher gestützt. Bauherr Magerl, ein Kunststoff-
techniker, arbeitete an der Entwicklung des Energiekonzepts mit. Nicht sofort
wurde Standard Solar von ArchitektenkollegInnen und Medien entdeckt.
Doch ab Mitte der 1990er Jahre fand sich Familie Magerl in der Rolle einer
Architekturvermittlerin wieder. Das Denken von Standard Solar setzte einen
Standard. *ek*

*INDIVIDUAL STANDARD // In 1989, Driendl*Steixner completed Standard Solar, a model for ecologically friendly living space. The Magerl family was willing to accept the construction of their house as an experiment, which led to extremely unorthodox results for the time. Unusual materials, a lightweight wood-steel construction method using prefabricated components, an open floor plan and a passive/active solar energy system come to full fruition in this exceptional house.*

Glass walls, an open bathroom and a gabled roof suspended over the house are the project's highlights. The roof is recycled, having previously been a temporary covering for the sailing yacht "Piran" while it was being equipped. The ventilation elements are made of wood. The glazed southern façade floods the interior with light. The massive northern wall of the building acts as a storage-mass for heat. Pipes between the walls and the south-facing basalt paneling channel the warmed water

into a 70 m³ underground holding tank connected to heat convectors and a radiant floor heating system. The system is supported by a natural-gas-powered heat exchanger. The owner, a plastics technician, helped develop the energy concept. Standard Solar was not discovered by the media or by architectural colleagues for some time, but by the mid-90s the Magerl family found themselves in the role of architectural pioneers. The concept of Standard Solar has set a standard ever since.

Volksschule
Michelhausen, Berggasse 7

Willy Frühwirth
Michael Ebner

1970 / 2004

BAUPHYSIK VERSUS ZEITDENKMAL // Die zwischen 1968 und 1970 nach Plänen von Willy Frühwirth realisierte Volksschule in Michelhausen ist ein typisches Beispiel für die Problemstellung heutigen Umgangs mit der Architektur aus dieser Zeit. Das ebenfalls von Frühwirth geplante Parkbad in Königstetten ist derzeit mit der Zukunftsfrage zwischen möglichem komplettem Neubau oder dem Versuch der Sanierung konfrontiert. // In Michelhausen entschied sich die Gemeinde für eine Generalsanierung der Schule sowie die Neuerrichtung einer Turn- und Mehrzweckhalle. Das Büro Michael Ebner beließ die Innenraumaufteilung in der Stahlbetonkonstruktion der Volksschule weitgehend unverändert, im Keller kamen zusätzlich Werk- und Videoraum hinzu. Die Fassade wurde einer kompletten Erneuerung unterzogen, und das ursprüngliche Klinkermauerwerk wurde entfernt. An dessen Stelle trat eine Holzfassade aus Sperrholzplatten mit Wärmedämmung. Der Zugang erfolgt über ein neues Glasfoyer, das auch das Scharnier zum neu errichteten Turnsaal bildet, einem in Leimbinderkonstruktion ausgeführten Holzbau. Die Schule ist nun über eine Rampe behindertengerecht zugänglich. Das Projekt wirft exemplarische Fragen für den Umgang mit dem verschwindenden Antlitz der 1960er Jahre auf. Wie kann der den veränderten Raumanforderungen nicht gewachsene Bestand erweitert werden? Wie kann man bauphysikalisch hochrüsten und trotzdem der spezifischen Formensprache und Ästhetik dieser Jahre im Ausdruck gerecht werden?
ek

124

LATITUDE
48° 17' 15"
LONGITUDE
15° 56' 20"

BUILDING PHYSICS VERSUS MEMORIAL TO AN ERA // The elementary school in Michelhausen, built from 1968–70 according to plans by Willy Frühwirth, is a typical example of modern difficulties with the architecture of this period. The Park swimming pool in Königstetten, also designed by Frühwirth, is currently facing its own dilemma about the future, the decision to completely rebuild or to attempt rehabilitation. // In Michelhausen, the community decided to renovate the entire school and build a new multi-purpose gymnasium. Michael Ebner's architecture office left much of the school's interior layout unchanged, although a workshop and a video room were added in the basement. The façade underwent a complete renewal, the original clinker brickwork was removed. It was replaced with an insulated plywood panel façade. The entry is now through a new glass foyer, which is also the axis to the newly erected gymnasium, a wooden gluelam truss construction. A ramp makes the school wheelchair accessible. The project gives rise to many questions regarding the approach to the vanishing countenance of the 1960s. How can existing buildings be expanded to meet changing spatial needs? How can buildings be structurally upgraded without altering the specific aesthetics and architectural symbolism of the period?

ab 1940

WOHNANLAGE FÜR DEN BOMBENKRIEG // Die Anlage – heute im Besitz der
»Heimstätte« – entstand als Gefolgschaftssiedlung der »Donauchemie«. Das
1938 beschlagnahmte Werk erzeugte Flugzeugbenzin. Der Chemiebetrieb mit
den Standorten Mossbierbaum und Pischelsdorf beschäftigte während des
Zweiten Weltkrieges bis zu 4.000 Menschen. Während die Zwangsarbeiter in
Baracken am Werksgelände hausten, wurde – zentral gesteuert – der Wohnbau im ca. 1 km entfernten Erpersdorf errichtet. Die Pläne stammten aus
Deutschland, laut Zeitzeugen kam einmal in der Woche ein Flugzeug mit hoch-
rangigen Militärs, die neben der Entwicklung des Industriebetriebs auch die
Baufortschritte der Siedlung überwachten. Die Wohnanlage wurde mit Luftschutzkellern ausgestattet, da man den Bombenkrieg einkalkuliert hatte. Von
den fünf vorgesehenen Blöcken wurden bis Kriegsende drei fertig gestellt.
Nicht realisiert wurden das Gefolgschaftshaus – ein Versammlungsort zur
Manifestation nationalsozialistischer Ideologie –, der Kindergarten, die Kauf-
hauszeile und die Volksschule. Die noch ausständigen Wohnblöcke kamen in
den Nachkriegsjahren hinzu. // An der Südseite der zweigeschossigen Siedlung in Blockrandbebauung gliedern die metallenen Balkone im Obergeschoss
sowie die symmetrisch angeordneten Freitreppen zu den Eingangstüren die
Fassade. Große Toreinfahrten führen in begrünte Innenhöfe. // Der Zuzug ist
durch Betriebe wie das Kraftwerk Dürnrohr, dem Nachfolgebetrieb des zer-
bombten Werks in Moosbierbaum, das Kraftwerk Altenwörth und die Donauchemie in Pischelsdorf weiterhin gegeben. *th*

125

LATITUDE
48° 20' 29"
LONGITUDE
15° 55' 17"

*WOHNANLAGE ERPERSDORF // The
estate was built to provide homes for
"Danube Chemicals" company
employees. // The airplane fuel-
producing factory was seized in 1938.
During WWII, the chemical
company's factories in Mossbierbaum
and Pischelsdorf employed up to 4,000
workers. Forced laborers lived in
barracks at the factory. About a
kilometer away, in Erpersdorf, this
housing was erected for other
workers. The building plans came
from Germany. According to witnesses, an airplane brought high-
ranking military personnel once a
week to oversee industrial development and building progress. Since a
bombing war was already foreseen,
the facility was equipped with air-raid
bunkers. Of the five planned blocks,
three were completed by the end of
the war. The 'allegiance center'
(Gefolgschaftshaus) – for the propa-
gation of National Socialist ideology –
the kindergarten, the shopping area,
and the school were never realized.
The unfinished apartment blocks
were completed after the war. //
The south façade of the two-story
perimeter block development is
divided by metal balconies above and
by symmetrically placed outdoor
stairs leading to the entrances. Large
gateways access the grassy inner
courtyards. Resident influx is ensured
by companies such as the Dürnrohr
Power Plant, the successor to the
bombed plant in Moosbierbaum, the
Altenwörth Power Plant, and the
Danube Chemicals company in
Pischelsdorf.*

Hauptschule
Zwentendorf, Goetheplatz 1

Martin Kohlbauer

2004

EINE SCHULE ZIEHT ES ZUR DONAU // Aus einem geladenen Wettbewerb für Um- und Zubau der Hauptschule Zwentendorf ging der Entwurf von Martin Kohlbauer als Siegerprojekt hervor. Ausschlaggebend für die Konzeption war die Reaktion auf die äußerst heterogene und dadurch reizvolle Situation im Ortskern von Zwentendorf. »Der Ort ist alles«, so Kohlbauer. Die ausgewogenen Proportionen der barocken Kirche, das in den 1950er Jahren errichtete romantisierende Rathaus mit seiner donauseitigen Schauseite und schließlich die mächtige bestehende Schule aus den 1920er Jahren. Die außenräumlichen Konturen und Sequenzen galt es zu stärken und verbinden. Der Arkadenriegel des Neubaus bewegt sich an der Bauflucht entlang des Kirchenplatzes und weist hinunter zur Donau. Die stirnseitige Auskragung Richtung Goetheplatz überdacht den in die Eingangssituation gestellten Windfang. Richtung Donau schließt ein großzügiges Bibliotheksfenster den Arkadenriegel ab und lässt die SchülerInnen auch die Umgebung und den Flusslauf lesen. Der Raumplan entfaltet sich mit unterschiedlichen Split-Level-Niveaus. Eingang und Lift in der zweigeschossigen Halle fungieren als erschließendes, verbindendes Gelenk zwischen den Ebenen sowie Bestand und Neubau. Hofseitig ist dem Riegel der Turnsaal angefügt, der mit halber Höhe unter Niveau liegt. Auf dem Turnsaal im ersten Stock liegt die Schulterrasse, diese Freifläche ist eine topografische Variante der umgebenden Platzräume. *ek*

 Einfamilienhaus, Zwentendorf, Langobardengasse 249, 1994: Heinz Geza Ambrozy

LATITUDE
48° 20′ 42″
LONGITUDE
15° 54′ 41″

A SCHOOL IS DRAWN TO THE DANUBE // Martin Kohlbauer's project won the invited competition for the renovation and expansion of the Zwentendorf Middle School. His interaction with the extremely heterogeneous and therefore exciting situation at the heart of Zwentendorf was a crucial part of his design. "Location is everything", says Kohlbauer: the well-proportioned baroque church, the romanticized City Hall erected in the 1950s facing the Danube, and the massive 1920s school building. Exterior contours and sequences had to be strengthened and brought together. The colonnade of the new structure advances along the building line, along the church square, pointing towards the Danube. The frontal projection towards the Goetheplatz shelters the entrance vestibule. A large window in the library overlooks Danube and colonnade, allowing pupils to absorb not only books, but also the landscape and the course of the river. // The floor plan unfolds into several split-levels. The entrance and elevator in the two-story hall function as an all-encompassing, connecting joint between the various levels and the old and new buildings. A gymnasium block stands along the court, half-sunk in the ground. On top of the gymnasium, on the second floor, is a roof deck. This open space is a topographical variation of the surrounding areas.

Heinz Scheide, Rudolf Nitsch

1978

ÖSTERREICHS GRÖSSTES DENKMAL // Hinter einem hohen Zaun liegt das Kernkraftwerk im Dornröschenschlaf. Kurz vor der Fertigstellung war nach einer Volksabstimmung, die Bundeskanzler Bruno Kreisky Anfang November 1978 durchführen ließ, die Inbetriebnahme verhindert worden. Unter dem Stichwort »Atomkraft – Nein danke« hatte sich eine breite Gegnerschaft gebildet. Die Demonstrationen und die rege öffentliche Diskussion wurden durch ausführliche Berichterstattung begleitet. // Für den Außenauftritt des Kraftwerks war dessen Bautypologie maßgeblich. Die Architekten orientierten sich an den technischen Gegebenheiten. Die Form des Kubus wurde gewählt, da das Wasserbecken für den Reaktor die entsprechende Vorlage lieferte. Im Gegensatz zu anderen Kernkraftwerken, die große Kühltürme benötigen, wären die Turbinen in Zwentendorf durch die Lage direkt an der Donau mit Flusswasser gekühlt worden. Durch den Wegfall der dominanten Kühltürme ist der Schlot, der die überschüssige Wärme der Turbinen abgeleitet hätte, mit einer Höhe von ca. 200 m höchster Bauteil. Zum Gebäudeensemble gehören weiters ein Betriebsgebäude von Rudolf Nitsch und ein dreigeschossiges Bürogebäude von Heinz Scheide. // Der Bau hat Kosten in Höhe von knapp einer Milliarde Euro verursacht. Bis heute dient das AKW durch den Verkauf der technischen Ausstattung an andere Kraftwerke als »Organspender«. Die definitive Nutzung des Geländes steht nach wie vor zur Diskussion. *th*

127

LATITUDE
48° 21' 14"
LONGITUDE
15° 53' 16"

AUSTRIA'S GREATEST TESTIMONIAL // A high fence surrounds the slumbering nuclear power plant. Shortly before its completion, its operation was stopped following a plebiscite ordered by Austrian chancellor Bruno Kreisky in early November 1978. Under the slogan "Atomkraft – Nein danke" (nuclear power – no thanks), a broad-based opposition had formed, and the ensuing demonstrations and heated public discussions were closely followed by the media. // The architects designed the building to accommodate the technical function. A cubic shape was chosen to house the reactor's water tank. As opposed to other nuclear power plants, which need enormous cooling towers, the turbines in Zwentendorf, being near the Danube, would have been cooled with river water. The absence of dominating cooling towers makes the 200 m high flue, which was made to draw off excess heat from the turbines, the highest structure. An administrative building by Rudolf Nitsch and Heinz Scheide's three-story office building are also part of the ensemble. // Construction costs for the facility ran close to a billion euros. The plant still serves as an 'organ donor', selling its technical equipment piece by piece to other plants. A definitive use for the grounds remains under discussion.

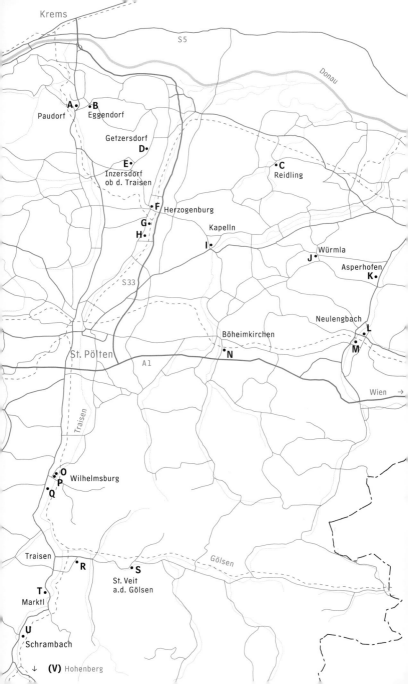

129

Multifunktionsobjekt
Paudorf, Kremser Landstraße 86

Franz Sam, Irene Ott-Reinisch

2006

DER ZAHNARZT, DER KONDITOR UND DER TRAFIKANT // Für die ungewöhnliche Kombination dieser drei Berufe entwickelten Franz Sam und Irene Ott-Reinisch ein noch ungewöhnlicheres Multiobjekt, das einem Roadmovie entsprungen zu sein scheint, und, wenn man vom Hügel hinunter ins neue Siedlungsgebiet am Stadtrand Paudorfs fährt, als überraschender, städtebaulich streng positionierter Attraktor auftaucht. Das radikal ungewohnte Gebilde zieht die Blicke auf sich. 2006 wurde es mit einem Staatspreis ausgezeichnet. Auf Initiative des Bauherren, des Zahnarzts Manschiebel, erfolgte die konzeptuelle Zusammenführung der verschiedenen Professionen. Das eingeschossige Gebilde enthält rechter Hand die Zahnarztpraxis, linker Hand die Café-Konditorei und in der Mitte, wie ein Keil hineingeschoben, die Tabaktrafik. Unter dem Vordach können die Autofahrer direkt an die »Zigarettentankstation« heranfahren. Nach hinten verjüngt sich die Trichterform und enthält die vier parallel angeordneten Ordinationsräume der Zahnarztpraxis. Der Wunsch nach introvertierter Zurückhaltung führte zu einem Oberlichtband, das sich in das Büro des Zahnarzts als Unterlichtband zieht und auf 70 cm Höhe Einblicke auf Schuhwerk und Beine freigibt. Bestimmend für die nüchternen, schlichten Praxisräume sind die drei Materialien Beton, Gipskarton und Glas. Schwarzer Gussasphaltboden kontrastiert mit den weißen Wänden und dem grünen Glas. Der Konditor hat in aneignender Verwendung den Sichtbeton mit Rosenstoff umwickelt. *ek*

130

LATITUDE
48° 21' 17"
LONGITUDE
15° 37' 19"

DENTIST, BAKER AND TOBACCONIST // Franz Sam and Irene Ott-Reinisch developed an unusual multifunctional building for this unusual combination of services. The structure seems to come right out of a road movie, materializing suddenly when one heads down the hill towards the new residential area on Paudorf's periphery. The radically unusual formation is strongly positioned, attracting attention. Dentist Manscheibel, the building client, initiated the conceptual combination of the different professions. The dental office is on the right of the one-story formation, to the left are the café and bakery, and the tobacconist is literally wedged into the middle. Drivers can park right up close to their "cigarette station" beneath a projecting roof. The funnel-like form of the building narrows to the back, where the four parallel medical rooms of the dental office are. The wish for introversion and reserve was fulfilled by a sky-light strip, which continues as a low light band 70 cm from the ground, with a view of legs and shoes. The simple, somber atmosphere of the dental office is realized using concrete, plasterboard and glass. The black, melted asphalt floor contrasts with the white walls and green glass. The baker has wrapped his portion of the visible concrete walls in rose-colored material.

Karl Peschek

1919

EIN BILD ZUM GEDÄCHTNIS // Neben der Ortskapelle aus der Zeit um 1800
liegt das Kriegerdenkmal: »Zum Gedenken an die Gefallenen und Vermissten
von Eggendorf«. Vom Baumeister Karl Peschek 1919 errichtet, fällt es durch
sein Entstehungsjahr auf, da ähnliche Bauwerke oft erst zu Beginn der 1920er
Jahre entstanden. Die Liste der Gefallenen wurde nach 1945 ergänzt. Anton
Pelinka bezeichnet Kriegsdenkmäler in einem Aufsatz als »nicht-städtisches
Phänomen«, das als »plebiszitäre Geschichtsschreibung« in den Gemeinden
über einen hohen Stellenwert verfügt und daher immer an prominenter Stelle
zu finden ist: am Dorfplatz, am Friedhof, bei der Kirche. // Das Denkmal in
Eggendorf besteht aus einem Sockel und einem Pyramidenstumpf, der mit
einem Kranz abschließt. Durch den verwendeten Stein – größtenteils
Konglomerat – wirkt die unregelmäßige Bauform wie natürlich gewachsen.
Bekrönung des Monuments ist weder der typische Helm noch das »Eiserne
Kreuz« oder der heroische Adler, sondern es sind fünf Granaten: um eine mit-
tige sind die anderen vier angeordnet. Eggendorf ist keine große Gemeinde,
daher fällt die Gestaltung der sechs Kriegsopfer persönlicher aus: sie werden
nicht nur mit Namen, sondern auch in Fotografien dargestellt. So genannte
»Sterbebildchen« waren bereits im Ersten Weltkrieg für gefallene Angehörige
nicht unüblich, jedoch mehr im privaten Bereich. Das Denkmal hat wenig von
kriegerischem Totenkult, Heroik und architektonischer Überhöhung. Es erinnert
an sechs Männer, die nicht mehr aus dem Krieg zurückkehrten. *th*

⌂ Wohn- und Atelierhaus Steinaweg, 1998: Adolf Krischanitz

LATITUDE
48° 21' 22"
LONGITUDE
15° 37' 55"

*A PICTURE IN MEMORY // Near the
village chapel dating from the 1800s
stands the war memorial: "In
memory of Eggendorf's missing and
fallen". Erected by master builder
Karl Peschek in 1919, its completion
date is remarkable, since such
structures were not common until the
early 1920s. The names of the WWII
casualties were added later. Anton
Pelinka writes that the war memorial
is a "non-urban phenomenon" with a
regionally high significance as a
"plebiscitary historical document"
and can therefore be found at prominent sites: the village square, the
cemetery, near the church. // The
memorial in Eggendorf consists of a
base and a truncated pyramid closed
off by a wreath. The uneven configuration seems to grow naturally from
the mostly conglomerate stone used.
Crowning the monument is neither a
typical helmet, an "iron cross", nor a
heroic eagle. Instead there are five
grenades: four encircling the one in
the middle. Eggendorf is not a large
village, and the six war victims are
displayed personally, with photographs next to their names.
Following the First World War, such
remembrance photos gained in
popularity, though more for private
use. The memorial has little of the
warlike cult of death that calls for
heroics and architectural exaggera-
tion. It is merely a reminder of six
men who never returned from the
war.*

Rolling Home

Franz Schartner

Reidling, Sitzenberg-Straße 8

2004

EIN HAUS, DAS IN SECHS STUNDEN STEHT // Mit dem Rolling Home entwickelte Franz Schartner ein Modulsystem, das aus beliebig vielen, bezugsfertigen Raumzellen zusammensetzbar ist. In Sitzenberg-Reidling wurde ein Rolling Home mit dem Ausmaß von 77,2 m² Wohnnutzfläche an einem steilen Südhang in einem Weingarten realisiert. Seit 1999 beschäftigt sich Schartner intensiv mit dem Potenzial des Holzes. Das Holz, oft mit dem Beigeschmack von Heimeligkeit oder Traditionshaftung belegt, wird auf seine anderen Qualitäten untersucht: präzis, schnell, kostengünstig. In nur sechs Stunden wurden die mit dem Tieflader antransportierten Holzzellen mit einem mobilen Kranwagen zusammengesetzt. Die Wände sind hinterlüftet, es handelt sich um ein vollwertiges, wärmegedämmtes Haus. Die Wohneinheiten haben Ausmaße von 11,65 x 3,50 x 3,25 m und schaffen eine Nutzfläche von 32,5 m². Die Sanitäreinheiten mit Bad, WC und Küche haben eine Nutzfläche von 12 m². Mit zusätzlichen Elementen kann man das Haus je nach Geschmack aufrüsten und ein Holzdeck als Terrasse oder Loggia, Windfang, Kamin oder Glasdach hinzufügen. Die Flexibilität des Modularen trägt den gesamtgesellschaftlich veränderten und auch innerhalb eines Lebens sich immer wieder verändernden Raumbedürfnissen Rechnung. Mit den Einheiten ließe sich auch in verdichteter Bauweise in Serie gehen. Die Realisierung modularer Verdichtung lässt aber noch auf sich warten. *ek*

⬚ Haus Steinschorn, Hundsheim 56, 2003: Franz Schartner

LATITUDE
48° 19' 12"
LONGITUDE
15° 48' 51"

A HOUSE BUILT IN SIX HOURS // The Rolling Home, developed by Franz Schartner, is a system consisting of any number of modules, ready for occupancy. // In Sitzenberg-Reidling, a Rolling Home with 77.2 m² of floor space was assembled on a steep south-facing slope in a vineyard. Schartner has been intensively exploring the potential of wood since 1999. The other qualities of wood, so often associated with coziness and tradition, are looked at in detail: precision, efficiency, and affordability. The wooden modules arrived in a flatbed truck and were assembled in only six hours. The walls are rear-ventilated; this is a full-fledged insulated house. Each living unit is 11.65 x 3.5 x 3.25 m, resulting in a usable area of 32.5 m². The sanitary units with bathroom, toilet and kitchen are 12 m². If desired, the house can be upgraded to include a wooden deck, balcony or loggia, vestibule, fireplace or glass roof. The flexibility of the modular system allows for societal change and for constantly changing personal living space needs. These units are also suitable for compact building developments. The realization of modular densification is, however, still awaited.

Jiří Mezřický

Wohnanlage
Getzersdorf 127–129

1981

HISTORISCHE REFERENZEN // Unter dem Motto »ortsbildgerechter Sozial-
wohnbau« zeichnete sich zu Beginn der 1980er Jahre ein Trend ab, der für den
ländlichen Bereich statt großvolumiger Siedlungen kleingliedriges Bauen forderte. In Getzersdorf, nordwestlich von Herzogenburg, wurde gemäß diesem
Modell 1981 eine Anlage mit 18 Wohneinheiten geschaffen. Jiri Mezricky entwarf dafür drei Häuser mit je sechs Wohnungen, wobei die kleinen ebenerdig,
die großen im Obergeschoss liegen. Die Wohnräume sind südseitig orientiert.
Die in sich gestaffelt angelegten Häuser sind über das Stiegenhaus im Mittelteil zugänglich. Das Bestreben, sich der Landschaft möglichst anzupassen,
zeigt sich in der Dreigliedrigkeit, die das Ensemble nicht zu mächtig erscheinen
lässt. Zudem erinnert die farbliche Zweiteilung – oben dunkles Holz, unten
weißer Putz – an die Struktur von Holzscheunen und suggerieren Ländlichkeit.
Die steilen Dächer setzen diesen Eindruck fort und sind zudem ein zeittypi-
sches Gestaltungselement. Nur wenige Kilometer entfernt hat derselbe Architekt diesen Ansatz widerrufen: der Grubenhof in Oberwölbling orientiert sich
als geschlossene Anlage mit Pawlatschen an einer anderen historischen
Bauform der Region, dem Vierkanthof. *th*

⬚ Grubenhof, Oberwölbling, Lange Gasse 1, 1984: Jiří Mezřický

133

LATITUDE
48° 19' 41"
LONGITUDE
15° 41' 42"

HISTORICAL REFERENCES // Under the motto "good neighborhood community housing", a trend to build many small units in rural areas instead of large-volume apartment buildings took off in the early 1980s. In Getzersdorf, north-west of Herzogenburg, 18 residential units were built for an annex in 1981. Jiri Mezricky designed the three build-ings containing six apartments each. The smaller lodgings are on the ground floor, the larger ones upstairs. The living rooms face south.

The staggered houses are accessible through a central stairwell. The endeavor to assimilate with the landscape is apparent in the three wings that keep the ensemble from seeming too overpowering. The differentiation in color – dark wood on top, white on the bottom – also implies a certain rurality. The darkly painted fir resembles a wooden barn, as intended by the architect. The steep roofs, a typical styling element of the times, strengthen this impres-sion. Only a few kilometers away is

the counterpart to this 'rural' buil-ding by the same architect: the Grubenhof in Oberwölbling, which takes the building form of the four-sided homestead as a model for its closed annex with balcony access and interior walkways.

Weingut Neumayer

Inzersdorf ob der Traisen, Kellergasse

Konrad Schermann

1989

EFFIZIENTE ARBEITSABLÄUFE // Als Konrad Schermann Ende der 1980er Jahre den Auftrag erhielt, für das Weingut Neumayer den Weinkeller und das Presshaus umzugestalten, stand im Allgemeinen der unkoordinierte Zubau bzw. Abriss solcher Zweckbauten auf der Tagesordnung. Im Gegenzug dazu wandte sich die junge Generation der Neumayers bei der Umstellung der elterlichen Landwirtschaft auf Qualitätsweine, die nunmehr längst prämiert sind, an einen Architekten. // Der alte Weinkeller wurde so adaptiert, dass das Traubengut möglichst wenig bewegt werden muss. Der Bestand war auf die historischen Langpressen abgestimmt. Die modernen Edelstahlzylinder benötigen jedoch mehr Platz. Im Zuge des Umbaus wurden die traditionellen Arbeitsabläufe neu durchdacht. Als Konsequenz werden nunmehr die Trauben direkt über das begrünte Dach angeliefert. Unter einer mit Aluminium verkleideten Viertel-tonne steht der Maischebehälter. Im vorderen Trakt befindet sich das Press-haus, dahinter der Weinkeller. Selbst der Traktor kann in das Gebäude hinein-fahren. // Bauphysikalisch kommt der Kellerraum ohne Kühlung aus. An Stelle von rustikal anmutenden Materialien kamen Sichtbeton und Aluminiumschin-deln zum Einsatz. Die Ergebnisse des Keltervorganges können dann im Kost-raum direkt am Hof getestet werden. Im ehemaligen Stall übernimmt der Kosttisch mit Sandsteinplatte eine ähnliche Funktion wie der Altar in einem sakralen Raum. Die original erhaltene Einrichtung vertritt unprätentiös die Ästhetik der 1980er Jahre. *th*

134

LATITUDE
48° 18' 55"
LONGITUDE
15° 40' 37"

EFFICIENT WORKING // Konrad Schermann was contracted to redesign the Neumayer Winery wine cellar and pressing house in the late '80s. At that time, buildings of this type were usually torn down, or expanded by uncoordinated additions. By contrast, the young generation of Neumayers turned to an architect for the changeover of their parents' farm to quality wines, for which they have already received multiple awards. // The old wine cellar has been adapted so that the grape mass need be moved as little as possible. The old house had been set up for using traditional long presses. However, modern stainless steel cylinders need more space. During the building process, the traditional work sequen-ces were rethought and updated. As a consequence, the grapes are now delivered to the pressing house directly through its grassed roof. The mash container stands under an aluminum-clad, quarter tunnel vault ceiling. The pressing house is in the front section, the wine cellar behind it. It is possible for the tractor to drive right into the building. // The cellar needs no cooling system. Instead of rustic-looking materials, exposed concrete and aluminum shingles have been used. The products that emerge from the cellar can be tested in the tasting room in the main building. In what was once the stable, a sandstone tasting-table takes over a function similar to that of the altar in a church. The original furnishings unpretentiously display the aesthetics of the '80s.

Ernst Beneder, Anja Fischer

1998

DIE EINFACHE FORM DER ANDACHT // Für das barocke Augustiner-Chor-herren-Stift Herzogenburg sollte ein schmaler Gang in eine Oster- und Werktagskapelle umgestaltet werden. In einem geladenen Gutachterverfahren errangen Ernst Beneder und Anja Fischer den 1. Preis. 1714 war das Stift nach Plänen von Jakob Prandtauer, J. B. Fischer von Erlach und Joseph Munggenast errichtet worden. Das Hinzutretende schafft, reduziert auf wesentliche Elemente, einen Ort der einfachen Andacht. // Gewölbe und Fenster sind erhalten. Altar und Ambo markieren vor einer steinernen Nische das Raumzentrum. Das leerstehende österliche Grab ist das Raumbild für die mit vielfarbigem Gollinger Konglomerat ausgekleidete Nische. Das Quadrat der Nische findet sich auf dem Boden wieder und wird in den Ecken von Altar und Ambo markiert. Der steinerne Altarblock als weggerollter Felsen vor dem leeren Grab. Abgesetzt von der Nische ist ein leeres Holzkreuz. Die Symbole sind reduzierte Raumform. Starke Materialfarben, Konglomerat, Wachauer Marmor, rotes Glas, braunes Nussholz prägen den Raum. Quer zum Altar bedeutet hier stimmig mit dem Raum. Keine starre, doppelreihige Bestuhlung steht dem Steinwürfel des Altarblocks und dem roten, auf Gärung geschnittenen Glasprisma des Ambo gegenüber, sondern es gibt raumumlaufende Holzbänke. Der 15 m lange Glasfries des Malers Wolfgang Stifter wurde von der Schöpfungsgeschichte in den »Bekenntnissen« des Augustinus inspiriert. *ek*

▲ Kirchenplatz Herzogenburg, 2002: eichinger oder knechtl

135

LATITUDE
48° 17' 10"
LONGITUDE
15° 41' 17"

A SIMPLE FORM OF DEVOTION // A narrow hallway in the baroque Augustinian Herzogenburg Monastery was to be redesigned into a chapel for Easter and everyday use. // Ernst Beneder and Anja Fischer won first prize in the invited competition. The monastery was originally built in 1714 following plans by Jakob Prandtauer, J.B. Fisher von Erlach and Joseph Munggenast. This addition enriches it with a place of simple devotion, reduced to the pure essentials. // The vaults and windows have been retained. The altar and ambo are in front of a stone niche, marking the center. The empty Easter tomb is the symbol for the niche lined with multi-colored Golling conglomerate. The square of the niche is repeated on the floor, the corners marked by the altar and the ambo. The stone altar block is like the stone rolled from the empty tomb. Near the niche stands a wooden cross. Strong colors of the conglomerate, Wachauer marble, red glass and brown walnut wood characterize the room. All that is set at an angle to the altar harmonizes with the room. There is no rigid double row of seating facing the stone cube of the altar block and the red, mitered glass prism of the ambo, but wooden benches round the circumference of the room. The 15-meter long glass frieze by the painter Wolfgang Stifter was inspired by the story of the Creation in the Confessions of St. Augustine.

Bürohaus Stelzer

Franz Sam

Herzogenburg, Bahnzeile 16

2001

SCHOTTERGRUBE VERLEIHT FLÜGEL // Bauen an der Peripherie muss nicht notwendigerweise in anonymisierendem Brei des gesichtslos Immergleichen landen. Mit dem Bürogebäude für den Baumeister Hans Stelzer wurde durch Franz Sam der gebaute Beweis angetreten, dass die Lage in einer Schottergrube unweit des Bahnhofs dem Bauwerk nicht zum Nachteil gereichen muss. Ganz im Gegenteil: sie verleiht Flügel. Mit der Bauunternehmung Stelzer hatte Franz Sam bereits vor Realisierung des Firmensitzes zusammengearbeitet. Ausgeführt wurde der Bau von den firmeneigenen Bauleuten. // Auf sechs dem Kraftfluss nach gestalteten Betonstützen ruht der Hauptteil des in drei klar voneinander differenzierte und abgesetzte Zonen gegliederten Gebäudes. Beton, Stahl und Glas entfalten hier mit Leichtigkeit und im dynamischen Wechsel von Geschlossenheit und Transparenz ihre konstruktiven und ästhetischen Möglichkeiten. In die Böschung gebaut sind die Belegschaftsräume und das Archiv. Darauf lagern schwebend, in zwei langgestreckte Balken aufgeteilt, die Büros, die weit auskragend auch den Vorplatz überspannen. Den Abschluss bildet die dritte, quer zu den Büros aufgesetzte Zone, die als eigenes Haus auf den anderen gelandet und wieder zum Abheben bereit zu sein scheint. Das vormalige Firmenlogo eines fliegenden Ziegelsteins klingt deutlich an. Die horizontalen und vertikalen Gliederungen sind plastisch durchgearbeitet, die Verbindungen im Inneren gehen parallel mit deutlichen Absetzungen der Gebäudeelemente im äußeren Erscheinungsbild. *ek*

136

LATITUDE
48°16'26"
LONGITUDE
15°41'43"

GRAVEL PIT LENDS WINGS //
Building on the periphery need not be soulless uniform anonymity. Master builder Hans Stelzer's office building, by architect Franz Sam, is solid proof that a location in a gravel pit near the train station is not necessarily a disadvantage. Just the opposite: it can even help the project take off. Franz Sam and the Stelzer Construction Company had worked together before, and the building work was done by the company's own construction workers. Six
concrete supports, built along the flow of forces, support the main body, which is clearly divided into three differentiated and contrasting zones. Concrete, steel and glass fully realize their constructive and aesthetic potential here, in a smooth dynamic alternation of seclusion and transparency. The archives and staff rooms are set into the slope. Above them the offices are distributed across two elongated beams protruding far out above the forecourt. The ensemble is completed by a third
zone, erected crosswise to the offices, like a separate house landed on top of the others and ready to take off at any moment. The allusion to the company's former logo, a flying brick, is clear. The structural horizontal and vertical divisions are consistently worked out; interior connections run parallel to the distinct elements of the exterior.

Wolfgang Pfoser, Richard Zeitlhuber

Rheinzink Büro- und Lagergebäude
Herzogenburg, Industriestraße 23

FIRMENARCHITEKTUR EXPRESSIV // Firmenarchitektur ist in hohem Ausmaß eine Architektur der Kommunikation. Nach außen wie nach innen geht es um die Vermittlung des Produkts. // Zwischen expressiver Skulptur und schlichter Box beschreitet das für das Unternehmen Rheinzink 1991 in Herzogenburg geschaffene Büro- und Lagergebäude eine eindrückliche Gratwanderung. Richard Zeitlhuber und Wolfgang Pfoser setzten für die Oberfläche auf das Werkmaterial des Unternehmens: Rheinzink-Titanzink. Der Bauzinkhersteller – seit 1969 befindet sich der Firmensitz und Verwaltungsstandort in Datteln am Rande des Ruhrgebiets – ist weltweit in 27 Ländern mit Niederlassungen vertreten. Das traditionelle Paketwalzverfahren ersetzte Rheinzink durch die Technologie einer kontinuierlichen Breitband-Gieß-Walzstraße. Vor dem Hintergrund eines Unternehmens mit Innovationsanspruch, dessen Werkstoff weltweit für Dächer, Fassaden, Rinnen, Rohre eingesetzt wird, galt es eine Architektur zu entwickeln, die sich von der Tristesse peripherer Gewerbezonen signifikant unterscheidet. Die Lagerhalle ist durch ihr horizontales Streifenmuster in Weiß und Blau markiert, der Büroteil, der an einer Ecke in die Halle eingeschnitten ist, hat eine konkave, mit Zinkblech verkleidete Wand. Der Büroteil springt über dem Eingangsbereich vor. Aus einer einfachen Lagerhalle mit Büro wurde ein Bauwerk mit skulpturalen Anklängen. *ek*

⊡ Betriebsobjekt Paweronschitz, Herzogenburg, Wiener Straße 74 B, 1993: Richard Zeitlhuber

LATITUDE
48° 15' 57"
LONGITUDE
15° 41' 29"

EXPRESSIVE BUSINESS ARCHITECTURE // Business architecture concerns itself for the most part with the task of communication. Outside and in, it is all about product presentation. // Rheinzink's warehouse and office building, built in 1991 in Herzogenburg, is an impressive balancing act between expressive sculpture and austere box. The architects Richard Zeitlhuber and Wolfgang Pfoser have used the company's own product for the exterior: Rheinzink titanium zinc.

Rheinzink produces zinc alloy building components. Its headquarters have been located since 1969 in Datteln, on the edge of the Ruhr area in Germany, and the company has branches in 27 countries. Rheinzink replaced the conventional pack-rolling process with a new innovative technology – a continuous broadband casting rolling line. For such an innovative company whose products are used worldwide for roofs, façades, gutters and pipes, it was necessary to develop an architecture that sets

itself apart from the usual tristesse of peripheral industrial zones. The horizontal blue and white stripes stand out on the warehouse. The office section cuts into a corner of the warehouse hall and one wall is concave, clad in zinc sheeting. The office section juts out over the entrance. A simple warehouse and office has been turned into a building with sculptural overtones.

Haus Schmied
Kapelln, Berggasse 5

ah3, Johannes Kislinger

1999

MIT BLICK AUF DEN MITTELPUNKT // Bei einem Lehmbauseminar lernten Bauherr und Architekt einander kennen. Der ursprüngliche Wunsch, einen alten Bauernhof zu adaptieren, wurde bald zu Gunsten der Idee eines Neubaus aufgegeben, der als erstes Haus einer Passivhaussiedlung östlich von St. Pölten realisiert wurde. Das Gebäude ist in Tafelbauweise mit vorgefertigten Wandelementen und Massivholztafeln errichtet. Den zweigeschossigen Hauptbaukörper umschließt an der Westseite die eingeschossige Nebenraumzone. Durch die Anordnung ergeben sich gegliederte und blickgeschützte Außenräume. Neben dem Hauptzugang über den Carport führt auch ein Weg zur Rückseite des Hauses und greift die Idee des »Hintaus«, in Anlehnung an die Hinterseite der Bauernhöfe auf, wo der Garten mit den Obstbäumen beginnt und die »Hintausstraße« vom Dorf zum Feld überleitet. // Zentrum des ebenerdigen Wohnbereichs ist eine offene Kochinsel. Die Innenwände des Hauses sind in gelbem oder – etwa um den Essbereich zu markieren – rotem Lehmputz gehalten. Von der Küche aus blickt man bis zum Schneeberg sowie auf einen Stein, der den topographischen Mittelpunkt Niederösterreichs markiert. Durch die Anordnung der Fenster wird der Sonnenverlauf im Inneren des gesamten Hauses spürbar. Das Obergeschoss des Hauptvolumens ist in eine Eltern- und eine Kinderzone separiert. // Die Fassade in naturbelassener Lärche ruht auf einem Sockelgeschoss mit Natursteinwänden. *th*

LATITUDE
48° 15' 39"
LONGITUDE
15° 45' 23"

A VIEW OF THE CENTER // Owner and architect met at a seminar on cob building techniques. The original wish was to remodel an old farmhouse, but this quickly gave way to the idea of a new building. This became the first house in a passive house community east of St. Pölten. The building is done using a panel construction method, erecting prefabricated wall elements and massive wood panels. The two-story main structure borders the single-story supplementary area to the west. The enclosed outdoor areas that arise from the room layout are protected from view. A path leads from the main entrance above the carport to the back of the house, emulating the idea of the backside of a farmyard where the orchard begins and the back path from the village to the fields passes by. // An open cooking island stands at the center of the ground floor living room. The inner walls of the house are yellow, or – in the dining area – red cob. The kitchen has a view of the Schneeberg and of a stone marking the topographical center of Lower Austria. The arrangement of the windows makes the daily passage of the sun palpable within the entire house. // Upstairs, the main block is separated into parent and child zones. // The untreated larch façade sits upon a base with natural stone walls.

Johannes Zieser

Gemeindezentrum Schloss Würmla
Würmla, Schlossweg 2

JAGDSCHLOSS WIEDERERWECKT // Jahrzehntelang war das im 14. Jahrhundert erstmals erwähnte, während der Gründerzeit zum Jagdschloss umgebaute Schloss Würmla verfallen. // Gruftkapelle sowie Elektrizitätswerk stammen von Max Ferstel, Heinrich Ferstels Sohn. Während der Nazizeit gehörte das Schloss der Ankerbrotfabrik und war ein Kinderpflegeheim. Nach 1945 bekam die Gemeinde das Schloss, genutzt wurde es als Kunststofffabrik. Dann ging es mit dem Gebäude rapide bergab. // In der Kombination von öffentlicher Nutzung als Gemeindeamt und geförderten Sozialwohnungen konnte das Schloss durch Johannes Zieser außen originalgetreu saniert und im Inneren umgebaut werden. Rechter Hand kommt man ins Gemeindeamt, linker Hand zur Bibliothek und zu den 13 Wohnungen. Bürgermeisterzimmer und Ratsaal besitzen repräsentative Stuckdecken. Der Duktus der Zimmerfluchten wurde beibehalten. Die Dippelbaumdecken waren verrottet, an ihre Stelle traten höher gesetzte Stahlbetondecken, die als Galerie den Raum zu Maisonetten vergrößern. Erstmals wurde im geförderten Wohnbau eine Innendämmung realisiert, da eine Außenisolierung bei der denkmalgeschützten Fassade nicht in Frage kam. Als Vorbild diente die Dämmung in Fachwerkhäusern, eingesetzt wird eine durch Dampfdruck selbstregulierende Folie. Vor allem junge Menschen sind in die Maisonetten im Schloss gezogen. Mit einer Grünraumplanung wurde der alte Baumbestand im nunmehr öffentlichen Park aufgelockert. *ek*

139

LATITUDE
48°15'09"
LONGITUDE
15°51'38"

A HUNTING LODGE DEVELOPED // For decades in neglect, Schloss Würmla was first mentioned in the 14th century and was converted to a hunting lodge during the Gründerzeit period. // The crypt chapel and electricity station are from Max Ferstel, Heinrich Ferstel's son. During the Nazi era, the Schloss belonged to the Anker bread factory and was used as a children's home. After 1945, the mansion was turned over to the municipality and used as a plastics factory. Deterioration

rapidly followed. // Funding for renovation came through the use as municipal offices and low-income housing. Johannes Zieser restored the exterior in keeping with the original, entirely restructuring the inside. The city offices are on the right, to the left are the library and thirteen apartments. The mayoral office and council room have splendid stucco ceilings. The characteristic elegance of the room suites has been preserved. The dowelled beam ceilings, thoroughly rotten, have

been replaced by higher-set reinforced concrete ceilings, creating galleries that enlarge the rooms into maisonettes. Since it was not possible to insulate the protected façade, interior insulation was used — a first for low-income housing. Using the insulation in half-timbered houses as an example, a vapor-pressure, self-regulating foil system has been applied. Most people moving into the Schloss maisonettes are young. The old forested area plan has spaced out the trees in the now public park.

VIT Betriebsgebäude
Asperhofen, Innovationsstraße 2

Querkraft Architekten
Jakob Dunkl, Gerd Erhartt, Peter Sapp

2003

EIN SHOWROOM STRECKT DIE FÜHLER AUS // Von der stark frequentierten Bundesstraße wird der schnelle Blick aus dem Auto in das Gewerbegebiet von Asperhofen wie magisch hinaufgezogen: der Showroom der Firma VIT. Querkraft Architekten spielen gekonnt auf der Klaviatur der Ökonomie der Aufmerksamkeit. // Das steile Hanggrundstück wurde nicht kostspielig begradigt, sondern als dramaturgisches Mittel des Herzeigens eingesetzt. An Stelle von aufwändigen Stützmauern schießt eine Röhre dramatisch aus dem Hang heraus. Sie inszeniert eine geniale Dramaturgie: vom Auto aus führt kein Blick an dem Bau vorbei. Diese große Röhre beginnt am höchsten Punkt des Hangs. Sie steht auf vielen unregelmäßigen Stützen, unter denen sich die Parkplätze befinden, und endet in einer Höhe von sechs Metern über dem Boden. Das Ende der Röhre ist ein Riesenfenster, das auch im Vorbeifahren für eine Momentaufnahme das Hauptprodukt von VIT sichtbar macht: Fenster. Ein Showroom mit autogenem Blick. // Über einen seitlichen Fühler, den das Gebäude ausstreckt, gelangen die KundInnen über eine lange Treppe in die Hauptröhre. Im zweiten, nach oben ausgestreckten Fühler, hat Bauherr Oswald Vit sein Büro. So wie der Blick von außen angezogen wird, hat man umgekehrt von innen Weitblick aus dem Gebäude und dem Chefbüro. Die Exposition des Blicks, die starke Geste, unterstreichen nochmals das Produkt, das hier verkauft wird: Fenster und Wintergärten. *ek*

LATITUDE
48°14'10"
LONGITUDE
15°55'10"

A SHOWROOM PUTS OUT FEELERS // A quick glance towards the Aspernhof industrial zone while driving down the highly frequented highway magically draws one's attention to the VIT company showroom. Querkraft Architects are experts at getting attention. // The steeply-sloping site has not been levelled, which would have meant high costs, but instead implemented as a theatrical means of presentation. Instead of elaborate supporting walls, a tube shoots dramatically out of the hillside. This is a fantastic eye-catcher; nobody drives by without glancing up at the structure. The top is at the uppermost point on the hill and ends six meters above ground, sitting on many uneven supports, under which are parking spaces. The end of the tube is an enormous window that displays the main product of VIT: windows. A show-room with a self-produced view. A side feeler stretches out from the building, funneling customers to the main tube section via a long stair-way. In the second feeler, which stretches upwards, Oswald Vit sits in his office. Just as the attention is drawn from the exterior, an expansive view is afforded from the main building and the head office. This marked emphasis on view underlines once again the products sold here: windows and conservatories.

Martin Bachner, Harald Wallner

2004

PARKEN UND KLETTERN // Das Grundstück des Parkhauses Neulengbach in unmittelbarer Nähe zum Bahnhof – zwischen Straße und Hang gelegen – war nicht einfach zu bebauen: Der Hang musste massiv angeschnitten und entsprechende Sicherungsmaßnahmen in Form einer hohen Bohrpfahlwand mussten getroffen werden. Mit dem Parkhaus wurde die Infrastruktur der Gemeinde deutlich aufgewertet. Auf fünf Geschossen stehen nun für etwa 400 PKW und 50 einspurige Fahrzeuge Stellplätze in der Split-level-Garage bereit. Das oberste Deck ist in Leichtbauweise ausgeführt, um eine spätere Aufstockung gewährleisten zu können. Das Farbkonzept des Parkhauses mit Rot, Blau und Gelb fungiert nicht nur als Leitsystem, sondern schafft Bezüge zur umliegenden Bausubstanz. Die dominanten Dachflächen in der Landschaft kontrastieren mit der Rotfärbung der Betonkörper. Die Anbringung einer Kletterwand sorgt für Mehrwert. Mit der Entscheidung für Sport und gegen Werbeflächen wurde ein klares Statement gesetzt. Die stark frequentierte Kletterwand entstand in Kooperation mit dem Österreichischen Alpenverein. *th*

▲ Gestaltung Marktzentrum Neulengbach, 2001: Ernst Hiesmayr, Gerhard Kratochwil, Peter Waldbauer
⌂ Einfamilienhaus, Neulengbach, Haydngasse 369, 1993: Erich Raith, Karin Raith-Strömer, Karl Schleritzko
⌂ Wohn- und Atelierhaus, Neulengbach, Bilkogasse 8, 1987: Helmut Hempel, Franco Fonatti, Gerhard Ullreich

141

LATITUDE
48° 15' 09"
LONGITUDE
15° 51' 38"

PARK & CLIMB // The Neulengbach parking garage is located next to the train station, between the street and the hillside. It was not an easy site to develop. The hillside had to be massively cut away and complex security measures in the form of a high, drilled pile wall had to be taken. The parking garage does, however, greatly improve the community's infrastructure. The five-story, split-level garage holds 400 automobiles and 50 two-wheeled vehicles. The topmost deck is a light-weight construction designed to carry a possible expansion in the future. The red-blue-yellow color concept of the building functions not only as a guidance system, but also creates a connection to the surrounding building substance. The red coloring of the concrete structure contrasts with the dominant rooftops in the landscape. The addition of a climbing wall is an additional advantage. The decision to use the space for sports rather than advertisement makes a clear statement. The highly frequented climbing wall was constructed in cooperation with the Austrian Alpine Association.

Flexible Tribüne für das Fußballstadion

Neulengbach, Bahnstraße 19

Martin Bachner

2005

GETRAGEN VOM VEREIN // Für die Gemeinde Neulengbach ist Fußball ein Thema. Nicht umsonst wird Damenfußball vom ortsansässigen Verein äußerst erfolgreich betrieben. Das alte Stadion entsprach jedoch nicht mehr den heutigen Anforderungen. In Kooperation zwischen Ingenieur Katzensteiner und Architekt Martin Bachner entstand mit großem Engagement aller Beteiligten ein neues Stadion mit flexibler Tribüne. // Entgegen möglicher Bedenken gegenüber einer »Barackensituation« wurde der Bau als Containertribüne angelegt. Auf einen Sockel aus Beton mit Vollwärmeschutz wurde eine Holzständerkonstruktion in Lärche gesetzt, die als Gabelkonstruktion das Dach aus Holzbindern trägt. Im Erdgeschoss liegen fünf Kabinen mit nach Geschlechtern getrennten Duschbereichen und Umkleideräumen. Im Obergeschoss befindet sich das Vereinslokal mit einer Fensterfront zur Tribüne. Die Einrichtung besorgte der Verein in Eigenregie. // Die überdachte Tribüne selbst wurde gelbblau bestuhlt. Der ursprüngliche Entwurf von Martin Bachner, der als Reverenz an die bemalten Skulpturen von Roland Goeschl auch Rot vorgesehen hätte, wurde von der Gemeinde — möglicherweise in Hinblick auf eine signalhafte Wirkung von Blau-Gelb — auf die niederösterreichischen Wappenfarben reduziert. *th*

⌖ Wohnbau, Maria Anzbach, Eichenstraße, 1. Bauteil, 2006: Roland Hagmüller

142

LATITUDE
48° 11' 40"
LONGITUDE
15° 53' 57"

CARRIED BY THE CLUB // Soccer is important to the community of Neulengbach. Women's soccer games played by the local Club are very popular, and with good reason. However, the old stadium was no longer up to standard. A modern stadium with a flexible seating tribune was built in cooperation with engineer Katzensteiner, architect Martin Bachner, and the enormous engagement of everybody involved. // Despite worries about a "shanty look", plans to build the structure as a container tribune went ahead. The base is made of concrete with upgraded insulation. A wooden column construction of larch is set upon this, supporting the wooden truss roof with massive forked beams. On the ground floor there are five dressing rooms with separate shower areas for men and women. The clubhouse is on the top floor, its large window area facing the tribune and playing field. The sports club was responsible for furnishing the rooms. // The seats of the covered tribune are blue and yellow. Martin Bachner's original concept included red seats, in reverence to Roland Goeschl's painted sculptures. The municipality, however, pared this down to blue and yellow, possibly in consideration of the symbolic impact of the Lower Austrian coat of arms.

Ernst H. Huss

Würth-Zentrale
Böheimkirchen, Würth-Straße 1

1999

KOMMUNIZIERENDE ARBEITSWELT // Als Ende der 1990er Jahre ein passendes Grundstück für den Firmenbau gesucht wurde, war die günstige Verkehrslage an der Westautobahn Voraussetzung für die Standortentscheidung. Die Anlage umfasst Lager, Logistik- sowie Bürozentrum. Das Logo des Unternehmens thront, wie vormals heraldische Kronen auf Herrschaftssitzen, über dem Bau. Rot, dessen Signalwirkung auch im Firmenlogo auftritt, markiert ein »Konferenz-Ei«. Eine zackenförmige Stiege versteht sich als Zitat der Architektur des Stammhauses in Süddeutschland. // Die Unternehmensphilosophie spiegelt sich in der durchgängigen Transparenz, die alle Arbeitsprozesse sichtbar macht. Die Geschosse sind frei miteinander verbunden, Glasstege kreuzen horizontal die vertikal ausgerichtete Konstruktion der gläsernen Aufzüge. Die Kommunikation innerhalb der Arbeitsbereiche wurde als zentrales Thema behandelt, und die Wünsche der Mitarbeiter wurden bereits in der Planungsphase aufgegriffen. Das Gebäudeensemble, das organische Formen mit technoiden Fassaden in Aluminium und Glas überzieht, tritt mit der umliegenden Natur in Dialog. Über Terrassen und Begrünungen wächst die Natur in das Gebäude, durchzieht dieses und geht wieder in den natürlichen Grünraum über. Im Innenraum setzte Christian Ludwig Attersee eine großflächige Mosaikarbeit um. *th*

▲ Würth: regelmäßige Ausstellungen zeitgenössischer Kunst
⌂ Bürogebäude als Anbau an Betriebshalle, Böheimkirchen, Furth 17, 1993: Reinhard Gallister

COMMUNICATIVE WORLD OF WORK // In the late 1990s, when the search began for a suitable construction site for the Würth Böheimkirchen company building, this site was chosen because of its convenient location on the West Autobahn. // The facility includes a warehouse and a logistics and administrative center. The company's logo crowns the building, like a heraldic coronet on a royal residence. The red markings on the "conference egg" effectively mirror the logo. An angular stairway is an allusion to the architecture of the company's central location in southern Germany. // The company's business philosophy is reflected in the universal transparency that makes the work processes visible. The levels are connected freely, glass walkways cross the vertical constructions of the glass elevators. Communication between work areas is a central theme, the needs and wishes of the employees having been integrated into the planning process. The building ensemble, made of organic forms clad in space-age façades of aluminum and glass, enters into a dialogue with the natural surroundings. Through terraces and green areas, nature grows into the building, infusing it and returning to natural vegetation. Inside is a large mosaic by Christian Ludwig Attersee.

Landespensionistenheim
Wilhelmsburg, Mühlgasse 14

Roland Hagmüller

1998

ZWISCHEN STADT UND FLUSS // Das Konzept von Roland Hagmüller, die Fleschgründe in Wilhelmsburg als Wohnanlage für Menschen aller Altersstufen und gesellschaftlichen Schichten zu bebauen, begann mit einem Wettbewerb für ein Pensionistenheim. Das Grundstück wird von der Traisen im Osten und dem alten Werkbach im Westen umfasst. Der Wirtschaftstrakt des Landespensionistenheims stellt mit dem Kaffeehaus die soziale Drehscheibe mit der Stadt dar, während der Wohntrakt mit der Bettenstation zur Flusslandschaft orientiert ist. Eine zweigeschossige, gläserne Verbindung zwischen den beiden Gebäudeteilen, entlang einer internen Gasse, führt zu einem Wintergarten im Wohntrakt mit Blick auf das Flussufer der Traisen. Entlang dieser hellen Gasse sind Einrichtungen wie Friseur oder Kapelle gelegen. Die Fassaden des Bettentrakts sind mit Klinker verkleidet und heben sich von der Eternitvertäfelung des Wirtschaftsgebäudes deutlich ab. Der viergeschossige Wohntrakt mit Einzel- oder Doppelzimmern wiederholt durch die Gliederung als Mittelgangtypus mit platzartigen Erweiterungen das Thema der Gasse. Das Grünraumkonzept stammt von Maria Auböck. *th*

▲ Steinmauer beim Pensionistenheim Wilhelmsburg, 1998: Gabriele Berger

144

LATITUDE
48° 06' 14"
LONGITUDE
15° 36' 19"

BETWEEN TOWN AND RIVER // Roland Hagmueller's concept to develop the Flesch Grounds in Wilhelmsburg into a socially integrated residential community for people of all ages began with the competition for the planning of this retirement home. // The property borders the Traisen River to the east and the old Werkbach Creek to the west. Located in the service wing, the café is the social center of the state retirement home. It faces the town, while the infirmary in the residential wing faces the river landscape. A two-story glazed passage access between the two building sections, which line an internal street, leads to a conservatory in the residential wing with a view of the Traisen River banks. All along this sunny street are various facilities, such as the beauty salon and the chapel. The outside walls of the bedroom wing are clad in clinker, clearly setting it off from the Eternit-planked service building. The four-story residential wing consists of single and double rooms laid out around a center aisle with squares, repeating the theme of the avenue. The greenery concept was developed by Maria Auböck.

Roland Hagmüller

Niedrigenergiewohnhausanlage
Wilhelmsburg, Kreisbacherstraße 3

2001

MUT ZUR FARBE // Die Anlage entwickelt sich aus einem straßenseitigen Kopfbauwerk, an das ein viergeschossiger Wohnbau mit einer Laubengangerschließung ansetzt. Diesem westlich gelegenen Komplex mit 62 Wohnungen wurden vier kompakte Zeilen mit 40 Maisonetten im Osten des Grundstücks gegenübergestellt. Die oberen Geschosse sind über gedeckte Außenstiegen zugänglich. Mit weit auskragendem Dach aus Aluminiumwellblech ausgestattet, nutzt die hochwärmegedämmte Anlage die Effekte passiver Solarenergie. Den Löwenanteil der Energieversorgung übernimmt eine Grundwasser-Wärmepumpe, kombiniert mit einem Heizhaus. // Die Bauten sind in Stahlbeton ausgeführt. Gefärbte Holzzementplatten wurden im Außenbau als gestaltendes Fassadenelement eingesetzt. Das Farbkonzept berücksichtigt die klimatischen Verhältnisse: Während kühlere Bereiche, die vom Sonnenlicht weniger erfasst werden, die warmen Töne Rot und Gelb tragen, sind südseitige Wände in Blau gehalten. Zugleich stehen die Farben im Konnex zur Umgebung: Das Blau, so Hagmüller, zitiert den Himmel und seine Reflexion im Wasser. Diesem wird als Komplementärton das Gelb entgegengesetzt. Das Rot fungiert wiederum als Gegenpol zum Grün der Rasenfläche. *th*

145

LATITUDE
48° 06' 14"
LONGITUDE
15° 36' 19"

COURAGE FOR COLOR // The complex consists of a main building on the street connecting to a four-story apartment building with access balconies. To the east of this large, 62-apartment building are four compact rows of 40 maisonettes. The upper stories are accessible via covered outer stairwells. The projecting corrugated aluminum roof passively utilizes solar energy to heat the well-insulated complex. The majority of energy is supplied by a ground source heat pump, combined with a boiler-house. // The structures are made of reinforced concrete. The façade is made of painted cement bonded particleboard. The color system complements the climatic situation: cooler areas with less sun are painted in warm reds and yellows while south-facing walls are painted in blues. The colors also relate to the surroundings: blue correlates to the sky and to its reflection in the water and is contrasted by a complementary yellow tone. Red, on the other hand, is contrasted with green.

Zubau Laufen
Wilhelmsburg, Mariazeller Straße 100

Martin Wakonig

2004

WEITHIN GRÜSST DAS GLASDACH // Seit Ende des 18. Jahrhunderts wird in Wilhelmsburg Steingut erzeugt. Der Sanitär-Betrieb Laufen, 1999 von der spanischen Firma »Roca« unter Beibehaltung des traditionsreichen Namens übernommen, hat eine lange Geschichte hinter sich, zu der auch die Enteignung während des Nationalsozialismus gehört. Nach Kriegsende verhinderten die Arbeiter gemeinsam mit der Wilhelmsburger Bevölkerung Verwüstung und Abtransport der Einrichtungen durch das russische Militär. // Im Gebäude des ehemaligen, betriebseigenen Elektrizitätswerks aus dem Jahr 1904 mit bestehendem Wintergarten wurde 2004 der große Rohdachboden ausgebaut, um Kunden, aber auch Betriebsangehörigen, im Rahmen interner Schulungen die eigenen Produkte zu präsentieren. Drei bestehende Niveaus unterschiedlicher Größe wurden auf einer Gesamtfläche von etwa 250 m² über offene Treppen in Stahl-Holz-Konstruktion miteinander verbunden. Ein Stahlgerüst fängt den Rohdachboden auf. Die vorhandene Holzkonstruktion wurde belassen, aus Brandschutzgründen jedoch verkleidet. Zur Belichtung wurden ein großes, flächenbündiges Glasdach und ein transparenter Kubus als weithin sichtbares Signal integriert. Dieser Glaskörper ist entlang der Ostseite, die zum Fluss gerichtet ist, eingeschnitten und kragt in Richtung Süden aus. Um das Schweben im Kontrast zur massiven Bausubstanz zu veranschaulichen, wurde der repräsentative Raum vom Architekten mit dem klingenden Namen »Sky-Galerie« versehen. Die Wellness-Philosophie, die dem Unternehmen zugrunde liegt, schwingt mit. *th*

LATITUDE
48° 05' 32"
LONGITUDE
15° 35' 56"

A GLASS ROOF GREETS FROM AFAR // Stoneware has been produced in Wilhelmsburg since the end of the 18th century. // The sanitary fixtures company Laufen was bought in 1999 by the Spanish company Roca, but retained its long-established name. The Laufen company has a long history, including its expropriation under the National Socialists. When the war ended, factory workers and citizens of Wilhelmsburg cooperated to successfully deter the Russian military from devastating and confiscating the factory. // In the building of the factory's former electrical station, which dated from 1904 and had a conservatory, the large attic, still a shell, was converted in 2004 for the presentation of the company's products to customers and also to employees during internal training courses. Three existing levels, of different size, were joined by an open, steel-timber stairway construction, creating a total area of about 250 m². A steel scaffold supports the attic shell. The existing timber construction has been left, but has been clad to prevent fires. A large glass roof flush to all sides and a transparent cube have been integrated to provide light and are visible from afar. The glass bulk is notched along the east side facing the river, and juts out to the south. Illustrative of the contrast of the hovering glass and the massive main building substance, the name "Sky Gallery" was chosen by the architects. The wellness philosophy integral to the company resonates loud and clear.

WAG-Linz, Baubüro Herbert Rimpl

UNTER DEN WALMDÄCHERN // Die an dörfliche Strukturen erinnernde Siedlung liegt nordöstlich von Traisen. Als Wohnanlage für Betriebsangehörige der Alpine-Montan-Gesellschaft in den Jahren 1939 bis 1943 unter dem Namen »Hermann-Göring-Siedlung« mit 341 Wohneinheiten errichtet, gilt sie als typisches Beispiel für den NS-Siedlungsbau. Die glatten Gebäudezeilen vermitteln auf der einen Seite einen wehrhaften Charakter, auf der anderen Seite sorgen die Walmdächer sowie die Rundbogenportale für eine gewisse Rustikalität. Ecktürme mit Kegeldach signalisieren Abgeschlossenheit. Die Wohnblöcke bilden Höfe. Die Zeile fungiert als strukturbildendes Element. Die gesamte Anlage, die in der zweiten Hälfte des 20. Jahrhunderts nach Süden und Osten erweitert wurde, besteht aus unterschiedlichen Wohnhaustypen. Sechs freistehende, zumeist zweigeschossige Wohnblocks, Mehrfamilien- und im südlichen Teil auch Einfamilienhäuser bilden den Typenkanon. // Die Wohneinheiten — zum größeren Teil in Miete vergeben — verfügen teilweise über private Vorgärten. In unmittelbarer Nähe befindet sich eine Kleingartenanlage. Die begrünten Höfe zeigen wenig Spuren einer aktiven Nutzung. *th*

⌖ Pfarrkirche Traisen, Kirchengasse 1, 1962: Erwin Koch

LATITUDE
48° 02' 52"
LONGITUDE
15° 37' 25"

UNDER THE HIPPED ROOFS // Located to the north-east of Traisen, this community is structurally like a small village. Developed from 1939—41 as a residential area for employees of the Alpine Montan Company, the settlement is a typical example of National Socialist residential community planning. // The smooth lines of the houses on one side look almost like fortifications; on the other side, the hipped roofs and round arch doorways convey a rustic quality. The conical-roofed corner towers denote seclusion. The housing blocks form courtyards, the rows functioning as structural elements. The entire complex, which was expanded to the south and east during the second half of the 20th century, is made up of various house types. Six freestanding, mostly two-story apartment buildings, several multi-family homes and single-family homes in the southern section make up the community. // Some of the 547 residential units — most of them rentals — have private front yards. Allotment gardens are located nearby. The green courtyards show little evidence of active use.

Brillgrabenbrücke
St. Veit an der Gölsen

Robert Salzer

1998

MARKANTER BOGEN IN HOLZ // Das Jahrhunderthochwasser 1997 zerstörte die Brillgrabenbrücke und machte die Errichtung einer neuen notwendig. Die Entscheidung für den Baustoff Holz schuf für den waldreichsten Bezirk von Österreich, Lilienfeld, ein Denkmal des alltäglichen Gebrauchs. Bedingung für diese Tragwerkkonstruktion war die Einhaltung des Kostenrahmens einer konventionellen Stahlbetonbrücke, der von Robert Salzers Entwurf letztlich sogar unterboten wurde. Die überzeugende Einfachheit der Konstruktion reagiert auf die topografischen Gegebenheiten und die ökonomischen Möglichkeiten. Drei Zwillingsträger bilden das Haupttragsystem der 35 m langen und 4,5 m breiten Brücke. Aus statischen Überlegungen beträgt das Verhältnis der Felder 4:5:4, das größere Mittelfeld optimiert den Hochwasserabfluss. Der verwendete Konstruktionsraster beträgt 2,67 m und kommt sowohl in den Feldern der Brücke als auch im Abstand der Geländerhaltungen zum Ausdruck. Die ausführende Firma, Kulmer Holzleimbau, setzte auf einen hohen Vorfertigungsgrad der Brückenkonstruktion. Die leichte Bogenform prägt das markante Erscheinungsbild der Brücke. In dieser zum Bogen geformten Überhöhung spielen gestalterische Überlegungen und funktionale Ansprüche – Lösung der Entwässerungsprobleme sowie erhöhtes Hochwasserabflussprofil – zusammen. Die in Längsrichtung ausgerichteten Brüstungslamellen, deren Abstände nach oben kontinuierlich zunehmen, unterstützen den Gestus des Brückenschlags zwischen zwei Ufern. *ek*

148

LATITUDE
48° 02' 29"
LONGITUDE
15° 40' 15"

A STRIKING WOODEN ARCH // The massive flooding of 1997 demolished the Brillgraben bridge, making the erection of a new one a necessity. The decision to use wood is a memorial to the product used daily by Lilienfeld, the most forested county of Austria. // The bridge's wooden supporting structure was built on condition that it cost no more than a conventional reinforced concrete bridge. As it turned out, Robert Salzer's design underbid even the concrete one. The convincing

simplicity of the construction interacts with both the topography and the economic possibilities. Three twin girders carry the main structural system of the 35 m long and 4.5 m wide bridge. Due to static considerations, the ratio of the sections is 4:5:4; the larger middle section ensures optimal flood drainage. The planning grid used is 2.67 to a side and is visible both in the bridge sections and in the spacing of the railing mounts. The construction company, Kulmer Holzleimbau, pre-

fabricated most of the bridge elements. The slightly arched form gives the bridge a striking appearance. This arched camber combines aesthetic with functional considerations, such as the drainage system and raised flood drainage profile. The spacing of the horizontal railing bars increases towards the top, emphasizing the line bridging the river gap.

2003

SPUREN IM BETON // Das »Kraftwerk Walzwerk« der Aluminiumwerke Fried von Neuman in Marktl ist Teil einer Kleinwasserkraftwerkskette entlang der Traisen. Die Entscheidung für eine Erneuerung der kaskadenartigen, gründerzeitlichen Kraftwerke mit ihren bis zu 100 Jahre alten Ausrüstungen wurde nach der Hochwasserkatastrophe von 1997 getroffen. // Die klare, reduzierte Formensprache der von Reinhard Schafler architektonisch gestalteten Anlage findet ihren Ausdruck im Material Sichtbeton. Die Wehranlage, die uferbegleitenden Mauern sowie das eigentliche Kraftwerkshaus verbinden den Sichtbeton mit verzinkten Stahlbauteilen. Alles überblickendes, markantes Landschaftsmerkzeichen ist der Steuerstand. Physisch und funktional ist dieser der Kopf der Anlage und enthält in dem durch horizontale Glasbänder gegliederten Betonkubus die Steuerungscomputer. Die Höhenlage des Betonkubus resultiert aus dem höchsten gemessenen Wasserstand. In Zukunft werden sich die Wasserstände auf dem Beton als Spuren lesen lassen, die sich wie Jahresringe ins Material einschreiben. Die Galerien im Kraftwerksinneren setzen mit Rot und Blau auf starke Kontraste. Die Gesamtleitung des Projekts lag bei der Planungsgemeinschaft Goldbacher und Lengyel. Ökologische Verbesserungen sind die Tümpelpässe als Fischaufstiegshilfen über alle drei Wehranlagen. Der Hochwasserschutz setzt auf Flusseintiefungen statt Uferaufdämmungen. Das Kraftwerk leistet ca. 3000 MWh/Jahr erneuerbare Energie aus Wasserkraft. *ek*

149

LATITUDE
48° 01′ 34″
LONGITUDE
15° 36′ 14″

WRITTEN IN CONCRETE // The "Steel Mill Power Station" of the Fried von Neuman Aluminum Plant in Marktl is one in a chain of small hydroelectric plants along the Traisen River. Built in the late 1800s, some of the equipment in the power station was up to a hundred years old. The decision to update was made following the catastrophic flooding in 1997. Reinhard Schafler's clear, simple design is suitably expressed in exposed concrete. The dam, riverbed walls and powerhouse join the cement with galvanized steel components. The helmstand, an imposing landmark, constitutes both physically and functionally, the facility's head, housing the central control computer in a cement cube divided by horizontal glass bands. The cement cube was placed to mark the highest-measured water level, and in years to come, high waters will leave their marks on the concrete. The galleries inside the power plant are contrasting red and blue. The Goldbacher and Lengyel Planning Committee was responsible for the overall management of the project. The vertical slot fish ladders on all three dams have a positive impact on the river ecology. Flood control measures the use of river recessions rather than embankments. The hydroelectric station has an annual renewable energy capacity of 3000 MWh.

Siedlung
Schrambach, Bergknappengasse

Josef Lux und Sohn

1967

VERDICHTETE PRIVATHEIT // Weißer Eternit macht die Siedlung in Schrambach zu einem signifikanten Zeugnis einer Epoche, in der Schindeln aus Faserzement als gängiges Material zum Schutz von Fassaden eingesetzt wurden. Die Siedlung besticht durch ihre Positionierung in einer Gegend, in der Einfamilienhäuser dominieren. Der verdichtete Flachbau ist durch drei Typen von Grundrissen mit Wohnflächen zwischen 86 m² und 125 m² gekennzeichnet. Als gestaltendes Element kamen bei der Fassade Bandfenster zum Einsatz, die gemeinsam mit den Flachdächern durchaus zeitgemäß wirken. Innerhalb der Siedlung wurde darauf geachtet, dass die Privatsphäre zwischen den Nachbarn weitestgehend gewahrt werden kann. Die Gärten bieten keinen weiteren Ausblick als in den siedlungsinternen Bereich. In vielen Fällen wurden zum Haus gehörige Freiräume als zusätzlicher Wohnraum adaptiert. Da die Häuser nicht unterkellert sind, dient ein ebenerdiger Abstellraum als Lagerfläche. Die Garagen finden sich am Siedlungsrand. In strenger Ost-West-Ausrichtung gehalten, bilden die Häuser ein kompaktes Ensemble. Gepflasterte Gehwege verbinden die einzelnen Grundstücke miteinander. *th*

◷ Radweg Lilienfeld, Türnitz, Hohenberg, St. Äegyd am Neuwald, 2005: Robert Salzer

150

LATITUDE
48° 00' 06"
LONGITUDE
15° 34' 21"

DENSIFIED PRIVACY // The white Eternit of this residential community in Schrambach testifies significantly to a building era in which fiber-cement shingle was the prevalent material used to protect façades. The estate stands out due to its location in a sparsely populated community where single-family houses dominate the landscape. The dense, low building has three basic floor plans for its 86–125m² apartments. Ribbon windows grace the design of the façade and, together with the flat roofs, achieve a very modern appearance. Inside the estate, importance has been placed upon maintaining the spheres of privacy amongst neighbors. The gardens are closed off, offering no view other than that of the estate. In many cases, these vacant spaces have been adapted to create additional living space. Since the houses are cellarless, a ground-level storeroom provides storage space. The garages are located at the edge of the estate. Maintaining a strict east-west axis, the houses form a compact ensemble. Cobbled walkways connect the lots.

Maria Reitstätter-Balldorf

1949

OKTOGON RÜCKWÄRTSGERICHTET // Nach dem Zweiten Weltkrieg entschloss sich die Gemeinde Hohenberg zur Errichtung einer Kriegergedächtnis-
kapelle. Mit der Planung wurde die Architektin Maria Reitstätter-Balldorf
beauftragt. Als erste Frau in Österreich war Reitstätter ab 1931 ordentliche
Hörerin der Meisterschule von Clemens Holzmeister an der Akademie der bil-
denden Künste gewesen. Die Reinterpretation lokaler Bautraditionen zwischen
Expressivität und Einfachheit, wie Reitstätter sie im Atelier Holzmeister in
ihrer achtjährigen Tätigkeit kennen gelernt hatte, prägte teils auch ihr Arbeiten als freischaffende Architektin. Die traditionalistische Anmutung der Hei-
matschutzarchitektur mit ihrem vorindustriellen Gestus und der verklärenden
Heimat- und Boden-Bindung, die sowohl im Ständestaat als auch bei den Nationalsozialisten auf fruchtbaren, stilistisch opportunen Boden gefallen war, klingt
in der Nachkriegsarchitektur dieser kleinen Kriegerkapelle noch an. Der Zen-
tralbau entwickelt sich aus einem oktogonalen Grundriss, eine Form, die für
Kapellen und Bethäuser seit der Romanik und der Gotik Tradition hat. Charakteristisch ist der hölzerne Dachreiter. Dieses schlanke, mit Holzschindeln
gedeckte Türmchen ist Ausdruck der traditionalistischen Formensprache. Seit
dem 13. Jahrhundert sind in alpinen Regionen diese Dachaufbauten auf turm-
losen Zisterzienserkirchen, Rathäusern, aber auch auf großen Bauern- und
Herrenhäusern zu finden. *ek*

⌂ Aufbahrungshalle, Hohenberg, Friedhof, 1968: projektbau
◈ Voralpenbad, Hohenberg, Badweg, 1970: Johann Krupitza

151

LATITUDE
48° 54' 24"
LONGITUDE
15° 37' 01"

*OCTAGON FACING BACKWARDS //
After the Second World War, the
municipality of Hohenberg had a
memorial chapel erected for the
fallen soldiers. The design is by
architect Maria Reitstätter-Balldorf.
In 1931, Reitstätter became the first
woman to study architecture at the
Academy of Fine Arts, in Clemens
Holzmeister's master class. During
her eight years of work with
Holzmeister, Reitstätter became
versed in the reinterpretation of local
building traditions. This interaction
between expressivity and simplicity
was visible in her freelance
architectural work. The traditional
appearance of the Heimatschutz
architecture (pre- & post-WWII
architectural style), with its pre-
industrial attitude, glorifying pride
and patriotism, fell opportunely on
stylistically fertile soil. Today,
National Socialism and the authorita-
rian Ständestaat regime can still be
sensed in the post-war architecture
of this small chapel. The central
structure has an octagonal floor
plan, a traditional shape for chapels
and prayer houses since the
Romanesque and Gothic periods.
The slender, wood-shingled ridge
turret is characteristic, expressive of
traditionalist symbolism. Since the
13th century, similar roof systems
have been found in alpine regions,
on towerless Cistercian churches,
town halls, and large farm or noble
houses.*

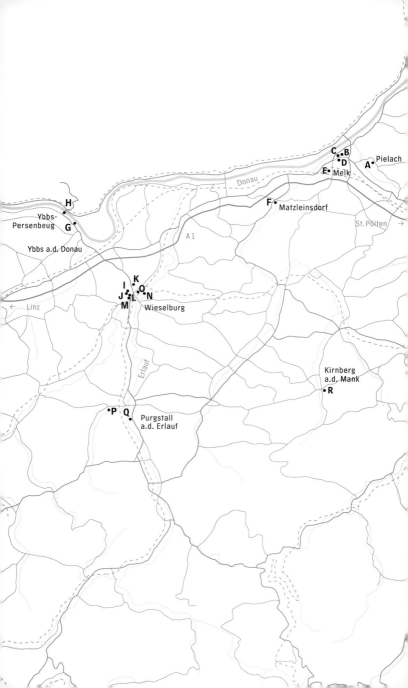

Gugler Cross Media
Pielach, Auf der Schön 2

Ablinger, Vedral & Partner
Herbert Ablinger, Renate Vedral

2000

GESCHÜTZT VOR DEM LÄRM // Beim Wettbewerb für den neuen Firmensitz der Werbeagentur und Druckerei im Pielachtal war aus Gründen des Schallschutzes ein Gebäude in Massivbau vorgesehen. Dennoch setzten sich Ablinger & Vedral mit einem thermisch und ökologisch ausgerichteten Gebäude in Holzbauweise durch. Die heikelste Frage, der Umgang mit dem hohen Geräuschpegel der Maschinen, löste das Architektenteam durch räumliche Trennung zwischen Druckerei und Bürogebäude. Zudem kamen spezielle Fußbodenaufbauten in der Fertigungshalle und in den angrenzenden Räumen zum Einsatz. Manche herkömmliche technische Vorgaben wurden bewusst über Bord geworfen, und der Mensch wurde in den Mittelpunkt gerückt. // Der zentrale Erschließungsraum, über eine Schrägverglasung im Dachbereich belichtet, erhält durch Stampflehmwände sein charakteristisches Aussehen. Gelblicher bis rötlicher Lehm wurde wie Stahlbeton in Schalungen verdichtet. Entlang dieser Wände, die als Temperatur- und Feuchtigkeitspuffer dienen, sind die Büros angeordnet. Statt des ursprünglich vorgesehenen Verkaufsraums wurde ein Speisesaal errichtet, der multifunktionell verwendbar ist und mit wenigen Handgriffen zum Repräsentationsraum umgerüstet werden kann. Seine raumhohe Verglasung schafft reizvolle Durchblicke zur umgebenden Flusslandschaft. Benutzerfreundlich ist der häufige Austausch des Luftvolumens über Zugluftpoller im Arbeitsbereich – in der Druckhalle bis zu vier Mal pro Stunde. // Die präzis gearbeitete Fassade mit weiß gestrichenen Holzbrettern verleiht dem Bau eine alterslose Anmutung. *th*

154

LATITUDE
48° 13′ 33″
LONGITUDE
15° 22′ 12″

PROTECTED FROM NOISE // The bid order for the headquarters of this printing and advertising agency in Pielachtal originally called for a massive, sound-insulated structure. // Despite this, Ablinger & Vedral's plans for a thermally and ecologically sound wooden building prevailed. The architectural team solved the sensitive problem of the machines' high noise level by separating printing plant and office building. Special floor mountings have also been used in the finishing and adjoining rooms. Conventional technical guidelines have consciously been thrown overboard in order to focus more upon the people working in the building. // Beaten clay walls characterize the appearance of the central development room, lit from above by slanted roof glazing. For the walls in the offices, reddish-yellow cob has been packed using the formwork technique of reinforced concrete. These walls insulate against temperature and humidity. A showroom was originally intended, but has been replaced by a multifunctional cafeteria that can be adapted into a presentation room in just a few steps. Glass walls provide a delightful view of the surrounding river landscape. A draft ventilation system in the work areas aerates frequently, ensuring a positive work environment. // In the printing hall the air is changed up to four times an hour. The structure as a whole has a certain timeless ambience, achieved by the precisely crafted, whitewashed wood façade.

2003

BESSER ZU SEHEN // Das Seh-Leitsystem Forster Optik, Brillengeschäft, Kontaktlinseninstitut und Sehbehindertenzentrum, liegt am Durchgang zwischen Stift Melk und Hauptplatz. // Cabs_architektur, Sabine Bartscherer und Ana Paula Cachola, mit Christof Schlegel, entschieden den geladenen Wettbewerb für sich. Jakob Uhl machte die Lichtplanung, Walter Bohatsch die Grafik. // Zentrales Motiv für das Geschäftslokal und Sehbehindertenzentrum für fast erblindete Menschen war die Orientierung im Raum. Ein optisches Band zur Brillenpräsentation, das spiegelnd scheinbar die Mauern durchdringt, verbindet als Raumfluss Geschäfts- und Bürobau. Dieser ist platzseitig ein denkmalgeschützter Bestand und felsseitig zum Stift ein Neubau. Das Leitsystem gliedert in Schwarz und Weiss den 450 m² großen, vorher sehr unübersichtlichen Raum. Durch farbiges Plexiglas fällt hofseitig die Sonne auf die weißen Pulte, macht Schatten in Grün, in Gelb-Orange. Die Abläufe wie Aussuchen, Beratung, Abgabenplatz wurden minimalisiert, die komplexen Tischmöbel jedem Arbeitsschritt auch in der Höhe angepasst. Im ersten Raum gibt es noch keine Brillen zu sehen, hier geht es ums Service. Das Kontaktlinseninstitut befindet sich im oberen Geschoss und ist in elegantem Schwarz gehalten, die Kinderinsel in Orange. Ein Hauch der 1970er Jahre prägt den in Handarbeit hergestellten Luster, der aus optisch verschnittenen Sonnenbrillengläsern besteht, die in ganz Europa gesammelt wurden. *ek*

155

LATITUDE
48° 13' 38"
LONGITUDE
15° 19' 56"

MORE READILY VISIBLE // The visual guidance system of Forster Optik, a glasses store, contact lens institute and center for the visually impaired, can be found at the passageway from Melk Abbey to the main square. // Cabs_architektur – Sabine Bartscherer, Ana Paula Cachola and Christof Schlegel – won the closed competition for the design of this building. Jakob Uhl planned the lighting, Walter Bohatsch the graphic design. // The central motif of this business location is 'orientation within space'. A presentation strip for glasses appears to transpierce the walls through a trick of mirrors. This strip fluidly links the office and sales building, which is old and historically-landmarked on one side, and newly-built on the other. The black-and-white guidance system creates a sense of clarity in the previously unsettled room. From the courtyard, sun shines in through colored Plexiglass, falling on the white desks and scattering green and orange-yellow shadows. Activities such as selection, consultation and payment have been minimized and the complex desk furniture has been adjusted to match the stages of each process. In the first room there are no glasses to be seen, here the focus is on service. The contact lens institute is upstairs, decorated in elegant black. The children's oasis is orange. A breath of the '70s graces the handmade chandeliers, made of optically blended sunglass lenses that have been collected from all over Europe.

1966

RAUM FUR MÜNDIGE CHRISTEN // Ottokar Uhl, der insgesamt zehn Kapellen und fünf Kirchen geplant hat, verfolgte konsequent die aus dem Zweiten Vatikanischen Konzil geborene Idee, die KirchenbesucherInnen zu TeilnehmerInnen werden zu lassen. Er gestaltete Kirchenräume für mündige ChristInnen. // Eine Barocktür führt in diesen Kirchenraum des 20. Jahrhunderts. In der in den 1960er Jahren begonnenen Generalsanierung des Konvikts war die Neugestaltung der Kapelle der erste Schritt. Der Andachtsraum ist klar, hell, schlicht, zurückhaltend und setzt sich von monumentaler Überwältigung dezidiert ab. Der Raum ist völlig nach innen gekehrt, die in den Stiftshof führenden Fenster wurden mit Holzlamellen geschlossen. Durch den Andachtsraum gelangt man in das Beichtzimmer. Die zentrale Position des Tabernakels wird durch seine Einlassung in die Trennwand zwischen dem Vorraum und dem Hauptraum unterstrichen. Die spürbare Trennung zwischen der Wortverkündigung, der »Wortgestalt«, und dem Messopfer, der »Mahlgestalt«, die Uhl ein großes Anliegen war, wird räumlich aufgegriffen. Wenige Elemente, die weißen Wände, das dunkle Holz des Bodens und der Bänke, unterstreichen die dezidierte Einfachheit. Das Gestühl der Kapelle kann in einfachen Bankreihen aufgestellt und durch Öffnungen im Boden mit Zapfen verschraubt werden und ist somit leicht abmontierbar. Jegliche Raumhierarchisierung durch eine Lichtregie wird vermieden. *ek*

▲ Fresken Vorraum Konviktskapelle Melk, 1994: Peter Bischof

LATITUDE
48° 13' 40"
LONGITUDE
15° 20' 7"

FOR DISCERNING CHRISTIANS // Ottokar Uhl, who built ten chapels and five churches in all, adhered strictly to the Second Vatican Council's concept that churchgoers are also participants. He designed church spaces for discerning Christians. // A baroque door leads into this 20th-century chapel. The first step in the general renovation of the seminary, begun in the '60s, was the redesigning of the chapel. The vestry is clear, light, simple, modest, and decidedly not monumental or overwhelming. The room feels very introverted; the windows facing the abbey courtyard have been closed with wooden slats. The vestry leads into the confessional room. The central position of the tabernacle is emphasized by the partitioning wall between the vestibule and the main room. The clear distinction between the Liturgy of the Word and the Liturgy of the Eucharist was very important to Uhl and can be felt spatially. Its modest elements — white walls, dark wood floor and benches — underline the pointed simplicity of the chapel. The chapel's pewage can be mounted in simple rows and fastened down with screws and pegs through small openings in the floor, which make it easy to dismantle. Any possible creation of hierarchy within the room through the direction of light has been avoided.

gh3 Architekten
Dietmar Haberl, Johann Grubmüller

Kammergebäude
Melk, Abt-Karl-Straße 19–21

FLEXIBEL IM REAKTIONSVERHALTEN // Im Cottage-Viertel von Melk befinden sich zahlreiche denkmalgeschützte Gebäude, darunter auch eine frühe Villa von Josef Plečnik. Das in dieser Gegend situierte, aus den 1950er Jahren stammende Gebäude der Bauern- respektive der Wirtschaftskammer wurde 2004 durch einen Neubau ersetzt. Dieser vereint nun Wirtschaftskammer, Niederösterreichische Versicherung und Bauernkammer unter einem Dach. Es galt, die Interessen aller drei Bauherren zu berücksichtigen und alle Bereiche gleichwertig auszustatten. Als modulares Gebäude angelegt, kann sich das flexible Gesamtgerüst den wandelnden Bedürfnissen anpassen. Über die atriumsartige Eingangshalle erfolgt der Zugang zu den drei Institutionen. Im Obergeschoss öffnet sich der transparente, gemeinsam genutzte Veranstaltungsbereich zur Altstadt von Melk und dem allgegenwärtigen barocken Stift. // Bei der Fassadengestaltung wurde besondere Rücksicht auf die Nachbargebäude genommen. Die horizontale Gliederung spiegelt sich in einer zeitgemäßen Interpretation in Form eines prägnanten Wechselspiels von nussbraunen Fassadenplatten, Metallpaneelen und Fensterbändern wider. *th*

157

LATITUDE
48° 13' 34"
LONGITUDE
15° 19' 52"

REACTING FLEXIBLY // A great number of historically preserved buildings are located in the Cottage district of Melk, including an early villa by Josef Plecnik. This 1950s villa, which once housed the Chambers of Agriculture and Commerce, was replaced by a new structure in 2004. // The Chamber of Commerce, Lower Austrian Insurance and the Chamber of Agriculture are now under one roof. Building priorities were to take into consideration the needs of all three occu-

pants and to furnish each area appropriately. Constructed in modules, the entire flexible framework can be adjusted for changing needs. All three institutions can be reached through the atrium-like entry hall. The transparent communal function area on the first floor enjoys a view of Melk's old city and the baroque monastery. // The façade design takes the neighboring buildings into special consideration. The horizontal structuring is mirrored in a modern interpretation of a

concise interplay of nut-brown façade panels, metal panels and strip windows.

Konzentrationslager Gedenkstätte
Melk, südwestlich der Birago-Kaserne

Spur Wien
Sigrid Augeneder, Klaus Tatto

1992

RAUM LEGT ZEUGNIS AB // Nach 1945 verhinderten ehemalige Häftlinge den Abriss des Krematoriums des KZ Melk, des drittgrößten Außenlagers des KZ Mauthausen, südwestlich der Birago-Kaserne. 1992 wurde die seit den 1960er Jahren offiziell bestehende »schweigende« Gedenkstätte mit dem Krematoriumsofen um die Ebene der Information erweitert. Zeithistoriker Bertrand Perz und Museologe Gottfried Fliedl konzipierten die Dauerausstellung. Sigrid Augeneder und Klaus Tatto von Spur Wien entwarfen dem Konzept eng folgend ein Informationssystem mit Stahlplatten. // Zwischen Melk und Loosdorf entstand ab April 1944 die unterirdische Fabrik-Stollenanlage für die Kugellagerproduktion des Steyr-Daimler-Puch-Konzerns. Schutz vor Luftangriffen war das Ziel. Zwei Drittel des auf 60.000 m² geplanten »Projektes Quarz« wurden bis April 1945 ausgebrochen, ein Drittel betoniert. Während Häftlinge Anfang 1945 hinten die Stollen ausbrachen, wurde im mittleren Teil betoniert, im vorderen Teil wurden Maschinen aufgestellt. Nach wenigen Wochen laufender Produktion erfolgte die Evakuation vor der nahenden Roten Armee. Der Stollen A diente mit 9,29 m Breite und 8 m Höhe als unterirdischer Bahnhof, in den die Züge von Loosdorf zweigleisig einfuhren. 14.000 Häftlinge waren eingesetzt, 4.801 starben, 1.400 wurden als arbeitsunfähig nach Mauthausen zurückgeschickt. Auf dem Weg zum Krematorium errichteten tschechische, slowakische, polnische, jugoslawische und französische Opfer ihre Gedenksteine. *ek*

⊞ Evangelische Erlöserkirche, Melk, Kirchenstraße 15, 1959: Friedrich Rollwagen, Rudolf Palmitschka

158

LATITUDE
48°13'12"
LONGITUDE
15°19'27"

THE TESTIMONY OF A ROOM // After 1945, former prisoners prevented the demolition of the crematorium at the Melk Concentration Camp, the third largest satellite camp of Mauthausen. In 1992, an information section was added to the 1960s 'silent' memorial. Historian Bertrand Perz and museologist Gottfried Fliedl collaborated to create the permanent exhibit. Sigrid Augeneder and Klaus Tatto from the design studio "Spur Wien" used a steel plate system for the memorial plaques. // Starting in April 1944, an underground complex was built for the Steyr-Daimler-Puch Company's production of ball-bearings. Located between Melk and Loosdorf, the goal was to protect from aerial attacks. Two thirds of the planned 60,000 m² "Project Quartz" had been excavated by April 1945, one third framed in concrete. While prisoners dug out the rear section of the underground complex, concrete was poured in the middle, and machinery was assembled in the front. After only a few weeks of production, evacuation in the face of the Red Army began in late March of 1945. Shelter A, 9.29 m wide and 8 m high, was used as an underground train station, trains coming in from Loosdorf on two platforms. Of the 14,000 prisoners that were forced to labor, 4,801 died while working and 1,400 were incapacitated and sent back to Mauthausen. Memorial plaques commemorating the Czech, Slovakian, Polish, Yugoslav and French victims mark the path to the crematorium.

Richard Zeitlhuber

Zubau Pfarrkirche
Matzleinsdorf, Kirchenberg 3

2000

SICHTBARE NAHT ZWISCHEN ALT UND NEU // Im Jahr 2000 wurde der Erweiterungsbau der Matzleinsdorfer Pfarrkirche fertig gestellt. Auf dem kleinen
Dorfplatz gibt es nun in der beengten städtebaulichen Situation mehr Raum für
die Kirche. // Nähert man sich auf dem ansteigenden Weg zur Kirche, sieht
man schon durch die Glasfront, wie viel Zeit noch bleibt bis zum Gottesdienst.
Der kupferne Windfang des neuen Zugangs ist an der nordwestlichen Ecke zum
Weg geschwenkt. Die verglaste Erdgeschosszone vermittelt zwischen innen
und außen. Abends leuchtet der Raum von innen. Transparenz spielt hier im
Sakralbau eine Rolle. Der Eingangsbereich wurde abgebrochen, die Wand
geöffnet und dem Kirchenschiff ein zweigeschossiger Erweiterungsbau ange-
fügt. Klar markiert ist die Differenz zwischen Alt und Neu. Ein Glasschlitz an
Stelle der abgetrennten Westwand bezeichnet den Übergang und führt über die
Orgelempore zur Kirchendecke. Die Orgelempore war zuvor nur über die
Außenstiege erreichbar. Nun wurde die mit einer Glasbrüstung versehene
Empore in den neuen, südlich anschließenden Zubau verlängert, bietet Raum
für den Chor und über dem Eingang Stauraum. Ein gläserner Würfel erhellt den
Stiegenaufgang zur Orgel, durch ein Prisma auf dem Dach des Zubaus fällt
Licht auf den Chor. Der Fußboden aus hellen Kalkschieferplatten verbindet den
neuen Eingang mit Kirchenschiff und Altar. Der Altarraum wurde mit zeitgenös-
sischem Material und mobilem Altar gestaltet. *ek*

159

LATITUDE
48° 12' 02"
LONGITUDE
15° 16' 28"

VISIBLE PROXIMITY OF OLD AND NEW // The addition to the Matzleinsdorf Parish Church was completed in the year 2000. Now there is more room for the church, despite the limited space on the village square. // From the path leading up to the church, one can look through the glass façade to see how much time remains till mass. The copper vestibule of the new entrance is in the northwestern corner, turned towards the path. The glassed-in ground floor area harmo-

nizes the exterior and interior. In the evening, the room glows from within. Transparency plays an important role in this sacred building. The entrance area has been removed, the wall opened, and a two-story addition made to the nave. The difference between old and new is clearly defined. A glazed slit in place of the old west wall marks the transition, leading across the organ gallery up to the ceiling of the church. The organ gallery was previously acces- sible only by an outdoor stairway.

The gallery has now been fitted with a glass balustrade and lengthened into the new addition to the south, making room for the choir and for a storage area above the entrance. A glass cube brightens the stairway to the organ. Through a prism on the roof of the addition light falls upon the choir. The light-colored, lime- stone slate floor creates unity between new entrance, nave and altar. The sanctuary is finished in modern materials and has a mobile altar.

Kindergarten
Ybbs, Peter-Rosegger-Promenade 7

Helmut Stefan Haiden

2004

MIT DEM KIND IN SICHTBEZIEHUNG // Aus einem Architektenwettbewerb ging das Projekt von Helmut Stefan Haiden im Jahr 2002 als Siegerprojekt hervor. Entgegen der Wettbewerbsvorgaben konnte für den viergruppigen Kindergarten die Idee einer zweigeschossigen Bebauung mit einer hinterlüfteten Pultdachkonstruktion durchgesetzt werden. Dadurch wurde das L-förmige Grundstück, dessen kurzer Schenkel nordseitig zur Donau orientiert ist und dessen größerer Schenkel sich Richtung Südosten weitet, sowohl für die Lichtführung durch das Gebäude als auch für die Anordnung der Freiflächen, die auch dem direkt angrenzenden Pfarrheim zur Verfügung stehen, optimal genutzt. Alle Gruppenräume wurden zu den Freiflächen hin orientiert. Der südöstliche Teil des Grundstücks wird als Spielplatz genützt. Mitgearbeitet an der Freiraumplanung hat Peter Ojo. Die Voraussetzung für die Niedrigstenergiebauweise wurde durch die kompakte Gebäudehülle geschaffen. Der Heizwärmebedarf wurde auf 40 KW/m² und Jahr reduziert. Das sind 60% weniger im Vergleich zu einer konventionellen Bauweise. Belüftung und Entlüftung erfolgen mit hocheffizienter Wärmerückgewinnung. Kräftige, elementare Farben verleihen den verschiedenen Raumtypen ihren Wiedererkennungseffekt und machen die Baukörper und ihre Funktionszuordnungen räumlich-plastisch ablesbar. Alle orientierenden Sichtbeziehungen im Inneren sind auf die Augenhöhe von Kindern eingestellt. *ek*

▲ Friedensdenkmal, Erlauf, Hauptplatz, 1995: Jenny Holzer; 1995: Oleg Komov

160

LATITUDE
48° 10' 48"
LONGITUDE
15° 04' 56"

WITHIN SIGHT OF THE CHILD // In 2002, Helmut Stefan Haiden's project won the architectural competition for this structure. Contrary to competition guidelines, a two-story building with a rear ventilated pent roof prevailed for the construction of this four-group daycare center. This plan ensured that the L-shaped plot – the short leg of which faces the Danube, the long leg stretching south-east – could be used to its full potential, both in terms of the use of natural light as well as for the alignment of the outdoor spaces. All group rooms face the outside areas, which are supplemented by those of the adjacent church. A playground is located on the south-east area. Peter Ojo assisted with the planning of these exterior areas. The building's compact shell fulfills the requirements for a low-energy construction. Heating has been reduced to 40 KW per m² per year, 60% less than conventional structures. The ventilation uses a highly efficient heat recovery system. Strong elementary colors give the different rooms a strong recognition factor, making the structure and its functions spatially and physically easily comprehensible. All visual orientation symbols on the interior are set at the eye-level of a child.

FLUSSKRAFTWERK IM SCHATTEN DER GESCHICHTE // Die Geschichte eines der größten Flusskraftwerke Europas beginnt 1923 mit einem Entwurf des Schweizer Ingenieurs Oskar Höhn, der jedoch aufgrund der wirtschaftlichen Depression nicht realisiert wurde. Im Jahr 1938 wurde der Entwurf durch die Rhein-Main-Donau-Aktiengesellschaften erworben. Die Bauarbeiten begannen 1942, wurden jedoch kriegsbedingt 1944 eingestellt. Das Projekt wurde 1948 bei der Wasserrechtsbehörde neu eingereicht, konnte aber aufgrund des Status als Deutsches Eigentum nicht umgesetzt werden. Erst 1953 erteilten die Besatzungsmächte die Bewilligung. Nach den Wasserrechtsverhandlungen 1954 konnten die Bauarbeiten gemäß der neuen, überarbeiteten Entwürfe begonnen werden. Obwohl 1955 und 1956 Donauhochwässer die Baugruben fluteten, konnte die Südschleuse im Dezember 1956 termingerecht in Betrieb genommen werden. Vom Teilstau zum Vollstau, mit Ende der gesamten Bauarbeiten, dauerte es bis 1959. // Das Hauptbauwerk liegt bei Schloss Persenbeug, unmittelbar oberhalb der Stadt Ybbs. Zwei Kranbrücken und eine Straßenbrücke spannen sich über die 460 m lange Staumauer. Die Schleusenanlage für die Schiffspassage liegt am linken, die Montagehalle und das Betriebsgebäude befinden sich am rechten Donauufer. Dass 1996 bei laufendem Betrieb zu den vorhandenen sechs Kaplanturbinen ein zusätzlicher Maschinensatz eingebaut wurde, stellte weltweit eine Novität dar. *th*

⌂ Rathaus, Golling an der Erlauf, Rathausplatz 1, 1925: Anton Valentin
⌂ Pfarrkirche Hl. Franz von Assisi, Golling an der Erlauf, Hauptstraße 8, 1964: Johann Krättner

LATITUDE
48° 11' 34"
LONGITUDE
15° 03' 37"

HYDROELECTRIC DAM WITH A DARK HISTORY // The history of one of Europe's largest hydroelectric power plants began in 1923 with a plan drafted by Swiss engineer Oskar Höhn. Due to an economic depression, the plan was never realized. // In 1938, Rhein-Main-Donau Inc. bought the drafts and construction began in 1942. Due to the war, building ceased in 1944. In 1948, the project was resubmitted to the Water Rights Commission, but was not approved due to its German ownership status. Finally, in 1953, the occupying powers issued an authorization. Following the water rights negotiations of 1954, construction finally continued according to new, reworked plans. Although the Danube floods of 1955 and '56 filled the excavation pits, the southern sluice was nevertheless completed on schedule in December of 1956. Full damming was achieved in 1959, completing construction. // The plant's main facility is located near Schloss Persenbeug, directly above the village Ybbs. Two crane bridges and a street bridge span the 460 meters of the dam wall. The sluice system for passing ships is located on the left bank of the Danube, the assembly hangar and the plant are on the right. This plant was fitted in 1996 with a seventh Kaplan turbine during full operation, a worldwide novelty.

Haus Graf 2

Wieselburg, Johann-Winter-Gasse 34

Ernst Beneder

2002

EIN HAUS SCHAUT RICHTUNG SÜDEN // Über einem Gartenhof schwebt ein Einfamilienhaus. Das Hofmotiv hatten die Bauherren, Annemaria und Rainer Graf, aus ihrem vorhergehenden Haus in Blindenmarkt, das wegen der geplanten Untertunnelung durch die Bahn verkauft werden musste, mitgebracht. An ein Leben im Hofhaus hatte sich die Familie Graf gewöhnt, das sollte es wieder werden, so ihr einziger Wunsch an Ernst Beneder. Auf dem längsgerichteten, nord-südlich abfallenden Grundstück schwingen sich in den stark gegliederten, kubischen Baukörpern differenzierte Raumfolgen auf. Entsprechend dem Gefälle wurden die Ebenen des Hauses so raffiniert gestaffelt und geordnet, dass sich alle Räume nach Süden respektive Südwesten oder Südosten öffnen. Trotz des in die Höhe strebenden, selbstbewussten Eindrucks des Hauses bleibt die reale Höhenentwicklung gegenüber dem Gelände gering. Auf dem grau verputzten Stahlbeton-Sockel steht eine Holzriegelkonstruktion für die Wohnräume. Nach außen sind diese Wohnräume mit unbehandelter Lärche verschalt. Von drei Seiten umschließt das Gebäude mit Neben- und Einstellräumen einen geschützten Hof. Eine vom Wohnzimmer ausgehende Auskragung spendet dem Hof Schatten. Die als Nebengebäude ausgebildete Garage liegt an der östlichen Grundstücksgrenze. Die begrünten Flachdächer über diesen Einstellräumen fügen sich dezent und stimmig in die Umgebung ein. *ek*

LATITUDE
48°08'06"
LONGITUDE
15°07'51"

A HOUSE FACES SOUTH // This single-family home seems to hover above a garden courtyard. The owners, Annemaria and Rainer Graf, took the garden motif with them from their former house in Blindenmarkt, which had to be sold because of a planned railway tunnel. // The Graf family had become accustomed to living in a house with an inner courtyard and wanted one in their new house. This was the only wish expressed to the architect, Ernst Beneder. On the plot, running length-wise on a north-south gradient, the cubic structures contain differentiated suites of rooms. Following the slope, the levels of the house have been ingeniously stacked and staggered so that all rooms open either to the south, south-east or south-west. Despite the self-assured, lofty impression of the house, it is not very high in relation to the slope of the terrain. Upon a gray plastered, reinforced concrete foundation stands a wooden beam construction for the living areas. These rooms are clad on the exterior in untreated larch. The building and its storage rooms surround a sheltered courtyard on three sides. The garage is separate and lies on the eastern edge of the property. Flat greened roofs topping the storage spaces blend discreetly and harmoniously into the surroundings.

2006

ALUMINIUMSCHALE MIT AUSBLICK // Eine Metallhaut umschließt das Einfamilienhaus im Norden und Westen und verstärkt die nach hinten abgerundete
Silhouette. Das Untergeschoss mit umlaufendem Oberlichtband ist nordseitig in
den Hang gesenkt, während die Südseite großflächig verglast wurde. Die Fens-
terflächen sind zurückgesetzt, somit ist kein weiterer Sonnenschutz erforderlich, der den besonderen Ausblick stören würde. Zugleich dient die südseitige
Öffnung des Hauses dem solaren Energiegewinn. Die Qualität als Passivhaus
ergibt sich weiters durch Wohnraumlüftung, Erdkollektor und hochgedämmte
Außenbauteile. // Entlang der Südseite verläuft auf beiden Geschossen jeweils
der Wohnraum. Im leicht auskragenden Obergeschoss in Holzbauweise ist im
Süden sowie im Osten eine Terrasse vorgelagert. An den geschützten Stellen
ist die Fassade mit Lärchenholz verkleidet, wo das Westwetter angreift, ist das
Haus mit einer Aluminiumschale geschützt. Der Eingangsbereich ist in den kleinen Hof gesetzt, der im Zwischenraum von Wohntrakt und Garage entsteht.
Das Dach der Garage wurde als Gartenfläche adaptiert. Der Blick in die Vor-
alpenlandschaft wird durch die Anordnung der Fenster gezielt gelenkt. Die
Nachbarhäuser jedoch werden aus der Blickachse genommen. *th*

LATITUDE
48° 08' 00"
LONGITUDE
15° 07' 59"

ALUMINUM SHELL WITH A VIEW //
This single-family residence is
encased by a metal shell to the north
and west, strengthening the rounded
silhouette to the back. The lower
floor has a continuous skylight strip
and is sunk into the slope to the
north. The south wall has been
expansively glazed. The windows are
recessed, eliminating the need for
blinds or other sun blocks, which
would spoil the exceptional view.
The southern exposure of the house
also helps gather solar energy.

Further qualities of this passive
house are the living area ventilation,
ground coils, and highly insulated
exterior building components. // The
living areas run along the south side
of both stories. To the south and
east, a patio extends from the
slightly jutting timber construction of
the upper floor. The more protected
areas of the façade are clad in larch;
an aluminum shell protects areas
assailed by the west wind. The
entrance is in the small courtyard,
between the residential wing and the

garage. The garage roof is used as a
garden area. The windows are placed
to emphasize the view of the surrounding Alpine foothills. Neighboring
houses are, however, kept out of the
view.

Fachhochschule
Wieselburg, Zeiselgraben 4

2002

STUDIEREN IM HOLZBAU // Die Fachhochschule liegt auf einem langen, schmalen Grundstück der Wieselburger Industriezone nahe dem Autobahnzubringer. In diesem prämierten Holzbau wird der Studiengang »Produkt- und Projektmanagement« mit Schwerpunkt auf Wirtschaft und Technik der Fachhochschule Wiener Neustadt unterrichtet. Die Besonderheiten des Baus liegen in der wirkungsvollen Fassade aus unbehandeltem Holz sowie seinem ökologischen Ansatz. Die doppelschalige Klimafassade verfügt über Klappen, die sich im Sommer bei Bedarf automatisch öffnen und schließen. Ein Gewebe aus Kunststoff sorgt für den benötigten Sonnen- und Blendschutz an den Computerarbeitsplätzen. Über eine kontrollierte Luftzirkulation wird das Niedrigenergiehaus je nach Bedarf geheizt oder gekühlt. Eine Akustikdecke aus Heraklit dämpft den Geräuschpegel der universitären Einrichtung. // Für die StudentInnen stehen neben dem Audimax sowie einem großen und zwei kleinen Hörsälen für den Unterricht auch eigene Projekträume zur selbständigen Arbeit zur Verfügung, die als Teambüros genutzt werden. In diesem Bereich konnten sich die Studierenden voll und ganz in die Gestaltung der Einrichtung einbringen. *th*

LATITUDE
48° 08' 18"
LONGITUDE
15° 08' 17"

A STUDY IN WOOD // The polytechnical school is located on a long, narrow lot on a freeway feeder in Wieselburg's industrial zone. The study course "Product and Project Management" – with an emphasis on Business and Technology – is taught in this prize-winning timber structure, part of the Wiener Neustadt Polytechnic. This geometric structure is exceptional through its impressive, unprocessed wooden façade, and by the ecological building techniques used in its construction. The double-hulled climate control front is fitted with flaps that automatically open and close in the summer, and is covered with a synthetic webbing that functions as a sunscreen, including anti-glare for computer work areas. The self-regulating air circulation system heats and cools the low energy building as needed. A sound-absorbent ceiling of Heraklith dampens the noise level in the university rooms. // The students not only profit from a lecture hall, an auditorium and two smaller lecture rooms; but also from the project and study rooms, which can be used for group work. Students were actively involved in the design decision-making process for the study areas.

Irmgard Frank, Finn Erschen

2005

FERNSICHT UND NAHBLICK // Sehen und Gesehenwerden: die Prämisse
städtischen Handels. Irmgard Frank und Finn Erschen setzen für Forster Optik
mit der Transformation eines Sehtests auf Fassadenfernwirkung und mit tiefen
Auslageneinblicken auf anziehende Nahwirkung. // Eine Wieselburger Straßen-
zeile des 19. Jahrhunderts, heute von spezialisiertem Einzelhandel und Verkehr
geprägt, verlangt nach einer spezifischen Fassaden- und Auslagensprache. Im
oberen Geschoss macht eine Vorblendung aus gelochtem Blech neugierig auf
die Fassade: ein undurchschaubarer und zugleich durch-schaubarer Sehtest.
Starke Farben und ausgewogene Kontraste ziehen den Blick tief ins Innere des
230 m² großen Geschäftslokals. Eine orangefarbene Wand mit einem Farben-
sehtestmotiv bildet die Verschränkung zwischen den beiden Geschäftsebenen,
der Brillenpräsentation und Rezeption im Erdgeschoss sowie dem Dienstleistungsbereich im Obergeschoss. Der Steinboden hat die Farbe von Sand, die
leicht anmutenden Möbel sind aus hellem Bambus. Die orangefarbenen Alcan-
tarawände leuchten kräftig und verführen durch ihre an Veloursleder erinnernde Oberflächenbeschaffenheit zum Hingreifen. Die horizontalen Ebenen
des Regalsystems sind deutlich voneinander abgesetzt. Die einzelnen Reihen,
in der man Brille um Brille anschauen kann, werden als Zeilen lesbar. Zur aus-
geklügelten Lichtregie und zu Materialität und Farbe treten mit den großflächigen Spiegeln weitere Raumeffekte. *ek*

165

LATITUDE
48° 07' 52"
LONGITUDE
15° 08' 19"

VIEW FROM FAR AND NEAR // To see and be seen: the basic premise of city business. Irmgard Frank and Finn Erschen create long-range impact with their transformed vision test on the façade. Attractively deep display windows fulfill the close-range aspect. // A stretch of 19th-century Wieselburg street, filled today with specialized retailers and car traffic, almost demanded the presence of a more exclusive façade and display window. The upper part of the building is covered with a facing of pierced sheet metal, piquing curiosity about the shop-front: a simple yet tricky test of our visual comprehension. // Strong colors and balanced contrasts draw one's gaze deep into the interior of the 230 m² store. An orange wall with a color vision test motive connects the shop's two levels: the reception and sales room on the ground floor and the service area upstairs. The stone floor is the color of sand, the light furniture of pale bamboo. The velvety surface of the bright orange ultrasuede walls is inviting to the touch. The horizontal levels of the shelving system are markedly stepped. The individual rows in which each pair of glasses can be viewed become legible as lines. In addition to the ingenious lighting, the materials and colors, the extensive mirroring further enhances the atmosphere.

Rathaus
Wieselburg, Hauptplatz 26

Anton Valentin

1929

BAUGESCHICHTE IM WANDBILD // Ein Straßendurchbruch öffnete in den 1950er Jahren den rechteckigen Hauptplatz, an dessen südlicher Schmalseite das Rathaus liegt. // Im Jahr 1927 fand der Architektenwettbewerb statt, Preisträger waren das Büro Baumgartner/Hofbauer, gefolgt von Anton Valentin, Rudolf Frass und Hermann Tamussino. Das erstgereihte Projekt wurde aufgrund der hohen Kosten und der ungünstigen Situierung verworfen. Durchsetzen konnte sich der Wiener Architekt Anton Valentin, der 1923–1925 das Gemeindeamt in Golling an der Erlauf gebaut hatte. Er stimmte einem »Bauen in Perioden« (Bauabschnitten) zu, sein Honorar betrug 7.200 Schilling. Das Rathaus verfügt über einen dominanten Eckturm mit Keildach. Die Fassadenmalerei am Turm neben der Rathausuhr stammt von Rudolf Holzinger und zeigt überlebensgroß die Figur des hl. Michael mit Schwert – Symbol der Gerechtigkeit und Attribut des Drachenkämpfers. Erhalten sind weiters die figurale Bemalung der Decke im Bürgermeisterzimmer und die Wandmalereien an der Nordseite des Rathaussaals, ebenfalls von Rudolf Holzinger, sowie die Gestaltung der Südwand durch Kurt Weiss. Die Malerei im großen Sitzungssaal zeigt die Abstimmung zum Bau des Amtsgebäudes, bei der sich die Wirtschaftspartei gegen die Sozialdemokraten durchsetzte. Die geplante Erweiterung um Wohnungseinheiten im Südwesten wurde erst 70 Jahre später realisiert. *th*

LATITUDE
48° 07' 48"
LONGITUDE
15° 08' 18"

A MURAL OF BUILDING HISTORY // In the 1950s, street construction opened up the rectangular city square, the short side of which is bordered by the city hall. An architectural competition was held in 1927, won by the office of Baumgartner/Hofbauer, with Anton Valentin, Rudolf Frass and Hermann Tamussino as runners-up. The first-placed project was then rejected due to its high costs and disadvantageous placement. Viennese architect Anton Valentin, who also built the municipal offices in Golling an der Erlauf (1923–25), was able to gain approval for his project. He agreed to a "building by phases" plan. His wages amounted to 7,200 Austrian Schillings. The city hall has a dominant corner tower with a wedge roof. The painting next to the clock on the tower façade is by Rudolf Holzinger and shows a larger-than-life figure of Saint Michael with a sword – both a symbol of justice and the dragon slayer's attribute. The figural painting on the ceiling of the mayor's office and the murals on the north side of the city hall main room, also by Rudolf Holzinger, and the design of the south wall by Kurt Weiss have all been preserved. The painting in the great meeting hall portrays the vote for the construction of this public building, in which the Economic Party prevailed over the Social Democrats. The planned addition of domestic units to the southwest was carried out 70 years later.

Robert Ruderstaller, Herbert Stögerer

Gymnasium
Wieselburg, Erlaufpromenade 1

1979 / 2005

DYNAMISCHER EINSCHNITT // Mit einem präzisen Schnitt haben Robert Ruderstaller und Herbert Stögerer in die Bausubstanz des 1979 von Reinhard Pfoser geplanten Schulbaus eingegriffen. Die beiden Architekten lösten die Vorgabe des Wettbewerbes, die bestehenden Raumdefizite der Schule zu beheben, mit der Einfügung kubischer Baukörper, die das vorhandene Gebäude quer und längs teilen. Die Glasfassade des Neubautrakts, der auf zwei Geschossen insgesamt 14 Klassen beherbergt, verleiht dem Gebäude Transparenz. Eine Brückenkonstruktion erlaubt das dynamische Auskragen von Gebäudeteilen. // Eine Freitreppe aus Stahl, mit Gittern umhüllt, steht im rechten Winkel zur Fassade des rechten Blocks, spielt mit der geometrischen Strenge der Gesamtkomposition und lockert durch ihre Durchlässigkeit die Kompaktheit des Komplexes auf. // Die Reorganisation des Bestandsbaus ist von funktionalen Parametern geprägt. Die zentrale Positionierung des Neubaus ermöglicht es, dass die Wege innerhalb der gesamten Infrastruktur möglichst ökonomisch gehalten werden konnten. Das Wachsen der Institution ist im Nebeneinander zweier Bauabschnitte klar kommuniziert: Das Neue verdeckt das Alte nicht, sondern durchdringt es, ohne es zu verletzen. *th*

▲ Stahlskulptur vor der Schule, 2005: Robert Kabas

LATITUDE
48° 07' 54"
LONGITUDE
15° 08' 52"

DYNAMIC BREAK // Robert Ruderstaller and Herbert Stögerer have made an elegant intervention in the building fabric of the Wieselburg Grammar School, built by Reinhard Pfoser in 1979. // This cooperative project has convincingly met the challenge to create more space for the school with clear architectural symbolism. Cubic structures intersect the original building cross- and lengthwise. The new building tract houses fourteen classrooms on two stories. The generous use of glass in the façade endows it with a breath of transparency. A bridge construction permits the building parts to project dynamically, helping to relieve the heaviness of the reinforced concrete. // An outdoor steel grille staircase, at a right angle to the façade of the right-hand block, lightens the geometric stringency of the entire composition. // The highest priority during the remodeling was to maintain functionality. The central position of the new structure does this by keeping circulation within the entire infrastructure as ergonomic as possible. The juxtaposition of two building phases within the growth of an institution is communicated clearly – the new does not hide the old, but permeates it, causing no impairment.

Silo
Wieselburg, Am Bahnhof

Herbert Schinner

1939

GETREIDELAGER UNTER DEM SATTELDACH // Die seit den 1950er Jahren regelmäßig erweiterte Anlage befindet sich in direkter Nähe zum Bahnhof. In den 1930er Jahren wurde das Lagerhaus als Filiale der Muttergenossenschaft Pöchlarn gegründet, wo zur Stärkung der wirtschaftlichen Lage der Bauern 1898 österreichweit die erste Lagerhausgenossenschaft entstanden war. Planung und Errichtung von Silo und Getreidelagerstätte in Wieselburg erfolgte 1939 durch den Baumeister Herbert Schinner. Der fünfstöckige Silo besitzt ein steiles Satteldach und ist niedriger als der typologisch vergleichbare Silo in Pöchlarn. Spätere Bauten tragen zumeist ein Flachdach, darunter durchlaufende vertikale Lichtbänder. In Wieselburg sind die querformatigen, fünfteiligen Fenster über das gesamte Gebäude verteilt. An der Fassade befindet sich ein Sgraffito von Perermann-Eggenburg aus dem Jahr 1957, das eine bäuerliche Szene zeigt und den Spruch »Gib uns Deinen Segen O Herr« trägt. // Die Lagerhaus-Idee geht auf Friedrich Wilhelm Raiffeisen (1818–1888) zurück, der 1862 die erste landwirtschaftliche Genossenschaft in Deutschland gründete. Ab den 1950er Jahren kam es zu einem raschen Anstieg an Silobauten, da die Modernisierung der Landwirtschaft entsprechende Lagerflächen erforderlich machte. *th*

⬛ Silo Kilb, Bahnhofstraße 4; Silo Pöchlarn, Bahnstraße 3–5, beide 1930er Jahre

168

LATITUDE
48° 07′ 55″
LONGITUDE
15° 08′ 30″

GRAIN STORAGE UNDER A GABLED ROOF // Located next to the train station, this facility has been regularly expanded since the 1950s. The warehouse was founded in the 1930s as a subsidiary of the Pöchlarn farming cooperative, the first farming cooperative to be founded, in 1898, with the aim of improving the financial situation of farmers. The master-builder Herbert Schinner planned and built the silo and grain warehouse in Wieselburg in 1939. The five-story silo has a steep gabled roof and is lower than the comparable silo in Pöchlarn. Later structures tend to have a flat roof with continuous vertical strip windows below. In Wieselburg, five-part landscape windows are distributed across the entire building. A 1957 graffito by Perermann-Eggenburg on the façade portrays a farming scenario with the words "Give Us Your Blessing, Oh Lord". The warehousing concept can be traced back to Friedrich Wilhelm Raiffeisen (1818–1888), who founded the first agricultural cooperative in Germany in 1862. After the 1950s, there was a sharp increase in silo buildings, since agricultural modernizations made more storage space necessary.

Robert Kabas

Geißmühle
Purgstall an der Erlauf, Gaisberg 9b

VON DER KUNST DER NACHNUTZUNG // Die Umwidmung einer alten Mühle
zu einem Atelierhaus zeigt, wie neue Wohn- und Arbeitssituationen ressourcenschonend entstehen können. 1995 kaufte der Bildhauer und Maler Robert
Kabas vom Vorbesitzer, der Lagerhaus-Genossenschaft, die zum damaligen
Zeitpunkt bereits seit zehn Jahren stillgelegte Getreidemühle an der Erlauf,
um sie sukzessive zu adaptieren. Die Geiß(er)mühle wurde 1428 erstmalig
schriftlich erwähnt. Vom barocken Trakt führt eine schmale Tür, vormals ein
Fenster, in den jüngsten Bauabschnitt: den Zubau aus dem Jahr 1955. Dieser
Baukörper, der auf der Außenfassade mit einem zeittypischen Sgraffito, einer
Ernteszene, bestückt wurde, dient dem Künstler vorwiegend als Atelier. //
Gekennzeichnet sind die Räume, die sich über drei Etagen ziehen, durch hohe
Fabrikfenster und minimalistische Funktionalität. Als der Künstler mit dem
Umbau begann, waren noch die Trichter, Bleche, Siebe und Getreidekästen der
alten Mühle vorhanden. Die Trichter gliedern bis heute die Wand des Innen-
raums, anfallende Eisenrohre verarbeitete Kabas hingegen zu Skulpturen. //
Im Sommer eignet sich der ehemalige Industriebau als Atelier und ist zudem
öffentlich zugänglich, wenn darin Malkurse stattfinden. Im Winter dagegen
zieht sich der Hausherr in Räumlichkeiten zurück, die durch einen alten Eisen-
ofen beheizt werden können. Als Arbeitsplatz dient dann das ehemalige
Mehlmagazin. *th*

⊡ Umbau Scheune Geißmühle zu Wohnhaus, 2007: neu | bau architektur, Wolfgang Thanel

LATITUDE
48° 02' 59"
LONGITUDE
15° 06' 43"

*THE ART OF SUBSEQUENT USE //
The transformation of an old mill in
Purgstall into an artist's studio and
living space makes a statement about
how new living and working situations can be created using surprisingly few resources. // In 1995, the
painter and sculptor Robert Kabas
bought the grain mill on the Erlauf
River and began to successively
adapt it. The mill had been in disuse
for ten years, used as a storage shed
by the former owner. The mill is first
mentioned as early as 1428.*

*A narrow door, formerly a window,
leads from the baroque tract into an
addition dating from 1955, the
newest part of the building. The
structure, decorated on the outside
with a harvest scene graffito typical
of the era, serves mainly as a studio
for the artist. // The rooms span
three stories and are characterized
by high factory windows and minimalist functionality. When the artist
began renovations, the funnels,
pans, sieves, and grain barrels of a
typical flour-mill were still present.*

*Funnels on the wall still serve to
subdivide the interior. Kabas integrated the iron pipes that were left
over into sculptures. // The factory
building is especially suitable as a
studio space in the warmer months.
In the summertime, it is even
open to the public and painting
classes are held. In the winter, the
artist retires to those rooms that can
be heated by the old iron stove. A
former flour-store is then used as a
workspace.*

Haus Brandhofer

Walter Brandhofer

Purgstall an der Erlauf, Mariazellerstraße 93

2006

DACHAUSBAU ALS SKULPTUR // Grundgedanke des Umbaus war die Frage nach dem Umgang mit dem Bestand, einem unspektakulären Haus aus den 1950er Jahren, an dem zuletzt 1972 ein Eingriff stattgefunden hatte. Der Architekt, der nach seinem Studium mit eigener Familie ins Elternhaus zurückkehrte, entschied sich für eine zeichenhafte, deutlich vom Alten abgesetzte Markierung des Neuen. Die Wohnbereiche der Generationen – die Eltern wohnen ebenerdig – sind strikt getrennt. Eine massive, raumhohe Doppeltür teilt Wohn- und Arbeitsbereich im ersten Stock, im ausgebauten Dachgeschoss befindet sich ein zusätzlicher Wohnraum. Bei der Konzeption stand das Raumerlebnis mit Situationen der Enge und der Weite im Vordergrund. Der U-förmige Aufbau ist wie eine Skulptur modelliert. Im Südwesten, wo auch die Terrasse liegt, fungiert die auskragende Spitze als Sichtschutz. Im Norden dagegen verjüngt sich die Form, wodurch von der Küche aus der Straßenraum einsehbar ist. // Kupfer, Holz und Glas gewährleisten den Witterungsschutz, ein Lehmputz mit integrierter Wandheizung sorgt für das innere Klima. Dieses Niedertemperatur-Heizsystem wird im Sommer zum Kühlsystem und erspart dadurch auf kostengünstige Weise eine außenliegende Beschattung. // Da die Bauherrin im Haus ihre eigene Praxis als Osteopathin führt, sind gewisse Bereiche allgemein zugänglich: Somit wird die Architektur auch von innen wahrgenommen und (meist) verstanden. *th*

 Siedlung, Purgstall an der Erlauf, Johann-Strobl-Straße, 2006: Gottfried Haselmeyer

LATITUDE
48°02'57"
LONGITUDE
15°08'07"

A SCULPTURAL ROOF EXTENSION // The fundamental question while designing this extension was how to cope with the existing structure, an unspectacular house from the 1950s that had not been improved since 1972. The architect, who after graduating had moved back into his parents' house with his family, decided to make his mark with a new section clearly differentiated from the old part. The living areas of the generations are strictly separated, the parents living downstairs.

A massive, ceiling-high, double door separates the living and working areas on the second floor. Upstairs, in the roof extension, is an additional living room. The rooms are conceived to keep the spatial experiences of near and far in focus. The U-shaped extension is modeled like a sculpture. To the southwest, with the terrace, a projecting point shields the view. The shape narrows to the north, making the kitchen visible from the street. Copper, wood and glass protect the outside; loam-rendered walls with

integrated heating ensure a cozy interior climate. The low-temperature heating system switches to cooling in the summer, saving the costs for exterior shading. // Since the woman of the house is a practicing osteopath, some areas of the house are accessible to the public. This allows the architecture to be seen and (mostly) understood from both inside and out.

Johann Moser

2003

PLATTFORM WÖRTLICH // Ob Tanzboden oder öffentliche Vertretung, das gesamte semantische Spektrum einer Plattform schwingt in dieser hölzernen Skulptur von Johann Moser mit. Die Plattform ist eine Möglichkeitsform des Sozialen. // Die Gemeinde Kirnberg war an »kunst im öffentlichen raum niederösterreich« herangetreten, um den neben dem Gemeindeamt liegenden Park- und Marktplatz zu verändern. In Kirnberg liegt die Kirche am Ortsrand, ein Zentrum fehlt. Vor der großen Linde neben dem Gemeindeamt waren eine Nepomukstatue und ein Kriegerdenkmal, das an den hinteren Rand versetzt wurde. Die Linde, Treffpunkt für Jugendliche zum »Autoschauen«, ist in die Plattform integriert, die mit Schrägen, Rampen und Antreppung Begegnungs-raum bietet. Jugendliche treffen sich mit Skateboards, Kinder spielen, um die Nepomukstatue gibt es Sitzflächen für einen Plausch. Die Plattform ist ideal fürs Hochzeitsfoto oder das Aufstellen von Geburtstagsschildern. Der Bürger-meister könnte hier einmal eine Gemeinderatssitzung abhalten. Gegen das Lärchenholz gab es Vorbehalte. Obwohl Holz lokal Tradition hat, etwa beim Scheunenbau, wollte man etwas Beständiges wie Beton. Der Hohlraum unter der Plattform ist geschottert, das Wasser rinnt ab. Dort, wo die Kanten den Boden treffen, wird das Holz verrotten und muss erneuert werden. Nicht zu-letzt ist es dem Engagement der Kirnberger Tischlerei von Georg Ganaus zu verdanken, dass sich das Holz durchsetzte. *ek*

⌧ Kino, Mank, Schulstraße 10, 1997: Johannes Zieser

171

LATITUDE
48° xx' xx"
LONGITUDE
15° xx' xx"

A LITERAL PLATFORM // Whether dance floor or public forum, the entire semantic spectrum of a plat-form is implicit in Johann Moser's wooden sculpture. A platform creates social opportunities. // The village of Kirnberg approached "Publicart" in Lower Austria about modification of the park and marketplace next to the municipal offices. The Kirnberg church is at the periphery and the village has no real center. In front of the great linden tree next to the municipal offices there was a Nepomuk statue and a soldier's memorial, set back on the far edge. The tree, a hangout where teenagers 'watch cars', has been integrated into the platform, providing meeting places upon its slopes, ramps, and stairs. Youths get together with their skateboards, children play, people chat on the seats encircling the Nepomuk statue. The platform is ideal for a wedding photo or for setting up birthday greetings. The mayor could hold a city council meeting here one day ... // At first, reservations were expressed about using larch-wood. Although wood has a strong local tradition, such as for building sheds, people wanted some-thing more durable, like concrete. The empty space under the platform is graveled so that water can drain off. At the places where the edges meet the ground the wood will rot and will have to be renewed. Thanks to the commitment of Georg Ganaus and his Kirnberg carpentry shop, the decision to use wood prevailed.

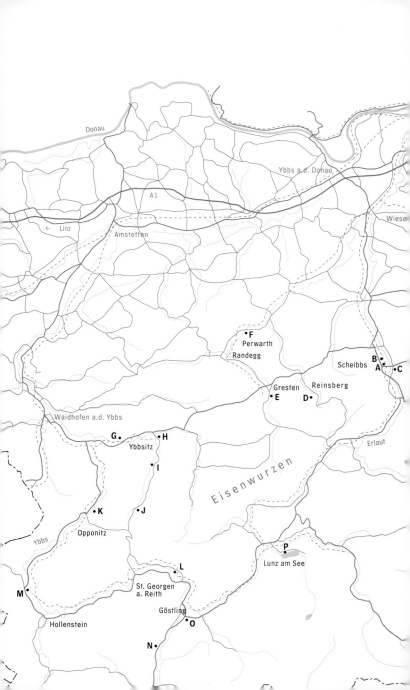

Röntgenordination und Institut für bildgebende Diagnostik

Scheibbs, Rutesheimer Straße 3
1998

RÖNTGENORDINATION MIT KNICK // Am Stadtrand von Scheibbs befindet sich zwischen Feuerwehr und Rotem Kreuz die Röntgenordination: ein markant geknickter Bau, dessen farbiges Innenleben durch die Fassade nach außen strahlt. // Das Ingenieurbüro für Tragwerksplanung und Statik, werkraum wien, hat mit der Scheibbser Röntgenordination und dem Institut für bildgebende Diagnostik im Jahr 1998 sein erstes komplettes Bauwerk realisiert. Das schmale Grundstück bedingte einen ebenso schmalen, in die Länge gezogenen Baukörper mit einer mittig zulaufenden, geknickten Längsfront. Fensterbänder gliedern die Fassadenfront, in der sich seitlich versetzt auch der PatientInnen-zugang befindet. Konsequent wurde mit natürlichem Licht und Raumfarben gearbeitet. Ein durch ein Oberlichtband abgesetztes Flugdach bringt Tageslicht in den gesamten Bau. Differenzierte Raumhöhen und Farbmarkierungen struk-turieren den Funktionsablauf der Räume. Die vier verschiedenen Bereiche – der Patientenbereich, der Untersuchungs- und der Personalbereich sowie das Institut für Radiodiagnostik – sind farblich wie in den Raumhöhen klar vonein-ander differenziert. Grautöne wurden für den Arbeits- und Untersuchungs-bereich eingesetzt. Dunkle und warme Farbtöne markieren den Bereich für die PatientInnen. Die großzügigen Verglasungen mit dem Oberlichtband und den Fensterbändern finden ihre Entsprechung im Inneren in transluziden Glastüren und Glastrennwänden zwischen den Bereichen. *ek*

174

LATITUDE
48° 00' 31"
LONGITUDE
15° 09' 40"

X-RAY LABORATORY WITH AN ANGLE // The x-ray laboratory is on the outskirts of Scheibbs, between the fire department and the Red Cross. Built in 1998, it is a markedly angled building whose colorful interior shines out through the façade. // The building for the Scheibbs X-ray Laboratory and Institute for Image Diagnosis was the first complete job for Werkraum Wien, an engineering office for structural planning and statics. The narrowness of the property made it necessary to erect an equally narrow, lengthy structure with a long, front angled in the middle. Strip windows provide structure for the façade, in which the patients' entrance has been placed off-center. The natural lighting and interior colors harmonize consistently. A flying roof broken by a skylight strip brings light into the entire building. Differentiated room heights and the use of color structure the functional patterns of the rooms. The four different areas – patient area, examination lab, staff rooms and the Institute for Radiodiagnostics – are clearly distinguished both by color and by room height. Shades of gray have been used in the working and laboratory areas. The waiting room is painted with dark, warm colors. The generous glazing, skylight strip and strip windows are echoed in the interior by translucent glass doors and glass partitioning walls between zones.

Paul Katzberger

1994

ENERGIE MIT REGIONALEM TOUCH // Mit der Vergabe der Bauvorhaben des
niederösterreichischen Energieversorgers EVN an Paul Katzberger – seit
Beginn der 1990er Jahre – kam ein modulares System zum Einsatz. Die strin-
gente konzeptuelle Linie lässt sinnvolle Varianten zu, verfügt aber auch über
hohen Wiedererkennungswert. Die Bauten bedienen sich neuester Technologien, ohne als kühles High-Tech-Produkt zu erscheinen. Als Grundprinzip
fungiert ein metallverkleideter Kubus auf massivem Sockel, der, abhängig von
der topographischen Lage, die jeweilige Neigung des Geländes aufnimmt. Im
Fall der Bezirksleitung Scheibbs wird der Typus in Form eines länglichen Baukörpers variiert. Man kann zweifelsohne von einem eleganten Auftritt sprechen. // Der Bau in Scheibbs wurde auf Basis eines genormten Planungsras-
ters errichtet. Die Metallfassade, ein industrielles Halbfertigprodukt, bestimmt
den äußeren Charakter. Für die Innenräume wählt Katzberger für die Regionen
Industrie-, Wald-, Most-, oder Weinviertel jeweils unterschiedliche Holzarten,
im Fall von Scheibbs ist das Eiche. Die Belichtung erfolgt über eine Sheddach
und kleine Lichtkuppeln. Die Decken sind durch farbige Gipskarton-Schürzen
gegliedert: im internen Bereich in Gelb, in den öffentlichen Bereichen in Blau.
th

175

*POWER WITH A LOCAL TOUCH //
When Paul Katzberger was hired in
the early 1990s to design buildings
for the Lower Austrian power
company EVN, he created a system of
modular buildings. // The stringent
conceptual line allows for significant
variation and possesses a high
recognition factor. Very modern
technological innovations are
integrated into the building without
giving the appearance of a cool high-
tech product. The basic principle is
that of a metal-clad cube set upon a
massive base which absorbs the
slant of the earth, independently of
the topographical location. In the
case of the Scheibbs Regional
Administration the building is a
longish structure of undeniably
elegant appearance. // The building
in Scheibbs was erected following a
normed planning grid. The metal
façade, an industrial semi-finished
product, impacts the exterior
appearance. Inside, the central
rooms such as the main service area,
back office and technical areas have
been decorated by Katzberger with
various types of wood, depending on
the region (Industrie-, Wald-, Most-,
or Weinviertel) where the building is
located. In the case of Scheibbs, the
rooms are oak. Daylight enters
through a single-pitch roof with small
light cupolas. The roofs are divided
by colored plasterboard flashings:
yellow for the internal office areas,
blue for the public areas.*

Forster Optik

Scheibbs, Hauptstraße 21

Irmgard Frank, Finn Erschen

1966

DIE RICHTIGE FASSUNG // Mit einem gelungenen räumlichen Spiel von Sehen, Schauen, Distanz und Nähe haben Irmgard Frank und Finn Erschen Forster Optik Scheibbs konsequent gestaltet. In einem der ältesten Häuser der Stadt holt man sich seinen neuen Blick. // Bis tief ins Innere kann man durch die mit Stein eingefassten Stichbodenarkaden in das 350 m² große Geschäftslokal sehen. // Unter dem bemalten Giebel des bis ins Mittelalter zurückgehenden zentralen Stadthauses entfaltet sich eine gekonnte Dramaturgie zeitgenössischer Geschäftsarchitektur. Das Geschäftslokal gliedert sich in den Verkaufsraum links vom Eingang und den Dienstleistungsbereich rechter Hand. Die Produktpräsentation erfolgt auf dem horizontal-linearen Regal. Den 31 m langen Raum dominiert ein bis weit nach hinten in die Tiefe führendes, bedrucktes und hinterleuchtetes Band. In dieser Folienwand sind die Brillen in einem eigens entwickelten, hinterleuchteten Regalsystem aus satiniertem Acrylglas auf mehreren Ebenen übereinander ausgestellt. Schwenkbare, schräg gestellte Spiegel erzeugen perspektivische Tiefe und lockern die Raumlänge auf. Die Folien sind, dem reduzierten grafischen Corporate Design von Bohatsch Visual Communication folgend, mit Linien, Kreisen und Logos bedruckt. Nähe, Distanz, Schärfe, Unschärfe – das sind hier die zentralen Seh-Themen. Helles Akazienholz und Ahornfurniermobiliar prägen den Raumeindruck. *ek*

LATITUDE
48° 00' 15"
LONGITUDE
15° 10' 02"

THE RIGHT FRAME // Irmgard Frank and Finn Erschen designed Forster Optik (optician's) in Scheibbs, consistently implementing a successful alternation between seeing, watching, distance and proximity. Now, one can come for a new view in one of the oldest buildings in the village. // The view through the segmented arch arcades bordered in stone leads deep into the interior of the 350 m³ store. A skillful modern architectural dramaturgy unfolds beneath the gables of this centrally located town-house, the origins of which go as far back as the Middle Ages. The shop is divided into the sales room to left of the entrance, and the service area on the right. Products are presented on horizontal, linear shelving. The long, 31 m room is dominated by backlit printed lamination foils on the wall, and by a furnishing strip leading far back into the depths of the room. The glasses are presented in the laminated wall in a specially designed, multi-level, backlit shelving system of calendered acrylic glass. Movable mirrors, set at an angle, add a certain depth of perception and break up the length of the room. The lamination foils are printed with lines, circles, and logos – according to the minimalist graphic designs of Bohatsch Visual Communication's corporate identity. Proximity, distance, focus, and blur – these are the central themes of seeing visualized here. Light acacia and maple veneered furniture characterize the room.

Johannes Zieser

Burgarena Reinsberg
Reinsberg 7

1999

IM FREIESTEN FREIEN // Eine schwebendes Dach, ein ausrangierter Auto-
kran, Theater, Events, Musik, Sport, 900 ZuschauerInnen in der Arena und die
beeindruckende Kulisse der Burgruine, so lässt sich der machtvolle und dennoch kostenbescheidene Eingriff in der Burgarena Reinsberg in wenigen Wor-
ten fassen. // Vor lauter Wald sah man die Burgruine nicht mehr. Aus den
Köpfen der Reinsberger war der Burgkogel, in den 1950er Jahren noch be-
liebtes Sonntagsausflugsziel, verschwunden. Der Dorferneuerungsverein, die
Dorfwerkstätte, die Reinsberger Heimatbühne und die Gemeinde machten sich
an die Wiedererweckung. // Nach fünf Jahren Arbeit und 30.000 freiwilligen
Arbeitsstunden wurde die spektakuläre Open-Air-Arena 1999 eröffnet.
Johannes Zieser hatte die überzeugend einfache Idee, einen alten Gitterauto-
kran mit der auch als Ruine noch machtvollen Burg zu konterkarieren und am
Schwenkarm des Krans ein mobiles Dach anzuhängen. Die um das Jahr 1000
gegründete Burg, damals Bollwerk der Grenzsicherung des noch jungen
Ostarrichi, trifft auf die Maschinenästhetik des ausgehenden 20. Jahrhunderts.
Diese fliegende, leuchtende Scheibe wurde zum Wahrzeichen von Reinsberg.
Über den Winter hält das Dach seinen Winterschlaf, dann wird es wieder
gespannt. Der Wettbewerb Freiraum 01, temporäre Architektur, zeichnete das
Projekt aus und betonte die vielseitigen Qualitäten der Überdachung. Auch die
Burg selbst wurde saniert und wieder zugänglich gemacht. *ek*

✪ Kinder- und Jugendprogramm

177

LATITUDE
47° 58' 57"
LONGITUDE
15° 04' 16"

OUTDOOR FREEDOM // A hovering roof, a discarded car crane, theater, events, music, sports, room for 900 spectators, and the impressive back-drop of the castle ruins – all this and more describes the powerful yet inexpensive intervention in the archi-tecture of the Reinsberg Castle Arena. // The castle ruins were hidden in the overgrown forest. The people of Reinsberg had forgotten about the castle on the knoll, once a popular destination for Sunday strolls. The Village Renewal Society, the Village Workshops, the Reinsberg Community Theater and the munici-pality worked together to reawaken the slumbering castle. After five years and 30,000 volunteer hours of hard work, the spectacular open-air Arena was opened in 1999. Johann Zieser's convincingly simple idea was to counterpoint the still powerful castle ruins with an old car crane, and to suspend a mobile roof from the jib. The castle, built around the year 1000 as a defense bastion on the border of the recently established land of Ostarrichi, comes together with late 20th-century mechanical aesthetics. The shining, flying disc of the roof has become Reinsberg's new landmark. In winter, it is taken down to 'hibernate'; in the spring it is re-mounted. The temporary archi-tecture competition Freiraum 01 awarded a prize to the project and emphasized the practical versatility of the roofing. The castle itself has also been renovated and made once again accessible.

Kulturschmiede Gresten
Gresten, Spörken 1

Martin Kohlbauer, Manfred Renhardt

1996

SPIELEN MIT DEM BAUKASTEN // Das Gelände an der Kleinen Erlauf hat eine lange Geschichte unterschiedlicher Nutzungen, auf die der Name Kulturschmiede anspielt. An Stelle eines Hammerwerks wurde 1950/51 von Franz Zajíček, einem Schüler von Clemens Holzmeister, ein Lichtspielhaus geplant, das Zajíček 1971/72 erweiterte. In den 1990er Jahren trug man den veränderten Bedürfnissen eines regionalen Kulturzentrums mit Sanierung und Zubau Rechnung. Aus einem geladenen Wettbewerb gingen Martin Kohlbauer und Manfred Renhardt 1994 als Sieger hervor. Der Blick auf den Grundriss enthält den Schlüssel für den Entwurf. Frühe Kindheitserinnerungen an das spielerische Zusammenfügen vorhandener Baukastenformen werden wach. // An den bestehenden rechteckigen Baukörper wurde, aus dem Zentrum verschoben, ein Kreisabschnitt, dessen Spitze keck nach vorne weist, angefügt. Diese Fügung lässt Bestand, Zubau und Flusslauf in ein kontrastreiches Verhältnis treten. Die Biegung des Flusses und der Schwung des trapezblechverkleideten Zubaus streben auseinander. Der Bestand wurde saniert. Die Türen olivgrünfarben gestrichen, rote Läufer führen hinein, der große, vorher dunkle und lichtlose Saal mit Birkenholz verkleidet. Die zweigeschossige Verglasung der Loggia mit ihrer Pergola-Überdachung setzt ein Zeichen der Öffnung. Der Zubau bietet Raum für Ausstellungen, Gastronomie, Seitenbühne und Depot sowie im ersten Obergeschoss für lokale Vereine. *ek*

❸ Erlebnisstege, Gaming bei den Trefflingfällen, ca. 45 Min. Fußweg, 1998/2004: Franz Wahler

LATITUDE
47° 58' 45"
LONGITUDE
15° 01' 31"

PLAYING WITH BLOCKS // The property on the Kleinen Erlauf River has a long history of uses, referred to by the name 'Cultural Smithy'. A cinema was erected in 1950–51 on the site of a hammer factory, following plans by Franz Zajicek, a student of Holzmeister. He added an extension in 1971–72. // In the 1990s, the regional cultural center was adapted and renovated to meet changing needs. Martin Kohlbauer and Manfred Renhardt won the invited competition. A close look at the floor plan was the key to the new draft. Early childhood memories of playfully building with blocks are reawakened. // Martin Kohlbauer has set a container-like building in the form of a segment next to the existing massive post-war structure. This addition allows the existing structure, the addition, and the river to contrast agreeably. The curve of the river and the arc of the horizontal aluminum profile façade of the addition push away from each other. The existing building was renovated. The doors are painted olive green; red baserunners lead into the large, formerly dark hall, now clad with birch. The two-story glazing of the loggia with a pergola roof makes a statement of transparency. The addition is used for exhibits, gastronomy, side stage, and storage. Upstairs are rooms used by local clubs.

Thomas Wesely

2005

ALUMINIUM ZEIGT HOLZ // Die silbern leuchtende Anmutung des Auftrags-centers von Mosser Holzindustrie setzt auf Unternehmenskommunikation im dreidimensionalen Format. Die schwebenden kubischen Baukörper sollen das Firmenleitbild Geschwindigkeit, Qualität und Service darstellen. // Überraschenderweise für einen Leim- und Schnittholzanbieter wurde nicht eine unbehandelte und langsam witternde Lärchenholzschalung, sondern Aluminium als Signet nach außen verwendet. Es ging um die bewusste Umdrehung von Metaphern und Erwartungshaltungen, nicht Holz und Wärme, sondern Konstruktion und Sachlichkeit. Im Inneren wirken die von Mosser hergestellten Schichtholzelemente. Aus ihnen ist der konstruktive Holzbau erstellt, und zugleich wird das Produkt im Einsatz für die Kunden ausgestellt. Die Haustechnik-Anlagen wurden mit Screens bedruckt, die Baum und Laub in abstrahierten Farbstrukturen zeigen. // Vom Wartebereich gelangt man links und rechts in die Besprechungsräume. Kunden- und Bürobereich sind klar getrennt. Die zentrale Erschließung erfolgt über das Stiegenhaus, über das man sowohl das nordseitige Großraumbüro als auch jenes im Obergeschoss erreicht. Dort befinden sich auch die Büros für Geschäftsführer und Prokurist. Die Möbel wurden von der Firma Mosser, Bene Büromöbel und Thomas Wesely entwickelt. Der maßgefertigte Empfangstisch wiederholt die schwebende Figur des Gebäudes. *ek*

LATITUDE
48° 02' 00"
LONGITUDE
14° 59' 55"

ALUMINUM PRESENTS WOOD // The shining silver Mosser Timber Company's order-processing center focuses upon company communication in three dimensions. The hovering cubic structures represent the company's mission statement of efficiency, quality and service. // Surprisingly enough for a bonded wood and lumber supplier, the exterior marquee is not the untreated, slowly weathering larch casing, but aluminum, as a deliberate reversal of metaphors and expectations –

signifying not wood and warmth, but construction and functionality. The interior displays the laminated wood elements produced by Mosser. The building is made of wood, exhibiting to customers the product in use. Printed screens showing trees and leaves in abstract color patterns hide the technical installations. // The meeting rooms are accessible through the waiting area, to left and right. Customer and office areas are clearly separated. The central access point is the stairwell, through which

one reaches the executive offices and the northern open-plan office upstairs. The furniture was developed by Mosser Company, Bene Office Furniture and Thomas Wesely. The specially tailored reception desk echoes the hovering shape of the building.

Kläranlage
Ybbsitz, Knieberg 61

Richard Zeitlhuber

2005

EINE SKULPTUR, DIE KLÄRT // Weit entfernt vom Ortskern der Ybbsitz stehen die beiden in ihrer Materialität, ihrer Form und Farbe markanten Baukörper der neuen Kläranlage: ein starker Kontrast mit der umgebenden Landschaft. // Die Behausung für eine Maschine, die Schlammpresszentrifuge, wurde zum plastischen Zeichen geformt. Die beiden Baukörper streben schräg voneinander weg. Die Hüllen setzen sich voneinander ab, aus rostigem, rauen Cortenstahl die eine, aus silbern glänzendem, glatten Titanblech die andere. Die rostend braunrötliche Haut des Maschinenhauses spielt an auf die Lage von Ybbsitz an der Eisenstraße. Einerseits wird der historischen Dimension der Eisenverarbeitung eine Reverenz erwiesen. Andererseits schwingt im auffälligen Alterungsprozess des Rostens auch die nachindustrielle Überführung der Eisenstraße in lokale touristische Anziehungspunkte mit. Neben dem Maschinenhaus ist das niedrigere, silberne Gebäude für Werkstatt und Lager. Der Klärschlamm wird mit einer Zentrifuge entwässert, dann in ebenfalls in dem Gebäude befindliche Abfallcontainer gefüllt, die Reststoffe in die Müllverbrennungsanlage abtransportiert. Die technische Planung der Kläranlage wurde von dem Kremser Büro Dr. Schulz durchgeführt. // Die spezifisch zeittypische Ästhetik von Infrastrukturbauten, wie dieses Prisma für den Schlamm, prägt die Umgebung in hohem Maße. Sie sind orientierende Merkzeichen. *ek*

▲ ◉ Objekt »Doppelliege« im Freibad in Ybbsitz, Am Wöhr 2, 1998: Werner Skvara
▲ Marktplatzgestaltung, Brunnen, 1998: Sepp Auer

LATITUDE
47° 56' 29"
LONGITUDE
14° 51' 18"

A CLARIFYING SCULPTURE // Far from the center of the market town of Ybbsitz, the two buildings of the new sewage treatment plant stand out as a landmark, their form and color a strong contrast to the surrounding landscape. // The machine housing and the centrifugal sewage press have been shaped as sculptural ciphers. The two structures aim diagonally away from each other. Their hulls are distinctly unique: one of rough, rusty cor-ten steel, the other of shiny, smooth, silver titanium sheeting. The rusty reddish-brown surface of the machine housing is a reference to Ybbsitz's location on the Iron Trail. On the one hand, homage is paid to the historical aspect of iron production in the area; on the other, the visible aging of the rusting process is symbolic of the post-industrial economic shift of the Iron Trail towards local tourist attractions. Next to the machine house sits a low, silvery building used as workshop and storage. Water is removed from the sewage sludge by a centrifuge. The remains are then filled into waste containers, which are transported to an incineration plant. The technical design of the clarification plant was done by the Krems office of Dr. Schulz. // This specific aesthetic is typical for infrastructure buildings of the time. Details such as the prism for the sludge greatly define the area and function as points of orientation.

Wolfgang Hochmeister

EIN HAUS FÜR EISEN // Für das Museum »Ferrum« hat Wolfgang Hochmeister das über 300 Jahre alte »Haus Kremayr« behutsam adaptiert und
gemeinsam mit Historiker Norbert Bacher und Szenograph Markus Reuter
einen eindrucksvollen Ausstellungsort geschaffen. // Das ursprünglich aus
zwei Häusern bestehende, vor längerer Zeit zusammengelegte Gebäude wurde
schon seit einigen Jahren von der Marktgemeinde Ybbsitz für Ausstellungen
genutzt. Das neue Konzept stellte nicht die Architektur in den Mittelpunkt,
sondern schuf optimale Rahmenbedingungen für eine zeitgemäße Präsentation
des Themas der musealen Auseinandersetzung: des Werkstoffes Eisen. Zu den
baulichen Maßnahmen gehörte, neben den notwendigen Zubauten eines Flucht-
stiegenhauses und eines Windfanges, unter anderem die Rückführung der
Hauptfassade in den Zustand vor der letzten Renovierung aus den 1970er
Jahren entsprechend der historischen Vorgaben. // Die inneren Strukturen
blieben größtenteils erhalten. Wo nötig, wurden zeichenhafte Eingriffe gesetzt,
so im Eingangsbereich mit einem abgesetzten Kubus aus Stahl und Glas, oder
im neu erbauten, lichtdurchfluteten (Flucht-)Stiegenhaus an der Rückseite des
Gebäudes. Herzstück des Museums ist der in Teilbereichen barocke Dachstuhl,
in den mehrere Ebenen eingebaut wurden, welche wie eine Bühne der facet-
tenreichen Inszenierung des Ausstellungsthemas dienen. Dass die Holzkonstruktion weitestgehend belassen werden konnte, verdankt das Projekt dem
Statiker Friedrich Steinbacher. *th*

◉ Kinder- und Jugendprogramm

A HOUSE FOR IRON // Wolfgang Hochmeister has sensitively adapted the over 300-year old Kremayr house for the Ferrum Museum. Together with historian Norbert Bacher and scenographer Markus Reuter, he has created an impressive exhibition area. // The market town of Ybbsitz has used the building for some years for exhibitions. It was originally two houses, but they were merged some time ago. This new concept does not place architecture in the spotlight, rather creating optimum conditions for the modern presentation of the museum's main exhibit subject: iron. One of the structural measures undertaken was the required addition of a fire escape and a vestibule. Another was the restoration of the main façade to its historic origins prior to the last renovation in the 1970s. // The interior structure has for the most part been retained. Where necessary, symbolic interventions have been made, such as the stepped steel and glass cube in the entrance room, or the newly-built, light-flooded fire exit at the rear of the building. The heart of the museum is the baroque roof truss. The exhibition displays are presented theatrically and successfully within the several newly added levels. The project is grateful to static engineer Friedrich Steinbacher. With his help it was possible to leave the wooden construction almost unchanged.

Erlebnisbrücke

Franz Wahler, Sepp Eybl, Robert Schwan

Ybbsitz, In der Noth/Schmiedemeile

1996

MUT ZUR DIFFERENZIERTEN HÖHE // Bei der Überquerung einer Brücke ist gewöhnlich das andere Ufer und damit das andere Ende für die Querenden in Sicht. Nicht so bei der »Erlebnisbrücke« an der Schmiedemeile in Ybbsitz von Robert Schwan und Franz Wahler. Nach dem frühen Ableben des Architekten Schwan hat Schlosser-, Schmiede- und Maschinenbaumeister Franz Wahler den Entwurf umgesetzt. Entstanden ist eine mutige Lösung, die elegant über den Prollingbach führt und die darunterliegende Natur mit Wasserfall spektakulär in Szene setzt. // Durch die Überhöhung des Scheitelpunktes ist erst dann einsichtig, wie die Brücke verläuft, wenn man sich auf dem höchsten Punkt befindet. Die Entfernung der beiden Seiten beträgt lediglich fünf Meter, durch die diagonale Setzung und die künstlich erzeugte Höhendifferenz dehnt sich aber die Spannweite auf 24 m aus. Wahler ist bei der Konstruktion aus nahtlosem Stahlrohr bewusst an die Grenzen des Möglichen gegangen, erzeugt jedoch mit Hilfe des V-förmigen Querschnittes, dem filigranen Aussehen zum Trotz, eine hohe Traglast. Das Fachwerk aus Rohren bildet die technisch-statische Voraussetzung für die organisch anmutende Gestaltung der Brücke. // Bei der Realisierung des Projektes musste sich Wahler gegen skeptische Stimmen in den eigenen Reihen durchsetzen. Heute zählt die »Erlebnisbrücke«, die ihr Erbauer lieber als »Filigranbrücke« bezeichnet, im Großraum von Ybbsitz zu den markanten Orten, die zur regionalen Identität beitragen. *th*

◔ Kinder- und Jugendprogramm

LATITUDE
47° 56' 24"
LONGITUDE
14° 53' 54"

COURAGE FOR VARIED LEVELS // When crossing a bridge, one can usually see the opposite riverbank, and therefore the other end of the bridge. The "Adventure Bridge" on the Blacksmith Mile in Ybbsitz is an exception to this rule. // The architect Robert Schwan began the bridge, but following his early death, the locksmith, blacksmith, and machinery engineer Franz Wahler completed the drafting and construction. The result is a bold structure that elegantly spans the Prollingbach, showcasing the spectacular display of nature and the waterfall below. // Due to the high arch of the bridge, the end can first be seen when standing at the crown. The actual width of the gap is only five meters, but through the diagonal positioning and the artificial height difference the span width is stretched to 24 meters. Wahler consciously pushed structural limits with this construction of seamless steel tubing. Despite its deceptively filigree appearance, a high load limit is achieved by the v-shaped cross section. A tubular framework creates the technical stasis conditions necessary to support the organic appearance of the bridge. While realizing the project, Wahler had to prevail against skeptical voices within his own ranks. Today, the "Adventure Bridge", or the "Filigree Bridge" as its builders prefer to call it, is one of Ybbsitz's prominent sites.

Robert Kabas, Franz Wahler

Wehrsteg
Ybbsitz, In der Prolling

1997

VERSCHRÄNKUNG VERDICHTET // Fährt man entlang der Schmiedemeile Ybbsitz, trifft man beim Einödhammer auf einen Wehrsteg über den Prollingbach. Entworfen wurde die Fußgängerbrücke mit einer Spannweite von zehn Metern vom Künstler Robert Kabas, die Umsetzung erfolgte gemeinsam mit dem Brückenbauer und Schlosser Franz Wahler aus Ybbsitz. Auf den ersten Blick sticht vor allem die üppig sich entfaltende Struktur des Bogens ins Auge, die – so der Künstler im Gespräch – durch einen nahezu verschwenderischen Umgang mit Eisen einen ironischen Konterpunkt zum sonst wenig luxuriösen Einsatz des Materials in der Metallverarbeitung darstellt. Der Schwung des Bogens als Bewegung im Großen kontrastiert mit der erstarrten, kristallinen Form der spitzen Metallstruktur aus gekantetem, feuerverzinktem Feinblech. Konische U-Profile wurden eigens händisch hergestellt, um die Darstellbarkeit sich verjüngender Linien gemäß dem Entwurf von Robert Kabas zu gewährleisten. // Bereits zehn Jahre vor der Umsetzung der Idee, durch einen Dialog von Diagonalen die Flussufer zusammenwachsen zu lassen, wurde 1986/87 für das Vienna International Center eine Arbeit unter dem Titel »Teil meines Lebens« realisiert, die diesen Prozess formal als Bild vorwegnimmt. Die Übertragung von der Fläche in den Raum ermöglichte Franz Wahler beim Bau der Brücke: Für die verdichtete Schachtelung ineinander verschränkter Linien ohne statische Funktion diente eine Konstruktion aus Stahlprofilträgern als Basis. *th*

⟨ Kinder- und Jugendprogramm

183

LATITUDE
47° 55' 33"
LONGITUDE
14° 53' 35"

A THICK ENTANGLEMENT // Driving along the Ybbsitz Mile of Forges, one comes to a small weir-bridge over the Prollingbach near the Einödhammer forge. // Artist Robert Kabas designed the pedestrian bridge, which spans the ten meters of the stream. The project was realized together with Franz Wahler, a bridge builder and locksmith from Ybbsitz. At first glance, one is struck by the lavishly developed structure of the arch, which – according to the artist – creates through its extra-

vagant use of iron an "ironic" counterpoint to the otherwise less luxurious use of the material. The arc's sweep contrasts with the frozen crystalline shapes of the pointed metal structure, made of thin hot-dip galvanized sheet metal. Conical U-profiles were hand-fabricated in order to meet Robert Kabas' draft specifications for tapering lines. // Ten years before the realization of the idea to bring the stream-banks together through a dialogue of diagonals, a work was

realized for the Vienna International Center in 1986–87 entitled "Part of my Life". This work anticipated the process in picture form. The transference from surface to space was made possible by Franz Wahler during the construction of the bridge: the densely interwoven lines, bundled together with no static function, are supported by a steel sectional girder base.

Krafthaus Wasserkraftwerk

J. Bittner

Opponitz, Schwarzenbach 16

1924

KRAFT DER INDUSTRIEARCHITEKTUR // Der Mittellauf der Ybbs wird zwischen Göstling und Opponitz, auf einem Abschnitt von 34 km Länge und bei einem Gefälle von 126 m, seit den 1920er Jahren von den Wiener Stadtwerken zur Gewinnung von Elektrizität genutzt. Anfangspunkt der kurzen Oberwasserführung ist ein Wehr, vom Endpunkt, dem Krafthaus, in der Luftlinie annähernd 11 km entfernt. Erbaut wurde das Ybbskraftwerk unter Franz Kuhn, dem Leiter des Ingenieurbüros der Wasserkraftwerke A.-G. // Am rechten Ybbsufer, unterhalb von Opponitz, liegt am Fuß eines steilen, gleichmäßig geneigten Berghanges, das Krafthaus, das durch die Druckrohrleitung mit dem Wasserschloss verbunden ist. Das Gebäude mit Satteldach und zwei Firstlaternen besitzt eine markante Fassade mit drei großzügigen Fensterbändern. Das Krafthaus von J. Bittner stellt ein bemerkenswertes Beispiel für die Industriearchitektur der 1920er Jahre dar und tritt deutlich moderner auf als das Wasserkraftwerk Gaming, das mit Walmdach und reliefartigen Dekorelementen ausgestattet ist. Auf 900 m² umfasst das Krafthaus Opponitz Maschinensaal, Schaltanlage, Transformatoren- und Hochspannungsraum mit Francis-Spiralturbinen. Seitlich versetzt befindet sich unter einem Flachdach der Niederspannungsraum. Der Strom wird über das Kraftwerk Gaming nach Gresten geleitet und von dort über Fernleitungen nach Wien übertragen. *th*

⬚ Umspannwerk, Gresten, Wieselburger Straße 20, 1925; Wasserkraftwerk, Gaming, Pockau 19, 1926

184

LATITUDE
48° 52' 55"
LONGITUDE
14° 49' 20"

THE POWER OF INDUSTRIAL ARCHITECTURE // Since the 1920s, Vienna Public Services have used 34 km of the middle reaches of the river Ybbs, which falls 126 m along this stretch between Göstling and Opponitz, for producing electricity. The short headwater passage starts with a dam, at a direct distance of almost 11 km from the powerhouse at the end. The Ybbs Power Plant was built under Franz Kuhn, the head of the hydroelectric company's engineering department. // On the right-hand riverbank below Opponitz, the powerhouse stands at the foot of a steep, evenly sloping mountainside, connected by a high-pressure piping system with the surge tank. The structure has a saddle roof with two ridge lanterns and a striking façade with three expansive strip windows. J. Bittner's powerhouse is a remarkable example of 1920s industrial architecture, much more modern in appearance than the hydroelectric plant in Gaming, with its hipped roof and relief-like decorative elements. The Opponitz Hydroelectric Station measures 900 m², including the machine room, switching system, transformer and high-voltage room with Francis spiral turbines. The low-voltage area is off to one side, under a flat roof. Electricity is fed through the Gaming power plant to Gresten, and is then transferred to Vienna through high-voltage lines.

Franz Kuhn

Ybbsdücker
St. Georgen am Reith, Kogelsbach

KONSTRUKTION MIT OBERWASSER // In Kogelsbach bei St. Georgen am Reith, neben dem Bergrücken der Kripp, schneidet eine 11,3 km lange Sehne für die Oberwasserführung des Kraftwerks Opponitz die 34 km lange, S-förmige Schleife der Ybbs ab. Dafür wurden in die Kripp ein Stollen geschlagen, das gesamte Tal mit einem Eisenbetonrohr unterdückert und der Fluss mit einer Bogenbrücke in Eisenbeton überspannt. Bei der Brücke handelt es sich, mit Ausnahme der Ein- und Auslaufkammer, um das einzig sichtbare Bauwerk des Dückers. Ihre Eisenkonstruktion mit einem Gesamtgewicht von über 32 Tonnen besteht aus vier Rippen. Das von einem Eisenbetonkasten ummantelte Rohr wiegt über 43 Tonnen. Die Widerlager stehen auf fest gelagertem Schotter. Beim Montierungsvorgang wurde auf jedem Brückenlager ein ca. 16 m hoher Montageturm errichtet, über den die Bogenhälften gehoben und geschoben werden konnten. Zur Betonierung des Bogens waren weder ein Schalungs-gerüst noch ein Gerüstbock im Fluss notwendig, da die Schalung an die steifen Eisenlagen angehängt werden konnte. Auf den Eisenbetonbogen wurde ein genietetes Eisenrohr verlegt. Die Spannweite von 40 m war zur Bauzeit eine große technische Herausforderung. Die Planung erfolgte durch die Inge-nieure der Wasserkraftwerke A.-G. – unter maßgeblicher Beteiligung von Franz Kuhn. *th*

LATITUDE
47° 50′ 30″
LONGITUDE
14° 53′ 22″

HEADWATER CONSTRUCTION // In Kogelsbach, near St. Georgen am Reith, next to the Kripp mountain ridge, an 11.3-km-long pipeline guiding headwaters for the Opponitz power plant cuts off a 34-km-long, S-shaped loop of the river Ybbs. // A tunnel was drilled into the Kripp mountain, passing a reinforced concrete pipe through the entire valley and crossing the river on a steel section arched bridge. With the exception of the intake and discharge chambers, the bridge is the only visible structure of the culvert. Its iron structure weighs over 32 tons and has four ridges. The pipe, sheathed in reinforced concrete, weighs more than 43 tons; the end trestles sit on solid-bedded gravel. While it was being mounted, a 16-m-high rigging tower was erected on each bridge bearing, with which the arch sections were raised and pushed into place. Neither scaffolding nor stands in the river were necessary, since it was possible to mount the casing on the rigid metal piles. A riveted metal pipe was then laid on the reinforced concrete arch. The 40 m span was a huge technical challenge at the time of construction. Planning was done by the engineers of the hydroelectric company, represented by Franz Kuhn.

Pfadfinderheim

Hollenstein/Ybbs, Dorf 18

Adolf Krischanitz

2006

BESCHWINGTER DIALOG // Es sind weder Größe noch Repräsentativität einer Bauaufgabe, die über die Qualitäten der Lösung entscheiden. Das Pfadfinderheim in Hollenstein von Adolf Krischanitz ist hierfür ein exzellentes Beispiel: eine kleine Bauaufgabe, die zu materialisiertem Raum führte, der über lokale Identifizierbarkeiten hinausgeht, um diese umso mehr herzustellen. // Einen Pavillon haben die PfadfinderInnen in Hollenstein bekommen, der einen beschwingten Dialog mit dem bestehenden Gutshaus führt und gekonnt die Symbiose von traditionell und zeitgenössisch herstellt. Dieses neue Heim bietet den PfadfinderInnen vor allem eines: Raum. Die Konstruktion setzt auf den Einsatz zweier Materialien: Holz und Glas. Die Atmosphäre auf den Gegensatz von hell und dunkel. Ein Pultdach überspannt die kleine Halle. Der Blick auf die Dachkonstruktion ist freigegeben. Senkrecht zum Pultdach stehen die Stützen. Das erzeugt ihre Schrägstellung im Raum. Diese Rhythmisierung bestimmt die Raumdynamik und schärft zugleich den Blick für das Mögliche, nämlich über frei bespielbaren Raum zu verfügen. Wenn das Gewöhnliche, das Alltägliche die Konsequenz des Minimalistischen nicht scheut, dann entsteht auch im Bescheidenen das Außergewöhnliche. Zu den leichten, schrägen Stützen tritt noch ein wärmender Ofen. Das ist alles. // Der erste Entwurf sah einen zweigeschossigen Bau vor, aus Kostengründen wurde der Bau auf den eingeschossigen Pavillon reduziert. Die gelungene Ausführung erfolgte zur Gänze in Eigenleistung durch die PfadfinderInnen. *ek*

186

LATITUDE
47° 49' 27"
LONGITUDE
14° 45' 14"

ANIMATED DIALOG // Neither size nor prestigious appearance is what makes a good building. Adolf Krischanitz' scout club in Hollenstein is an excellent example: starting as a small building challenge, the solution not only created more space but also led to higher local recognition. The pavilion built for the scouts in Hollenstein maintains a dialogue with the existing farmhouse, expertly generating a symbiosis of traditional and modern. Above all, the new house provides the scouts with one thing: space. The construction uses two main materials: wood and glass. The unique atmosphere comes from the contrast of light and dark. A pent roof spans the small hall, and the roof structure is open to view. Slanting supports are set perpendicular to the pent roof, creating a spatial dynamic and sharpening the perception of what is possible within this freely usable space. When the normal, the everyday, accepts the consequences of minimalism, then even simplicity can lead to the unusual. Aside from the light, sloping supports there is only a heating stove. Nothing more. // The first draft was for a two-story building, but the reduction to a single-story pavilion was necessary for budgetary reasons. The construction was successfully completed in its entirety by the scouts themselves.

Fritz G. Mayr

Haus Lanzenberger
Göstling, Strohmarkt 29

LEBEN IN DER »SKISTATION« // Die Entstehung des Hauses Lanzenberger basierte auf der engen Zusammenarbeit zwischen Architekt Fritz G. Mayr und dem Bauherren, einem Bildhauer. // Bauherr und Architekt lernten einander über Fritz Wotruba kennen. Engelbert Lanzenberger war dessen langjähriger Assistent an der Akademie in Wien, und Architekt Fritz G. Mayr hatte mit Wotruba die Kirche am Georgenberg umgesetzt. Für das Einfamilienhaus der Familie Lanzenberger in Göstling, im Volksmund »Skistation« genannt, war es Mitte der 1970er Jahre nicht einfach, eine Baugenehmigung zu erhalten. Stein des Anstoßes war das geplante Pultdach. Erst positive Gutachten durch die TU Wien und Roland Rainer brachten eine Wende im komplizierten Verfahren. Man einigte sich, dass das Haus einen Dachvorsprung erhalten sollte, denn in der beschaulichen Wintersportgemeinde Göstling galt dies als unumgänglich. // Der Massivbau liegt an einem Hang. Beim Betreten des Hauses gelangt man in das Untergeschoss, in dem das Atelier des Hausherrn liegt. Darüberliegend ist der Wohnbereich so angelegt, dass der Ausblick in die Natur zur Geltung kommt. Vom Esstisch blickt man auf einen schönen Hang, vom Wohnzimmer eröffnet sich ein Panoramablick auf das Hochkar. Wohnzimmer, Essplatz und Küche bilden einen offenen Raum. 2005 wurde der anschließende Wintergarten als erweiterter Wohnraum adaptiert. Die Gebäudeteile fügen sich zu einer rhythmischen Kubatur. Die Holzverschalung in abgewitterter Fichte verschafft dem Haus einen zeitlosen Auftritt nach außen. *th*

187

LATITUDE
47° 46' 45"
LONGITUDE
14° 54' 17"

LIVING IN A "SKI-STATION" // The Lanzenberger house resulted from a close cooperation between architect Fritz G. Mayr and the owner, a sculptor. // Owner and architect met through Fritz Wotruba. Engelbert Lanzenberger was Wotruba's assistant at the Academy of Fine Arts in Vienna for many years. Architect Fritz G. Mayr had built the church in Georgenberg together with Wotruba. In the mid-1970s, obtaining a building permit for the Lanzenbergers' single-family home in Göstling,

nicknamed the "ski station" was not easy. The main setback was the planned pent roof. Only after positive reports from the Vienna Technical University and from Roland Rainer was any headway made in the complicated proceedings. It was agreed that the house would have a roof overhang, since the winter sports community of Göstling considered these indispensable. The massive structure stands on a slope. One enters the house through the basement, which contains the owner's

workshop. Upstairs, the living quarters are positioned to achieve the finest views of the natural landscape. From the dining table there is a wonderful view of the slope; the living room opens on to a panorama of the Hochkar Mountain. Living room, dining area and kitchen are integrated into one extended room. In 2005, the adjacent conservatory was adapted for more living space. The building parts combine in a rhythmic volume. The weathered fir casing makes the house appear timeless.

Arbeiterwohnhäuser
Göstling 61 u. 63

1939

WALDHAUS FÜR FORSTARBEITER // Der Forstbesitzer und örtliche Mäzen Louis Rothschild errichtete für die wachsende Zahl an Forstarbeitern an verschiedenen Standorten prototypische Wohnhäuser. Dem Wunsch nach einer eigenen Parzelle wurde mit einer freistehenden, eingeschossigen Bauform entsprochen, die den einsamen Solitär des im Wald stehenden Försterhauses bildhaft verkleinert und in ein städtisches Umfeld versetzt. Die vergleichsweise knapp angelegten Grundrisse bieten den Komfort eines Arbeiterwohnhauses modernen Zuschnitts. Die geforderte kostengünstige und gleichzeitig zweckmäßige Bauweise führte zur Entscheidung, als Baumaterial das örtlich gut verfügbare Holz zu verwenden und auf die in waldreichen Regionen seit Jahrhunderten übliche Typologie des Blockhauses zurückzugreifen – eine Bauweise, die auch heutigen ökologischen und bauphysikalischen Kriterien entspricht. Die beiden einfachen Wohnhäuser in Göstling, entstanden 1922 (Nr. 61) und 1937 (Nr. 63), wurden auf einen Bruchsteinsockel gesetzt und konnten ohne großen bautechnischen Aufwand errichtet und unterhalten werden. Die Dacherker und Eckterrassen geben den funktionalen Bauten ein romantisches Gesicht und erinnern an die mythenumwobenen Waldhäuser, wie man sie aus der russischen und amerikanischen Märchenliteratur kennt. *mn*

188

LATITUDE
47° 48' 20"
LONGITUDE
14° 55' 55"

FOREST LODGES FOR FORESTERS // The forest owner and local patron Louis Rothschild erected these prototypic houses at different locations for the growing number of foresters. The wish for private lots was met with detached, single-story buildings that embody the image of a solitary forest lodge, but are located in an urban environment. The relatively constructed floor plan provides all the comforts of modern workers' housing. The call for inexpensive yet convenient structures led to the decision to use locally available timber and to build in the blockhouse style that has been used in the region for centuries – a construction method that also fulfills modern ecological and building standards. Both of the simple houses in Göstling, built in 1922 (no. 61) and 1937 (no. 63), are set on quarry stone foundations. They can be constructed and maintained with no great technical effort. The roof oriels and corner balconies endow the functional buildings with a romantic flair, evoking the mythical forest huts familiar from Russian and American fairy-tales.

Hans Kupelwieser

Seebühne
Lunz am See, Badgasse

EINE SCHWIMMENDE BÜHNE // Das nostalgische Ambiente des Lunzer See-
strandes hat Hans Kupelwieser um eine bespielbare Skulptur erweitert. Mit
bunten Booten kann man nun auf dem See nicht nur an Freizeitarchitektur aus
den 1960er Jahren, sondern ebenso an der puristischen Seebühne vorbeiglei-
ten. Für das Sommerfestival »Wellenklänge« ist die Bühne aufgrund der her-
vorragenden Akustik ein idealer Spielort. In Anlehnung an frühere Festivalauf-
tritte, bei denen sich die Musiker auf dem Forschungsboot der biologischen
Station befanden, lässt Kupelwieser die eigentliche Bühne auf luftgefüllten
Aluminiumkammern auf dem Wasser schwimmen. Diese ist über zwei Stege
mit der Tribüne verbunden. Die Betontreppe über dem steilen Hang bietet den
Zuse-hern auf den Sitzstufen einen freien Blick auf Bühne und See. // Das
mobile Faltdach in Stahl-Holz-Konstruktion wird vor der Veranstaltung durch
den hydraulischen Druck des hinaufgepumpten Seewassers aufgezogen. Durch
Ablassen des Tanks strömt das Wasser über einen Steg als Wasserfall in den
See, und das Dach kehrt in seine Ausgangsposition zurück. Bewusst in den
Kontext des Strandbades gesetzt, dient die Seebühne untertags als Sonnen-
deck für Badegäste. Der Steg wird zum Sprungturm. Das konsequente Gesamt-
konzept, das in Kooperation mit dem »werkraum wien« umgesetzt wurde,
umfasst die Lagerung der schwimmenden Bühne an einem Ankerplatz unter
Wasser während der Wintermonate. *th*

🕓 Seebad, Lunz am See, Badgasse, 1960: Kurt Pfeiler
🏠 Ferienhaus am See, Lunz am See, 1934: Eugen Kastner, Fritz Waage

LATITUDE
47° 51' 18"
LONGITUDE
15° 03' 00"

*A FLOATING STAGE // Hans
Kupelwieser has enhanced the
nostalgic ambience of the Lunz
lakeshore with an accessible sculpture. People gliding by in colorful
boats see not only recreational architecture from the '60s, but also the
puristic 'Seebühne' (floating stage).
Made for the summer festival "The
Sound of Waves", the excellent
acoustics of the stage are ideal.
Alluding to earlier festival performances where the musicians played on
the research boat of the biological*
*station, Kupelwieser has created an
actual floating stage. It is set upon
air-filled aluminum chambers and
connected to the tribune by two
narrow walkways. The cement steps
up the steep hillside provide seating
for the audience and an unimpeded
view of the stage and the lake. //
A mobile, collapsible roof constructed
in steel and wood can be raised
before each event using the hydraulic
pressure of pumped lake water.
When the tank is emptied, the roof
retracts into its passive position and*
*the water cascades off a plank from
above, returning to the lake. Adapted
to the context of the resort, the
stage also serves as a sundeck for
bathers. The raised run-off plank is
transformed into a diving board.
The entire project and concept was
realized in cooperation with the
engineering firm "werkraum wien"
and includes even the storage of the
floating stage at an underwater
anchor spot during the winter
months.*

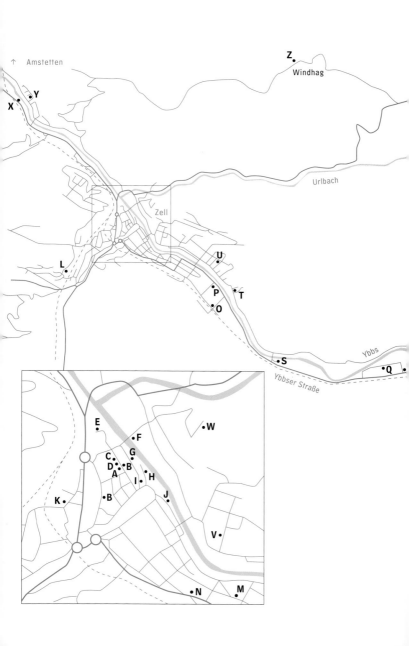

Umbau Rathaus
Waidhofen/Ybbs, Oberer Stadtplatz 28

Ernst Beneder

1995

OFFENES RATHAUS // Bereits Jahre, bevor das Wort »offen« zum Slogan serviceorientierter städtischer Verwaltungen avancierte, wählte Ernst Beneder im Wettbewerb für das Sanierungskonzept des Waidhofener Rathauses diesen Begriff: Offenes Rathaus. Räumliche Diskretion und Raumvertrautheit leisten das ihre für ein offenes Amtsgespräch. Der räumliche Umgang mit dem über die Jahrhunderte gewachsenen Gebäudekomplex, der nie als Rathaus geplant, aber seit über 80 Jahren als solches genutzt wird, beruht auf einem Umgang mit dem Vorhandenen, der einen das Vertraute spüren lässt und offen bleibt für zeitgenössische Aneignungen. Ein mittelalterlicher Grundriss mit Vorderhaus, Hinterhaus sowie Hof und Stiegen, überdeckt von einem Giebeldach, prägte das Gebäudekonglomerat. Die Gewölbedecke über dem Hauseingang wurde entfernt, Licht dringt ins Hausinnere. Hinter gläsernen Wänden fährt der Lift in die Fachwerk-Dachkonstruktion. Im Hof des hinteren Teils kommt durch ein Pultdach Licht in die Büros. Selbst die schmalsten Hofbereiche haben Lichtschlitze bekommen. Viele kleinteilige Einbauten wurden entfernt. Die neuen Erschließungen haben die Nutzfläche fast verdoppelt. Im Sitzungssaal wurde die Untersicht einer geschnitzten Tramdecke aus dem 14. Jahrhundert wiederhergestellt. Ein Fresko mit einer Ansicht Waidhofens im 16. Jahrhundert wurde in einem Nebenraum entdeckt. Leichte Trennwände aus dem Waidhofener bene-Werk ermöglichen räumliche Flexiblität. *ek*

192

LATITUDE
47° 57' 39"
LONGITUDE
14° 46' 28"

OPEN CITY HALL // Years before the word 'open' had advanced into the slogans of service-oriented city administrations, Ernst Beneder had chosen the term to describe his renovation concept for the Waidhofen City Hall. Spatial discretion coupled with familiarity join together to support open municipal discussions. The building complex has grown over the centuries. It was never really planned as a city hall but has been used as such for over 80 years. The spatial changes to the existing situa-

tion retain familiar features, while remaining open for modern adaptations. The floor plan dating from the Middle Ages shapes the building conglomerate: a front building, rear building, courtyard and stairways covered by a pitched roof. The arched roof over the entryway has been removed, allowing light to flood the interior. An elevator behind glass walls rises to the timber-framed roof construction. In the back section, light permeates the offices through a pent roof covering the courtyard.

Even the narrowest courtyard corners now have light openings. Many fixtures and furnishings have been taken out and the new arrangements almost double the usable space. In the conference hall, the view from below of a carved wooden beam ceiling dating from the 14th century has been restored. A fresco of Waidhofen in the 16th century was discovered in an adjoining room. Light partitions, from the Bene factory in Waidhofen, ensure flexibility in the floor plan.

Ernst Beneder

2001

BRUNNEN AUS STAHL UND GLAS // Im Jahr 2002 wurde die Umgestaltung des Oberen und Unteren Stadtplatzes in Waidhofen an der Ybbs realisiert. Kräftigste Zeichen der zurückgenommenen Gestaltung, die auf die urbane Kraft der Plätze in ihrer historischen Konfiguration setzt, sind die beiden Brunnen, die für heftige Diskussionen sorgten. Einer dieser beiden Brunnen befindet sich auf dem Oberen Stadtplatz direkt vor dem Rathaus. Im gläsernen, lang gestreckten Brunnenbecken plätschert das Wasser. Aus diesem schmalen, schlanken Brunnentisch rinnt das Wasser ab, in Strudeln ergießt es sich in eine steinerne Wanne. Der Brunnen klingt. Gegner titulierten die zeitgenössische Brunneninterpretation als »Viehtränke aus Stahl und Glas«. Der Brunnen ließ die Wogen hoch gehen, sollte versetzt werden. Die finanziell aufwändige Versetzung hätte für Ernst Beneder einen Rückschritt in platzmachende Mittelmäßigkeit bedeutet. Eine Einigung wurde erzielt, der Brunnen blieb. Das für die Versetzung notwendige Geld wurde karitativen Zwecken zugeführt. Auf dem Unteren Stadtplatz steht der zweite Brunnen. Das Wasser fließt auf eine kreisrunde Glasscheibe, durch kleine Löcher plätschert es in ein quadratisches Becken. Man kann dem Wasser zusehen, lang, intensiv, man hört es auch. Das Wasser bringt eine innehaltende Qualität des geschärften Zuhörens. Man kann dem Fließen, Plätschern, Rinnen zuhören oder aber eilig vorbeilaufen und den Klang im Ohr mitnehmen. *ek*

⊞ Glashaus Alte Post, Waidhofen/Ybbs, Unterer Stadtplatz 35, 1992: Karin Proyer

LATITUDE
47° 57' 33"
LONGITUDE
14° 46' 25"

FOUNTAINS OF STEEL AND GLASS // The upper and lower town squares in Waidhofen an der Ybbs were redesigned in 2002. The strongest marks of the discreet design emphasizing the urban power of the historical configuration of the squares, are the two fountains, the source of heated discussion. One of these is on the upper town square, directly in front of the city hall. Water splashes into an elongated pool, from which it gushes loudly into a stone basin. Opponents have named it "the steel and glass cattle-trough". Feelings ran high, and it was proposed that the fountain be moved. For Ernst Beneder, the hefty relocation costs would have meant a step backwards towards space-making mediocrity. An agreement was arrived at and the fountain stayed. The funds allocated for relocation were donated to charities. The second fountain is on the lower town square. The water flows across a glass disc and trickles through little holes into a square pool. You can watch and listen to the water intensely for a long time; attentive listening imbues it with a meditative quality. You can sit and listen to the flowing, splashing, and trickling, or hurry past, the sound remaining in your ear.

Museum
Waidhofen/Ybbs, Oberer Stadtplatz 32

Ernst Beneder, Anja Fischer

1998

IM FUNDAMENT DES HEIMATMUSEUMS // Das vom Musealverein Waidhofen betriebene Museum ist ein Heimatmuseum im klassischen Sinn: 8.000 Objekte, aufgeteilt auf mehrere Geschosse in dreizehn Räumen. Begonnen wurde mit dem Aufbau der Sammlung im Jahr 1905. Brauchtum, Tracht, bäuerliches und bürgerliches Wohnen, eine schwarze Küche, Zeugnisse zur Stadtgeschichte, Waffen, Spielzeug, Zunftwesen, Zinnprodukte ... Das verwinkelte Haus, zentral am Stadtplatz gelegen, hat kein wirkliches Foyer. Das davor ungenutzte Erdgeschoss wurde von Ernst Beneder zum Wechselausstellungsraum umgestaltet. Eine in vier Stützen zentrierte Stahlkonstruktion hält die Last der vielteiligen Decken und Gewölbe. Ein vorher als Abstellkammer genutztes Treppenhaus wurde geöffnet und ist nun der zentrale Tageslichtschacht. Die mit rohem Blech verkleideten Wände setzen einen ruhigen Kontrast zum baulichen Bestand und sind historische Referenz – seit dem Mittelalter war Waidhofen ein Zentrum der Eisenverarbeitung. Die neuen Ausstellungswände sind flexibel schwenkbar. Hinter den Ausstellungswänden verborgen sind Stau- und Nebenräume. Garderoben, Toiletten sowie Teeküche sind in den Ablauf der rohen Blechwände integriert. Die Wandverkleidung suchte auch dem Eingangsbereich einen ruhigeren Auftritt zu geben, die linker Hand gelegene Treppe, die in die Dauerausstellung hinaufführt, markiert mit ihren massiven Wänden den Übergang in den Bestand. *ek*

 Kinder- und Jugendprogramm

194

LATITUDE
47° 57' 41"
LONGITUDE
14° 46' 27"

IN THE FOUNDATIONS OF THE LOCAL MUSEUM // Run by the Museum Society of Waidhofen, this is a true museum of local history: more than 8,000 objects are distributed in 13 rooms on several floors. Collection began in the year 1905. Traditional items, clothing, household implements, farm tools, a traditional 'black kitchen', certificates and pictures about the city's past, weapons, toys, guild products, pewter objects ... // The museum building, full of nooks and crannies, stands on the town square. It has no proper foyer. Ernst Beneder has redesigned the previously unused ground floor as a room for temporary exhibitions. A steel construction centered upon four beams supports the weight of the many-part ceilings and domed vaults. A stairwell, formally used as a storage area, has been opened and is now the central daylight shaft. The walls, clad in raw sheet metal, are a calming counterpoint to the existing construction and also make a historical point, since Waidhofen/Ybbs has been a hub for ironsmiths since the middle ages. The new walls of the exhibition room can pivot flexibly. Hidden behind the walls are the storage and side rooms. The cloakroom, restrooms and small kitchen are also integrated into the raw sheet metal walls. The wall surfacing also attempts to bestow a more serene atmosphere upon the entrance area. The stairway to the left leads to the permanent exhibits above, its massive walls marking the end of the renovated area.

Ernst Beneder

Turmausbau Stummer
Waidhofen/Ybbs, Oberer Stadtplatz 31

1992

EINE PYRAMIDE AUF DEM DACH // Seit vielen Generationen waren der Druckereibetrieb und das Wohnhaus in den Anlagen der auf das 13. Jahrhundert zurückgehenden Stadtbefestigung in Familienbesitz. Für die jüngste Generation galt es, den Torturm der einstigen Stadtmauer aufzustocken. // Geschult am Loos'schen Raumplan, aber auch am differenziert-ökonomischen Raumumgang in Japan, von wo Ernst Beneder gerade nach Österreich zurückgekehrt war, wurden die gegebenen Zwänge als Wegweiser zur Lösung begriffen. Den gegebenen Linien des Daches folgend, das sich bereits in bemitleidenswertem Zustand befand, entwickelte sich eine fünfseitige Pyramide, die in Sichtbeton auf das Dach gestellt wurde. Die Lösung erhebt sich weit über einen regionalen Formenkanon, jedoch nicht aus Formfetischismus, sondern aus dem Analysieren der Probleme und dem Hinschauen auf das notwendig Mögliche. BetrachterInnen können oft die Genese einer Formgewinnung nicht nachvollziehen, doch wenn die Form räumlich kräftig ist, dann wirkt sie. Der zeltartige Raum drückt sich nach außen aus, mehr noch nach innen. Ein bündig in der Dachhaut sitzender, fix verglaster Schlitz leuchtet die Pyramide aus. Je nach Sonnenstand und Tageslicht verändert sich die Turmwohnung. Eine zweite Tageslichtquelle ist der hohe Eingangsbereich. Ein Schrank-Bade-WC-Bereich steht als Block im Raum und teilt diesen in verschiedene Zonen, die auf mehreren Ebenen begehbar sind. *ek*

LATITUDE
47° 57' 41"
LONGITUDE
14° 46' 27"

A PYRAMID ON THE ROOF // For many generations, this printing company and residence within the 13th-century city walls has been family property. The youngest generation wanted to add a story to the gate tower of the former city wall. // Following the principles of Loos' Raumplan and the economical and differentiated use of space in Japan, from where the architect Ernst Beneder had just returned, the existing constrictions were used as guidelines for the solution. Following the existing lines of the roof, which was in a sorry condition, a five-sided pyramid emerged and was placed upon the roof in exposed concrete. This solution goes far beyond the regional code of forms– though not from any kind of form fetish, but rather from analysis of the problem and examination of the possibilities. Observers often do not understand the evolution of a form, but if it is spatially forceful it can indeed be effective. Here, the tent-like space is outwardly expressive, and inwardly even more so. A glass slit set flush with the surface of the roof illuminates the pyramid. The tower apartment changes its appearance according to the position of the sun and daylight conditions. A second source of daylight is the lofty entrance hall, divided by a closet-bathroom-toilet block into different areas accessible from several levels.

Revitalisierung Rothschildschloss
Waidhofen/Ybbs, Schlossweg 1

Hans Hollein, Wolfgang Pfoser

2007

HERZ AUS KRISTALL // Der Gebäudekomplex »Rothschildschloss« hat seine Wurzeln im 13. Jahrhundert. Im 19. Jahrhundert setzte Friedrich Schmidt im Auftrag der Familie Rothschild massive bauliche Maßnahmen. Auch die Enteignung des Schlosses unter den Nationalsozialisten gehört zur bewegten Geschichte des Baus. Nach dem Zweiten Weltkrieg überließen die Rothschilds das Schloss dem Bund. Bis zum Kauf der Immobilie durch die Stadt Waidhofen war dort die Bundesforstschule untergebracht. // Der Umbau durch Hans Hollein erfolgte im Rahmen der Landesausstellung 2007. Im Rahmen der Nachnutzung ziehen das Waidhofner Museum sowie im Untergeschoss Stadt- und Bezirksbibliothek ein. Herzstück des Umbaus ist der »Kristallsaal«, ein multifunktionaler Veranstaltungssaal, in dem sich Glas und Licht im freien Spiel entfalten. // Nach außen hin wird die Neugestaltung bei der neuen Eingangssituation, einem lang gezogenen, niedrigen Bauteil, sichtbar. Zwei Treppen ermöglichen den Rundgang um das Schloss mit Abgang zur nahen Ybbs. Markantes Signal nach außen sind Aufbauten aus Glas mit skulpturaler Wirkung: der Kubus am Söller, zur Ybbs hin, von dem aus über eine auskragende Terrasse der Naturraum integriert wird, und der Kubus am mittelalterlichen Turm aus transluzentem Glas. Wo sich in früheren Zeiten ein spitzes Turmdach erhob, das schon lange nicht mehr existierte, sorgt der neue, streng geometrisch gehaltene Turmhelm für eine unverwechselbare Lichtinszenierung nach außen. *th*

196

LATITUDE
47° 57' 45"
LONGITUDE
14° 46' 24"

A CRYSTAL HEART // The history of the "Rothschild Schloss" building complex goes back to the 13th century. In the 19th century, Friedrich Schmidt oversaw massive reconstruction on behalf of the Rothschild family. The turbulent history of the building includes its compulsory surrender to the National Socialists. // Following the Second World War, the Rothschilds left the manor to the federal government. Before the town of Waidhofen purchased the estate, it housed the Federal School of Forestry. // Hans Hollein carried out the renovation in 2007 for the Regional Exhibition, after which the Waidhofen Museum will move in, as well as the Municipal and District Libraries on the ground floor. The heart of the renovations is the "Crystal Room", a multipurpose hall allowing free interplay of glass and light. // From the outside, the remodeling can be seen in the new entryway, a low, elongated structure. Two staircases make it possible to circle the building, descending to the nearby Ybbs River. Two prominent glass cubes create a sculptural effect visible from afar: the balcony facing the Ybbs integrates the natural surroundings into its projecting deck, and the translucent glass cube tops the medieval tower. In place of the long-vanished pointed tower roof, a new geometric tower pinnacle gives a distinctive light-effect.

Ernst Hoffmann

Schlosscenter
Waidhofen/Ybbs, Am Schlossplatz 1

2002/2007

EINSTIGES SOMMERFRISCHEREFUGIUM // Baureste des Zeller Schlosses, die direkt an den Felsengrund der Ybbs anschließen, datieren aus dem 14. Jahrhundert. Im Jahr 1616 entschied sich Wolf Christoph Geyr für einen barocken Neubau. Zu Beginn des 20. Jahrhunderts verwandelten die Besitzer, die Familie Trinkl/Müller-Guttenbrunn, das Schloss in ein Hotel für 70 Kurgäste und errichteten ybbsseitig einen Speisesaal mit 200 Sitzplätzen. Komfort und historistische Prachtentfaltung sollten die Sommerfrischler nicht missen: ein maurisches Rauchzimmer mit spektakulären Interieurs, eine elektrische Licht-anlage sowie fließendes Warm- und Kaltwasser. Die Grand-Hotel-Atmosphäre wurde 1927 von der Christlichen Eisenbahnergewerkschaft abgelöst. In den 1930er Jahren wurde wieder das Schlosshotel reaktiviert. Strukturell hat die heutige Nutzung eine lange Tradition, die ybbsseitige Öffnung der architektoni-schen Umgestaltungen ebenso. Die von Ernst Hoffmann 2002 und 2007 reali-sierte Modernisierung und Erweiterung setzt sich mit den kubischen Formen und der transparenten Öffnung des Anbaus der Zimmerriegel vom Bestand ab. Im Obergeschoss befindet sich ein Veranstaltungszentrum mit großflächigem Ybbsblick. Eine Außentreppe verbindet das Schloss direkt mit dem ehemaligen Schlosspark, dem heutigen Parkbad. Der Ybbssteg von Alfred Schaufler führt vom Schloss zum Stadtzentrum. *ek*

▢ Ybbssteg, Waidhofen/Ybbs, 2000: Alfred Schaufler
▲ Holzsäulen, vor dem Hoteleingang, 2001: Alois Lindenbauer

LATITUDE
47° 57' 44"
LONGITUDE
14° 46' 30"

ONCE A SUMMER REFUGE // The ruins of Zell Castle, adjacent to the Ybbs cliff base, date from the 14th century. A new baroque building was erected by Wolf Christoph Geyr in 1616. // Early in the 20th century the owners, the Trinkl/Müller-Guttenbrunn family, turned the castle into a 70-room health resort hotel and built a dining hall for 200 over-looking the Ybbs. The summer visitor should lack nothing in comfort or historic grandeur: a Moorish smoking-room with a spectacular interior, electric lighting, and warm and cold running water were installed. In 1927, the grand hotel atmosphere was replaced by the Christian Railway Union. In the 1930s, the castle was reactivated as a hotel. Structurally, today's usage has a long tradition, as do the Ybbs-facing architectural changes. The cubic forms and transparency of the modernizations and expansions realized by Ernst Hoffmann in 2002 contrast with the existing building. Upstairs is a function room with an expansive view of the Ybbs River. An exterior staircase links the castle directly with the former castle gardens, today the park bathing-beach. The Ybbs Trail, designed by Alfred Schaufler, leads from the castle to the town center.

Haus S.
Waidhofen/Ybbs, Hintergasse 15

Johannes Zieser

2001

EIN HAUS, DAS VON INNEN STRAHLT // Der gekonnte Dialog zwischen Alt und Neu zeichnet den Umbau und die Erweiterung dieses Waidhofener Stadthauses aus. Eine Christusstatue zeigt sich grüßend hinter der gläsernen Fassade. // Im bemerkenswert geschlossenen Baubestand der Waidhofener Innenstadt, die auf einen mittelalterlichen Kern zurückgeht und Fassaden aus dem 19. Jahrhundert hat, wurden mit diesem Umbau markant die verschiedenen historischen Schichten zu transparenter Erscheinung geführt. Die L-förmige Anlage, ein ehemaliges Frauenkloster, wurde als Wohnhaus erweitert und adaptiert. Das Neue tritt sich abhebend hinzu. Der Bestand bringt sich durch den Eingriff klarer zur Erscheinung. Mit der Hinzufügung einer gläsernen Kiste, die das Haus nächtens von innen heraus zum Leuchten bringt, wurde eine patioähnliche Situation geschaffen. Die ehemalige Außenfassade schließt den neu entstandenen Innenraum ab. Die gläserne Fassade setzt sich vor die historische Schicht und lässt auch die lang zurückliegende Funktion des einmal Frauenkloster gewesenen Hauses in der Christusstatue aufblitzen. Die Giebelformation des Dachs wurde beibehalten und innenräumlich völlig adaptiert. Eine markante Stiege verbindet alle Geschosse und führt das Tageslicht im Knick bis hinunter. Das Dach wurde zum Ort für gesellige Treffen. Der Ybbsblick ist spektakulär, vor allem von der Dachterrasse über dem letzten Giebel. Im Sommer wirkt die Ybbs als Klimaanlage. *ek*

LATITUDE
47° 57' 42"
LONGITUDE
14° 46' 29"

A HOUSE THAT SHINES FROM WITHIN // A skillful dialogue between old and new characterizes the renovation and expansion of this Waidhofen townhouse. A statue of Christ greets passers-by from behind the glass façade. // In a remarkably self-contained building in the town center, this renovation brings forth the different layers of history. The façade dates from the 19th century and the core goes back to the Middle Ages. The L-shaped annex, once a convent, has been expanded and adapted into a residence. The new contrasts visibly with the old; the existing structure is, however, made more apparent through this intervention. A patio-like situation has been created by the addition of a glass box that lights up the house at night. What once was the exterior wall closes off the newly-built interior space. The glass façade is set in front of the historic layer and allows the function of the former convent to be glimpsed in the figure of Christ. The gable formation of the roof has been retained, the interior completely transformed. A dramatic stairway brings the levels together and draws daylight all the way into the lower floors. The roof has become a festive events center. The view of the Ybbs River is spectacular, above all from the deck that tops the last gable. In the summertime, the Ybbs functions as an air conditioner.

2006

EIN HAUS SCHAUT RICHTUNG FLUSS // Beim Umbau eines Waidhofener Alt-
stadthauses waren Hertl.Architekten bereits früh einbezogen, noch vor der
Entscheidung zum Kauf des Grundstücks. Mit spektakulärem Blick auf die Ybbs
öffnet sich eine großzügige Glasfront zum Fluss. Dieser auskragende, erkerar-
tige Bauteil fügt sich vom gegenüberliegenden Ufer aus betrachtet harmonisch
in das Stadtbild. Der hoch über dem Fluss schwebende Bauteil fängt über
einen Deckensprung das Südlicht ein. Der Schenkel der L-förmigen Konfiguration wird als Dachterrasse genutzt. Der neue Zugang ist in die Innenecke des
darunterliegenden Untergeschosses gesetzt. Von der Bibliothek gelangt man
über eine Stiege in den privaten, flussseitigen Garten. // Von einem Dachausbau im eigentlichen Sinne kann man nicht sprechen, vielmehr wurde Wohnraum unter einem Flachdach geschaffen. Eingekleidet wurde der neue Teil mit
schwarzen Eternitschindeln, in Kontrast zum weißen Verputz. Die Höhen und
Proportionen leiten sich vom unmittelbar anschließenden Nachbargebäude ab.
Der Bestand wurde grundrisslich korrigiert. Im Inneren wechselt das warme
Grau der Böden und Wände aus Sichtbeton mit den weiß verputzten kleinen
Räumen im Altbau ab. Selbst Waschbecken und Badewanne sind aus Sichtbeton. Die Einrichtung, die flexiblen Schrankwände, die Küche sind Einzelan-
fertigungen durch Hertl.Architekten. Wenige und zurückhaltend gesetzte Möbel
bringen das Raumgefühl zur Entfaltung. *ek*

199

LATITUDE
47° 57' 39"
LONGITUDE
14° 46' 33"

*A HOUSE OVERLOOKS THE RIVER //
Hertl.Architekten were involved in
the earliest phases of the remodeling
of this house in the Waidhofen Old
Town, even before the decision to
buy the property. // An expansive
glass front provides a panorama of
the Ybbs River. This jutting, oriel-like
structure blends harmoniously with
the townscape as seen from the
opposite riverbank. The house hovers
high above the river, soaking up the
southern light through its projecting
roof. The roof of one leg of the*
*L-shaped formation holds a sundeck.
The new entrance is set at the inner
corner, directly below the deck. A
stairway behind the library leads to
the private riverside garden. // This
is not a true rooftop addition in the
usual sense. The roof of the addition
is made of black Eternit shingles,
contrasting neatly with the white
plaster walls. The heights and
proportions are derived from the
adjoining building. Inside, the warm
grey of the visible concrete floors
and walls alternates with the white*
*plaster walls of the small rooms in
the old building. Even the sinks and
bathtubs are made of visible
concrete. The fittings, the flexible
cupboard units and the kitchen are
all made to specification by
Hertl.Architekten. Sparse, discreetly
arranged furniture completes the
atmosphere of the house.*

1998

GEMÄUER MIT EIGENLEBEN // Einem fünfhundert Jahre alten Privathaus wurden Räume mit halböffentlichem Charakter implementiert: Weinkeller und Wohnküche, die bei Festen des Bauherren, einem Musiker, einem großen Freundeskreis zugänglich sind. Obwohl man, vom Wohnbereich kommend, einen Innenhof durchqueren muss, ist der Weinkeller optimal in das Gesamt-ensemble integriert. Der Raum wurde gegen die bestehende Feuchtigkeit mit Schotter der nahe gelegenen Ybbs ausgeschüttet. Aufgrund der Unregelmäßig-keit im Grundriss setzte Zehetner einen organisch geformten Betonkranz, der in seinen Schwüngen an ein Musikinstrument erinnert. Die Weinregale aus gegossenem Beton verschmelzen auf der linken Seite mit der Wand und sugge-rieren, sie seien schon immer da gewesen. Die Regalgröße mit den entspre-chenden Unterteilungen leitet sich vom Format der Weinkisten ab. Auch bei der Wohnküche nahm der Architekt Rücksicht auf das Eigenleben des Gemäuers und setzte eine Fuge in Form eines Lichtbandes als Ausgleich zwischen Holz-boden und Wand. Die dicken Mauern werden zusätzlich durch die ungedämmte Verlegung der Heizkörperrohre getrocknet und strahlen eine angenehme Wärme ab. Die Ausführung des Küchenblocks in dunklem Holz lässt den Raum sehr wohnlich wirken. Dass eine offene, beleuchtete Fuge hinter der Möblie-rung der Arbeitszeile Tiefenwirkung verleiht, sorgt für zusätzliche Raffinesse. *th*

200

LATITUDE
47° 57' 38"
LONGITUDE
14° 46' 32"

WALLS WITH A LIFE OF THEIR OWN // Rooms with a semi-public flair have been added to this musician's 500-year old private residence: the wine cellar and dining kitchen are open to the owner's large group of friends during festivities. // Although one must cross a courtyard when going from the living quarters to the wine cellar, it is nevertheless optimally integrated into the ensemble as a whole. A layer of gravel was laid in the cellar to combat the high humidity from the nearby Ybbs River. Due to certain irregularities in the ground plan, Zehetner decided to create an organically formed concrete ring, the curves of which are reminiscent of a musical instrument. The cast-concrete wine racks meld with the wall to the left, as if they had always been there. The size of the rack's compartments correlate to the size of a case of wine. In the dining kitchen, the architect again took into special consideration the fluctuating idiosyn-crasies of the masonry, setting a strip light at the seam of the wall and the wood floor to compensate. The heating pipes were laid with no insulation to dry the thick walls, which now emanate soothing warmth. The dark wood kitchen block gives the room a very livable atmos-phere. The open lighting seam, creating depth at the back of the kitchen counter, is a subtle addition.

Ernst Beneder

1999

DER LAUF DES WASSERS // Entlang der Ybbs gingen der natürliche Wasser-
lauf und seine ökonomischen Nutzungen über Jahrhunderte eine enge Allianz
ein. Seit dem Mittelalter waren die Eisenwurzen bis in die entlegensten Täler
entlang der Ybbs von Holzwirtschaft und Metallherstellung geprägt. // Die
Ybbs ist nicht nur bestimmender Teil der gegenwärtigen Natur Waidhofens,
sondern auch historische Spur in die die Region bis heute prägende Produktion. Im Zuge des seit 1991 erarbeiteten Stadterneuerungsprojekts für Waidhofen realisierte Ernst Beneder die Umgestaltung des Ybbsufers. 1999 wurde
der Ybbsuferweg als Infrastrukturmaßnahme umgesetzt, die die Stadt und den
Fluss in ein neues Verhältnis setzt. Durch den Uferwald führt der dem Ybbsufer
folgende Weg. Auf der einen Seite die Stadt, auf der anderen Seite die steil
abfallende Felsen. Urbanität und Natur, dazwischen die Bewegung der Fuß-
gängerInnen entlang der Ybbs. Wegen der drohenden Felssturzgefahr musste
der Weg zum Teil überdacht werden. Die filigrane Überdachung drängt sich
nicht in den Vordergrund, vielmehr macht sie die Nähe der Stadt zur Natur, die
Wildheit von Fels und Wasser in ihrer Leichtigkeit doppelt spürbar. In der
Überdachung findet sich eine Aussichtsplattform mit beeindruckendem Blick in
die Natur und die Stadt. Der Ybbsweg nimmt präzise die natürlichen und historischen Verläufe auf und bietet für die Gegenwart einen neuen Zugang zu
Waidhofen an der Ybbs. *ek*

☉ Kinder- und Jugendprogramm

LATITUDE
47° 57' 36"
LONGITUDE
14° 46' 37"

THE COURSE OF THE WATER // All along the Ybbs, the natural course of the river has for centuries been closely allied with its economic uses. // Since the Middle Ages, the Eisenwurzen region along the Ybbs, deep into the furthest valleys, has been shaped by timber and metal industry. // The Ybbs is not only a determining part of Waidhofen's natural surroundings, but it still forges a historic path through the region's production. Ernst Beneder redesigned the Ybbs riverbank during the course of the Waidhofen/Ybbs city renewal project begun in 1991. In 1999, the Ybbs Riverside Trail was upgraded and integrated as part of the infrastructure, which changed the relationship of town and river. The trail follows the river through the riverside woods. On one side is the town, on the other a steep, rocky descent. Urbanity and nature, and in between the movement of pedestrians along the Ybbs. The threat of falling rock made it necessary to partially cover the trail. The filigree roofing is not particularly obtrusive, rather emphasizing the proximity of the town to nature, making the wildness of the cliffs and the lightness of water doubly perceptible. In the roofing is an observation platform that provides an impressive view of the landscape and the city. The Ybbs Trail captures natural and historical patterns precisely, offering a new approach to Waidhofen an der Ybbs.

Haus Ebetshuber
Waidhofen/Ybbs, Berggasse 5

Jordan Atelier für Solararchitektur

2002

EINE STEILE SACHE // Auf einem Grundstück, das auf 300 m² einen Höhenunterschied von 8 m aufweist, wurde die Nutzfläche auf mehrere Ebenen verteilt. // Im Erdgeschoss befindet sich ein Gästezimmer, im Obergeschoss liegt südwestseitig der große Wohnraum mit Wohnzimmer, Esszimmer und Küche. Vom Essbereich aus gelangt man zur Terrasse, die direkt auf die Garage gesetzt wurde. Von dort erreicht man über eine Stiege den Garten, der auch von innen über eine Galerie zugänglich ist: über steile Treppen zum Dach und dann über Stufen auf die grüne Wiese. Aufgrund der Topographie war es notwendig, den Hang zu sichern. Der Garten befindet sich 7 m oberhalb der Straße. // Wo das Dach begehbar ist, liegt ein Holzrost. An den anderen Stellen ist Kies aufgeschüttet. Durch den gebogenen Dachaufsatz konnte weiterer Wohnraum geschaffen werden, zum Norden hin war jedoch die Bauhöhe begrenzt. Das Haus erfüllt trotz geringer Grundfläche die Anforderungen, ansprechenden Wohnraum für das Bauherrenpaar, aber auch Platz für die beiden Autos und ein Motorrad zu schaffen. Der Bau der Garage erfolgte in Beton, das Wohnhaus ist ein Holzriegelbau in Leichtbauweise mit Passivhausqualität. Die Rotfärbung der Holzfassade hebt das Haus von der dicht verbauten Umgebung ab.
th

LATITUDE
47° 57′ 35″
LONGITUDE
14° 46′ 17″

PRETTY STEEP // The solution for this 300 m² plot with an 8 m difference in height spreads living-space across several levels. // On the ground floor is a guest room. Upstairs, to the south-west, is a large living area that includes a living room, dining room and kitchen. On top of the garage is a deck, accessible from the dining area. Stairs from the deck lead to the yard, which can also be reached from inside through a gallery: up a steep stairway to the roof and then down a few steps to the lawn. The topography made it necessary to buttress the slope, the yard being 7 m higher than the street. // Wooden slats cover the roof areas meant for use, elsewhere is covered with gravel. Extra living space was created by the addition of an arched roof, but regulations restricted the height to the north. Despite the limited area, the house fulfills the needs of its residents, including space for two cars and a motorcycle. The garage is made of concrete; the house is a lightweight timber-framed construction with the qualities of a passive (zero energy) house. The red paint of the wood façade makes the house stand out in this densely built area.

Ernst Beneder

Haus M.
Waidhofen/Ybbs, Höhenstraße 36 A

1992

ES MUSS NICHT AUSSEHEN WIE EIN HAUS // Der abgetreppte graue Kubus mit den breiten Fensterbändern und den Edelstahlrauchfängen entfaltet ein komplexes Innenleben. Zwänge und deren elegante Lösung, nicht als manierierte Formgewinnung, sondern als Herausschälen notwendiger Form aus dem enormen Schwierigkeitsgrad der Begrenzungen, kennzeichnen das Terrassenhaus. // Über die schmale Grundstücksfahne, die den steilen Hang mit der Erschließungsstraße verbindet, führt eine glasgedeckte Stahlbrücke zum Eingang. Der massive Teil ist in den Hang gebaut. In der massiven Hülle sind vier Holzstützen, um die sich die Räume entfalten. Ein acht Meter hoher Vertikalraum verbindet die drei Ebenen. Tageslicht dringt bis in den untersten, weit im Hang liegenden Bibliotheksraum. Vor dem Haus steht ein Stahlbetontrog, der das Regenwasser von den Flachdächern sammelt. // »Es muss nicht aussehen wie ein Haus«, gab der Bauherr dem Architekten zu verstehen und ließ sich auf einen gemeinsamen Entwicklungsprozess ein, der bereits bei der Grundstücksuche begann. »So muss ein Haus nicht aussehen«, lautete damals die Regel der niederösterreichischen Bauordnung, mit der die landläufige Meinung von Ortsbildpflegern und privaten Eigenheimerrichtern durchaus konform ging. Das Haus M. wurde für die Baubewilligung gar als Terrasse des bestehenden, dahinterliegenden Hauses deklariert. Heute spricht die Bauordnung von harmonischer Einbindung, nicht mehr von bestimmten Dachformen oder verordneten Stilelementen. *ek*

⊡ Haus Hüttenbrenner, Moritz-von-Schwind-Gasse 6, 1996: MAGK, Martin Aichholzer, Günter Klein

LATITUDE
47° 57' 20"
LONGITUDE
14° 45' 50"

IT DOESN'T HAVE TO LOOK LIKE A HOUSE // This tiered grey cube with wide rows of windows and stainless steel chimneys divulges a complex interior. Constraints and the elegant solutions circumventing them characterize the terraced house. The house is not a mannered exercise in form, but the result of chiseling around enormous difficulties. // A glass-covered steel bridge leads to the entrance, crossing the narrow patch of property that connects the hillside and the access road. The massive construction is built right into the hillside. Within massive casings are four wooden supports, around which the rooms unfold. An 8m-high vertical space links the three levels. Daylight infiltrates even the lowest one, a library set deep into the hillside. In front of the house is a reinforced concrete trough that collects rainwater from the flat roofs. // "It doesn't have to look like a house", were the words of the client to the architect. This began a cooperative process of development, starting with the choice of site. "This is not what a house should look like", was the verdict of the Lower Austrian Building Commission at the time, as well as the popular opinion of city developers and home-builders. In order to obtain the necessary building permits, the M. house had to be declared as the terrace of the existing house behind it. Today, the Building Authority speaks of harmonious integration and no longer demands specific roof styles or regulated stylistic elements.

Haus Schneider

Maria Schneider-Dichlberger

Waidhofen/Ybbs, Plenkerstraße 49

1930 / 2006

HEIMATSTIL NEU INTERPRETIERT // In der Villengegend rund um die Plenkerstraße findet man vorwiegend Bauten aus der Zeit um 1900 und den 1930er Jahren. Das Haus Nr. 49 von J. Seeger ist ein Beispiel für den Heimatstil. Das gut erhaltene Einfamilienhaus mit Hausbesorgerwohnung im Untergeschoss wurde gemäß aktuellen Wohnbedürfnissen adaptiert. Das klassische Mansarddach war ursprünglich mit Ziegeln gedeckt, die gegen anthrazitfarbenes Eternit getauscht wurden. Bei der Holzkonstruktion der Mansarde wurden die senkrechten Säulen durch einen Stahlrahmen ersetzt, wodurch die kleinen Dachkammern wegfallen und der Raum als Einheit genutzt werden kann. Die im Ursprungsbau für heutige Verhältnisse generell klein dimensionierten, jedoch im Verhältnis hohen Räume – Kabinett 7 m², Zimmer 14 m² bei 2,80 m Raumhöhe – wurden bereits bei einem Umbau im Jahr 1966 vergrößert und auf allen Geschossen großzügig aufgebrochen. // Im Erdgeschoss wurde an der Westseite bis zur Grundstücksgrenze eine Terrasse angebaut, zu der sich der Wohnraum über eine großzügige Verglasung öffnet. Die Terrasse fungiert als Flachdach eines Anbaus, der bei Bedarf als zusätzliche Wohnfläche adaptiert werden kann. // Trotz neuem Vollwärmeschutz konnte das Erscheinungsbild der Fassade – ursprünglich grober Kieselputz in hellem Grau – erhalten werden. Das für den Heimatstil typische Bogenfenster wurde neu interpretiert und die Nische als Gesamtes verglast. Die über alle Etagen führende alte Lärchenstiege wurde ebenso wie die Original-Eingangstür übernommen. *th*

LATITUDE
47° 57' 23"
LONGITUDE
14° 46' 50"

A NEW TAKE ON DOMESTIC REVIVAL // The neighborhood around the Plenkerstrasse abounds with villas, mostly built in the 1900s and the 1930s. House no. 49 is a good example of the Heimatstil or Domestic Revival architecture. The well-preserved single-family home with a caretaker's apartment in the basement has been fully adapted to modern living standards. The classic mansard roof was originally covered with anthracite-colored Eternit shingles. The vertical pillars of the mansard's wooden construction have been replaced with a steel framework, eliminating the small roof chambers and opening up the room to use as a whole. The original rooms, which were by today's standards generally small yet high – rooms 7 m² or 14 m² and 2.8 m high – had already been enlarged in 1966 during renovations that removed walls throughout the house. // On the west side of the ground floor, the expansive glazing of the living room opens to a balcony stretching to the property's edge. The balcony also serves as the flat roof of an addition that can be adapted as additional living space if needed. // In spite of the new upgraded insulation, the appearance of the façade – originally light-gray pebble dash – has been retained. The arched windows typical of the Domestic Revival have been reinterpreted and the niches glazed as a whole. The larch staircase that joins the floors has been preserved, as has the original front door.

Franz Sam, Irene Ott-Reinisch

Schulzentrum
Waidhofen/Ybbs, Pocksteinerstraße 27 a

2007

KÜHNER KRISTALL TRIFFT NÜCHTERNEN BLOCK // Im Jahr 2000 wurde ein geladener Wettbewerb für den Um- und Zubau des Schulzentrums Waidhofen durchgeführt, den Franz Sam und Irene Ott-Reinisch für sich entschieden. Erst Ende 2003 gingen die Planungen weiter. Das komplexe Projekt ist während der Planungs- und Bauphase um weitere Nutzungswünsche angewachsen. Der Bau beherbergt die Volksschule, das Sonderpädagogische Zentrum sowie das Polytechnikum. Dazu kommt die nachmittägliche Nutzung durch die Musikschule und die Volkshochschule. Entflechtung und Ordnung der Funktionen war prioritär. Bei der Rundumerneuerung ist der Bestand aus den 1960er Jahren nahezu verschwunden. Dem Bestand ist die Farbe Hellgrau zugeordnet. Die konstruktive Lösung ist spektakulär. Der neue Turnsaal ist in den Untergrund eingegraben. Darüber entfaltet sich der Schulneubau, dessen Struktur als dreigeschossiges Tragwerk zur Überspannung des Turnsaals dient. Über den ursprünglichen Wettbewerb hinausgehend, kam der Wunsch nach einem Zubau für Musikschule, Café und Hinterbühne zum bestehenden Stadtsaal dazu. Dieser, viele Jahre später entworfen, entwickelte sich zum kühnen Kristall, der im Gegensatz zur inneren Spannung der Schule auf expressive äußere Spannung setzt. Die mit Schlitzen durchsetzte Fassade ist komplex, 2 Mal um 45° abgebogen. Die schlichte, monolithische Fassadenplatte der Schule ist weiß und kontrastiert mit der opulent gegliederten, durchbrochenen rotbraunen Fassade des Stadtsaals. *ek*

LATITUDE
47° 57' 23"
LONGITUDE
14° 46' 42"

BOLD CRYSTAL MEETS SOMBER BLOCK // Franz Sam and Irene Ott-Reinisch won the invited competition for the renovation and expansion of the school center in Waidhofen in the year 2000. Plans then stalled until late in 2003. // The complex project expanded during the planning and building phase to include additional utilization wishes. The building houses the elementary school, the special education center and the polytechnic school. In the afternoons it is used by the music school and the

continuing education center. Distinct and organized functions were main priorities. The existing structure from the 1960s almost disappeared during the thorough renovation work; the old sections were painted grey. The constructional solution is spectacular. The new gymnasium has been buried underground. Above that, the new school building unfolds in a three-story structure straddling the gymnasium. In addition to the original building contract came the wish for a music school, a café, and

a backstage area for the adjacent municipal hall. This last, designed years later, evolved into a bold crystal, striving for external tension. The façade is complex, inset with slits and twice angled 45°. The simple, monolithic façade of the school is white, in contrast with the opulently divided, red-brown openwork of the municipal hall façade.

Kapelle Landespensionistenheim
Waidhofen/Ybbs, Im Vogelsang 9

Oskar Putz

1992

BAUEN MIT LICHT UND FARBE // Das Landespensionistenheim von Waidhofen/Ybbs von Helmut Schrey besitzt eine Kapelle, die von Oskar Putz gestaltet wurde. Wie problematisch die Umgestaltung durch die Benutzer sein kann, zeigt die Kapelle leider allzu deutlich. Wo Oskar Putz sich dafür entschieden hatte, ein einfaches Kreuz frei schweben zu lassen, prangt nun eine mehr oder minder dekorative Christusfigur. Anstelle der kleinen, vergoldeten Quadrate des Künstlers — im Ursprungsentwurf noch reduzierter als Lichter oder römische Ziffern vorgesehen — illustrieren heute goldgerahmte Drucke die Kreuzwegstationen. // Der Architektur können die Eingriffe nur an der Oberfläche etwas anhaben. Nach wie vor erzeugt die kobaltblaue Farbgebung der Seitenwände eine kontemplative Atmosphäre und strahlt die Vergoldung der Stirnwand hinter dem Altar entsprechend sakralen Glanz aus. Die Darstellung von Transzendenz durch die Inszenierung von Licht mithilfe einer gerasterten, dimmbaren Lichtdecke ist auffälligstes Zeichen der Übersetzung der rituellen Anforderungen eines Kultraumes in die Moderne. Die Abgeschirmtheit, die eine Stätte religiöser Einkehr erfordert, wird über eine eigene Wand im Eingangsbereich, die zur Geschlossenheit des Raumes beiträgt, erreicht, ebenso durch den Teppichboden in Aschgrau mit akustisch dämpfender Wirkung. Die Lage der Kapelle im Untergeschoss des Pensionistenheims erinnert an Katakomben und erfordert eine entsprechende Atmosphäre, die das Licht im Dunklen vertieft. *th*

LATITUDE
47° 57′ 06″
LONGITUDE
14° 47′ 15″

TO BUILD WITH COLOR AND LIGHT // The state retirement home in Waidhofen an der Ybbs was designed by architect Helmut Schrey, its chapel by Oskar Putz. The difficulties involved when the users have a say in the décor are unfortunately all too apparent. Where Putz wanted a simple cross hanging free, there is now a more or less decorative figure of Christ. Instead of small golden squares on the wall, as the artist had planned — in the original draft reduced to lights or Roman numerals — there are now gold-framed prints of the Stations of the Cross. // However, the alterations are superficial, barely affecting the architecture itself. The cobalt blue of the sidewalls maintains the contemplative atmosphere, and the golden wall behind the altar radiates a becomingly reverent shine. Transcendence is represented through the use of light, emanating from a screened dimmable light ceiling, the most noticeable sign of a modern translation of the ritual requirements of a place of worship. Religious contemplation also necessitates a certain insulation; this is achieved by a wall in the entrance area. The wall helps close off the room, as does the ash-gray carpeted floor with its acoustic cushioning effect. The chapel's location, in the basement of the retirement home, is reminiscent of a catacomb and creates a commensurate atmosphere, light deepening into darkness.

Ernst Maurer

Landesklinikum Mostviertel
Waidhofen/Ybbs, Ybbsitzerstraße 112

2006

WACHSENDE BEDÜRFNISSE // Beim Umbau des Landeskrankenhaus Waidhofen erfolgte eine Vergrößerung der Nutzungsfläche des historischen Bauteils aus 1911, der seit den 1970er Jahren immer wieder erweitert wurde. Am deutlichsten sichtbar sind die neuesten baulichen Maßnahmen im schräg nach vorne ragenden Bauteil über dem Haupteingang, der durch die Anbringung patinierter Kupferplatten einen farblichen Akzent in Türkis setzt. Die Neigung des Baukörpers lässt das Volumen, in dem die Aufenthaltsräume der Patienten sowie das Stiegenhaus untergebracht wurden, dynamisch wirken. Der gesamte Empfangsbereich des Spitals wurde durch einen eternitgedeckten Portalrahmens hervorgehoben und führt in ein neu geschaffenes Foyer. Ein schmales Glasdach markiert unaufdringlich die Eintrittssituation in das Spital. // Während bei früheren Erweiterungsphasen noch die Intention bestand, auf das historische Ensemble in Formensprache und farblicher Angleichung an den Bestand Rücksicht zu nehmen, wurde der Ausbau nunmehr als eigenständiges Statement umgesetzt. Die Zusammenführung der einzelnen, unterschiedlich alten Gebäudeteile war aus technischer Sicht gewiss eine Herausforderung. Bei der Innengestaltung wurde die bestehende Linie des Altbestands fortgeführt. Die Schaffung eines Hubschrauberlandeplatzes auf dem Dach des Zubaus gewährleistet in Notfallsituationen die Optimierung der medizinischen Betreuung. *th*

LATITUDE
47° 57' 10"
LONGITUDE
14° 47' 15"

GROWING NEEDS // The remodeling of the Waidhofen County Hospital has expanded yet again the useable area of this historical building, which dates from 1911 and has been expanded repeatedly since the '70s. The most noticeable part of the newest changes is the structure jutting outward over the main entrance, the aeruginous copper plates of which set colorful turquoise accents. The angle of the structure gives the volume a dynamic appearance. This is where the patients'

lounge and stairway are located. The entire reception area of the hospital has been highlighted by structural elements such as an Eternit-clad portal frame that leads to the newly-built foyer. A narrow glass roof unobtrusively tops the entrance area. // While earlier extensions attempted to take into consideration the architectural syntax of the historic ensemble or blend with the existing color, the current addition makes an independent statement. The unification of the individual old

building sections was certainly a technical challenge. The interior decoration continues the concept of the old building. A helicopter pad has been built on the roof of the addition to ensure optimal medical care in emergency situations.

Bene Büro- und Werksgebäude
Waidhofen/Ybbs, Schwarzwiesenstraße 3

Ortner & Ortner Baukunst

1988

WO ARBEITSWELTEN ENTSTEHEN // Ein baldachinartig überdachter Stiegen-aufgang, der deutlich das Bild einer Rolltreppe suggeriert, leitet Besucher wie Mitarbeiter in den Empfangsbereich des Hauses. Das zweiflügelige Gebäude mit zentralem Schiff ist durch eine vorgehängte Beton-Fassade charakterisiert. Die Gliederung der vertikalen und horizontalen Verstrebungen des Vorbaus erzeugt den Eindruck eines mehrgeschossigen Bauwerks. Dahinter liegen nur drei Geschosse, wo im Spannungsfeld zwischen Kommunikation und Intimität authentische Arbeitswelten entworfen wurden. Produkte der eigenen Erzeu-gung müssen tagtäglich den Selbsttest bestehen. Der Einsatz von Glas symboli-siert die interne Transparenz. Der Austausch von Informationen findet ständig, so auch im Besprechungsbereich, der wie ein Café angelegt ist, statt. // Das Werksgebäude liegt neben dem Bürohaus. Von außen ist der rote, längliche Baukörper durch seine feingliedrige Fensterfront charakterisiert. Bei der Gestaltung der Halle mit einer Produktionsfläche von 40.000 m² galt es, die Lagerfläche so gering wie möglich zu halten. // In einer Galerie wurden an der Front, die sich dem Fluss, der Ybbs, zuwendet, produktionsnahe Büros ange-legt, wo die Prototypen für die Erzeugung gefertigt werden. Umweltfreundlich-keit beweist das Unternehmen im beständigen Recyclen der Abfälle. In den Silos am Werksgelände werden Holzspäne für ihre finale Verwendung gelagert: als Heizmaterial für das gesamte Areal. *th*

208

LATITUDE
47° 56' 40"
LONGITUDE
14° 48' 55"

WHERE WORK ENVIRONMENTS ARE CREATED // The canopied stairway leading to the entrance clearly resembles an escalator, channeling visitors and employees into the reception area. The two-winged building with a protruding central section is characterized by a con-crete curtain façade. The vertical and horizontal beams segmenting the front building give the impression of a multi-story structure, although the building is actually only three stories high. Authentic work spheres arise through the interplay of communi-cation and intimacy. The factory's own products are used here, under-going daily self-testing. The use of glass symbolizes internal trans-parency. Information exchange is constant, in the conference area set up like a café, and elsewhere. // The production factory sits next to the office building. The long, red structure is characterized by a finely-structured, extensively glazed façade. The factory design has a 40,000-m² production area and keeps storage space to a minimum. // A gallery at the front, facing the river Ybbs, contains production-related offices where prototypes are made. The environmentally aware company recycles constantly. Wood chips are stored in silos on the factory grounds, awaiting their final function as heating material for the entire complex.

Boris Podrecca

IM SCHWUNG DER KURVE // In unmittelbarer Nähe zur Wegkreuzung der B 21, wo die Straße entweder in das Tal der großen oder der kleinen Ybbs mündet, ließ sich eine Autohändlerfamilie von Boris Podrecca einen Glasbau als Autohaus errichten. // Das Konzept, das der Architekt für die Firma Lietz umsetzte, basiert auf dem Motto: »Das Schönste am Auto ist die Straße und am Spannendsten ist die Kurve«. Dementsprechend ließ Podrecca eine Straße im Freien anfangen, die sich entlang einer gemauerten Steigung aufbaut. Über steile Kurven, an der bei schneller Fahrt die Reifen quietschen würden, führt sie ins Gebäude und durchbricht es am Ende des Wegs, der abrupt endet. Dieser schroffe Schnitt ist rot markiert, darauf steht jeweils das neueste Modell. Die Bewegung durch Innen- und Außenraum funktioniert als filmisches Moment. Der ursprünglich für eine lockere Bespielung konzipierte Raum hält nun auch größere Modelldichten aus. Vom Büro mit seinem schuppenartigen Glas überblickt man wie von einer Kapitänsbrücke das gesamte Raumgeschehen. Dieses ist vor allem durch den Einsatz von Licht geprägt. Das zenitale Oberlicht setzt das Innenleben mit all seinen Polaritäten in Szene, etwa dann, wenn ein Träger mit großer Spannweite genau an jener Stelle mit einer Niete zusammengefügt wurde, wo das Licht einfällt. *th*

LATITUDE
47° 56' 39"
LONGITUDE
14° 49' 09"

IN THE SWEEP OF THE CURVE // Near the B 21 junction, where the road forks to the valleys of the Greater and Lesser Ybbs, a family with a car-dealing business has built a glass showroom, designed by Boris Podrecca. // The concept, realized by the architect for the Lietz company, is based upon the motto: "The best thing about a car is the street, and the most exciting is the curve". Following this idea, Podrecca built a street that begins outside and builds up along a walled incline.

Steep curves, which would make your tires screech if you drove fast enough, lead into the building and end. This abrupt stop, marked in red, is where the latest car model stands. The movement between interior and exterior creates a cinematic moment. Originally conceived for widely-spaced displays, the room is now crowded with different models. From the office made of scale-like glass, one has a view of the entire room, creating the sensation of being on a captain's bridge. The lighting

strengthens this impression. A skylight at the zenith highlights all the facets within, such as when a vast beam is joined by a rivet at exactly the spot where a ray of light streams in.

Schaukraftwerk Schwellöd

Waidhofen/Ybbs, Schwellödgasse

Marco Ostertag

1998

ANSCHAUUNGSUNTERRICHT KRAFTWERKSBAU // Knapp unterhalb einer bestehenden Wehranlage wurde im Jahr 1998 das neue Kraftwerk Schwellöd eröffnet. Die alte, 1923 fertig gestellte und seit damals, abgesehen von kleineren Adaptierungen, unveränderte Kraftwerksanlage wurde zur gleichen Zeit zum musealen Schaukraftwerk umgestaltet. Hier ist Viktor Kaplans erste handgefertigte Turbine mit Schaufelrädern zu sehen sowie eine Francis-Turbine aus den 1920er Jahren. // Kraftwerksbau ist in höchstem Ausmaß Landschaftsarchitektur. Dieser spiegelt die zeitgenössischen Verhältnisse zwischen Technologie und Ökologie, zwischen Architektur und Flusslandschaft. Das Gesicht einer Gegend wird durch die architektonischen Einhausungen der sich verändernden Technologien der Energiegewinnung geprägt. Heute verbindet sich die Energieerzeugung mit dem touristischen Ausflugsziel. In diesem Sinne könnte man bei diesen beiden Anlagen von Schau-Kraftwerken sprechen. Die streng am Technoiden orientierte Formensprache des neuen Kraftwerks setzt auf kantige Klarheit und sachliche Reduktion in seiner Präsenz. Die technische Gesamtleitung lag bei Werner Consult, die Gestaltung bei Marco Ostertag. Ein feiner Gitterraster legt sich wie ein silbern glänzender Vorhang vor die Fassade. Im alten Oberwasserkanal von 70 m Länge wurde als ökologische Verbesserung eine Fischaufstiegshilfe mit 23 Becken angelegt. Das Projekt erhielt im Jahr 2000 von der Niederösterreichischen Landesregierung eine Auszeichnung für vorbildliche Bauten. *ek*

🅖 Kinder- und Jugendprogramm

LATITUDE
47° 56' 39"
LONGITUDE
14° 49' 09"

LEARNING BY SEEING – HYDRO-ELECTRICITY // The new Schwellöd Power Station opened in 1998, directly below the existing power station. At this time, the old power facility, which had been largely unchanged since its completion in 1923, was converted into a power station museum. Viktor Kaplan's first handmade turbine with paddle wheels and a Francis turbine from the 1920s are on display here. // Power plant construction is, to a high degree, landscape architecture. It mirrors the present-day interaction of technology and ecology, between architecture and river landscape. The appearance of an area is affected by the architectural enclosure of constantly changing energy technologies. Today, power generation and tourist destination have been combined. Seen this way, one could argue that both the old and new facilities are power plant 'museums'. The strongly technoid architectural symbolism of the new power station is linear and clear, reduced to the practical. The overall technical coordination was done by Werner Consult, the design by Marco Ostertag. A fine screen hangs like a shining, silver curtain in front of the façade. In the old, 70m-long upper water channel a fish ladder with 23 pools has been added, greatly improving the ecology. In the year 2000, this exemplary structure won an award for building excellence from the Lower Austrian Provincial Government.

2001

GEGEN DEN MATERIALPURISMUS // Das Einfamilienhaus F. wurde mit dem Niederösterreichischen Holzbaupreis ausgezeichnet. Dabei ist bei diesem Gebäude auf den ersten Blick gar nicht viel Holz auszumachen. Die Außenwände bestehen im Norden und Osten aus einer mehrschichtig verleimten Holzkonstruktion mit außen liegender Wärmedämmung. Teilweise sind sie verputzt, teilweise mit hinterlüfteten Lärchenplatten beplankt. Die Zwischendecke besteht aus massivem Kreuzlagenholz. Die Dachkonstruktion besteht aus vorgefertigten Holzelementen. Nach Süden und Westen öffnet sich der Baukörper über eine gläserne Hülle, die von einer doppelt geknickten Leimholzkonstruktion getragen wird. // Das großzügige Haus mit einer guten Balance zwischen Transparenz und zurückgezogener Geborgenheit wurde nach einem umfassenden Ökologie-Konzept erstellt. Dazu zählen nicht nur die Verwendung nachhaltiger Baustoffe mit sehr guten bauphysikalischen Eigenschaften, sondern auch die Ausstattung mit einer kontrollierten Wohnraumlüftung samt Wärmerückgewinnung und Niedertemperaturheizsystem sowie die Regenwassernutzung zur Verringerung des Trinkwasserverbrauchs. // Ökologische Korrektheit und komfortables Ambiente mit luxuriöser Ausstrahlung müssen kein Widerspruch sein, signalisieren die Architekten Aichholzer und Klein mit diesem Haus, das dem Materialpurismus eine eindeutige Absage erteilt. *fl*

211

LATITUDE
47° 57' 12"
LONGITUDE
14° 47' 30"

COUNTERING MATERIAL PURISM // This single-family house received the Lower Austrian wood construction award. Interestingly enough, at first glance not much wood is visible in this wood-only building. // The outer walls to the north and the east are constructed of multilayered bonded wood and exterior insulation. Some parts are plastered and some are planked with back-ventilated larch panels. The intermediate ceiling is made of massive cross-layered wood. The roof structure is made of prefabricated lumber elements. A glass hull supported by a double-buckled bonded wood construction opens up the building to the south and the west. // This spacious house, which maintains a good balance between transparency and secluded intimacy, was built according to a holistic ecological concept. This includes not only the use of sustainable materials with excellent structural properties, but also the installation of a controlled ventilation system with heat retrieval and a low temperature heating system, as well as a rainwater system to reduce the use of pure drinking water. // With this house, the architects Aichholzer and Klein emphatically reject material purism, and demonstrate that ecological correctness and a comfortably luxurious atmosphere need not be contradictory.

Haus Lietz

Waidhofen/Ybbs, Feldstraße 6

Alain Tisserand, Gerhard Schaller

2006

TRANSPARENTER QUADER // Das Grundstück im südöstlichen Stadterweiterungsgebiet von Waidhofen liegt in einem sonnigen Talkessel. Mit dem weit ausladenden Dach wurde dem Wunsch der Bauherren nach einem großzügig bemessenen, überdachten Außenbereich entsprochen. Die Form des Baukörpers wird durch zwei versetzt übereinander angeordnete Quader gebildet. Der Baukörper teilt sich in einen massiven, hell verputzten Sockel und das Obergeschoss in Leichtkonstruktion mit sichtbaren Holzträgern und Fertigteilelementen, die mit Phenolkompakt-Platten verkleidet wurden. Zur wenig befahrenen Straße öffnet sich das Haus nur über querlaufende Fensterbänder. Die verglaste Schauseite, in der sich die Hügelketten der Voralpen widerspiegeln, ist zum Garten gerichtet. Auf beiden Etagen sorgt die Fensterfront, die geschosshoch verglast wurde, für Transparenz. Sichtschutz bieten Vertikallamellen. Ergebnis der Vorgabe, einen zentralen, zweigeschossigen Luftraum zu schaffen, ist ein Essbereich mit Morgensonne und Blickverbindung zu den Kinderzimmern im Obergeschoss. Zu ebener Erde setzt sich der Wohnraum in Form einer holzgedeckten Veranda im Grünen fort. Von der Seite besehen artikuliert sich die skulpturale Gliederung der Hausform. In den Fenstern der Seitenfront wiederholt sich die asymmetrische Dachform. *th*

212

LATITUDE
47° 57' 23"
LONGITUDE
14° 47' 19"

TRANSPARENT CUBOID // The property is located in a sunny basin in the southeast urban expansion area of Waidhofen. The far-jutting overhang of the roof fulfills the client's wish for a spacious covered outdoor area. Two cubes staggered atop one another make up the overall shape. The structure is divided into a massive, pale-plastered base and a lightweight upstairs construction with visible wooden beams and prefabricated elements that have been clad with compact phenol resin panels. On the side facing the quiet street, the house has only horizontal strip windows. The glazed panorama section faces the garden, mirroring the ridges of the Alpine foothills. The fully-glazed façade ensures transparency. The vertical blinds maintain privacy. The specification for a central, two-story-high open space is fulfilled by a dining area with morning sun and a direct line of sight to the children's rooms upstairs. The living areas are extended to the outdoors by a ground-level, wood-covered veranda. Seen from the side, the sculptural outline articulates the shape of the house. The side windows echo the asymmetrical roofline.

1955 / 1961

ORTSSTIFTENDES FABRIKSGEBÄUDE // Von jedem der Hügel, von denen die Stadt Waidhofen umgeben wird, ist sichtbar, wie stark das stillgelegte Fabriksgebäude von Bene Büromöbel den Ortsteil Zell nach wie vor prägt. // Das Werkareal in Zell besteht, neben dem historischen Altbestand, aus einem zweigeschossigen Baukörper aus dem Jahr 1955 sowie einem fünfgeschossigen Industriebau von 1961. Ein Turm mit rotem Sgraffito überragt das Gelände. Als im Zuge des regen Wachstums des Unternehmens neue Werkhallen am Stadtrand von Waidhofen errichtet wurden, übersiedelte 1975 ein Teil der Produktion. // Mit der Fertigstellung des neuen Bürobaus Ende der 1980er Jahre am neuen Werksgelände wurde es stiller in Zell, auch wenn nach wie vor reger Werkverkehr zwischen den beiden Standorten zu verzeichnen war. Im Zuge des Ausbaus des Werkes übersiedelten 2002 die letzten Mitarbeiter von Zell in das neue Gebäude. Die Produktion der Zeller Fabrik, die etagenweise erfolgt war, wurde durch neuere Herstellungsverfahren auf einer Ebene abgelöst. Heute wird das Gebäude zur Lagerung und Trocknung von Hölzern verwendet. Pläne zur Nachnutzung liegen bereit. *th*

213

LATITUDE
47° 57' 31"
LONGITUDE
14° 46' 48"

A FACTORY THAT SHAPES THE DISTRICT // The view from any of the hills surrounding the city of Waidhofen, shows how strongly the disused Bene Office Furniture factory still shapes the Zell neighborhood. // The factory grounds in Zell include, in addition to the historic buildings, a two-story structure from 1955 and a five-story industrial building dating from 1961. A tower with a red sgraffito looms over the compound. During an active growth period, the Bene company built new factories on the edge of the city, moving part of their production in 1975. // When the new office building was completed in the late 1980s, things quieted down in Zell, although brisk traffic between the two locations could still be seen. When the factory was expanded in 2002, the last employees moved from Zell to the new building. Production in the Zell factory, which was introduced in stages, was replaced on one level by more modern processes. Today, the building is used to store and dry lumber. Plans for subsequent use lie are pending.

Haus Bene
Waidhofen/Ybbs, Sonnenstraße 15

Karl-Heinz Eggl

1999

ZEITLOS AM SONNENHANG // Am südwestlichen Ausläufer des Arzbergs liegt das Haus sonnseitig in exponierter Lage. Der schlichte Massivbau ist an der Westseite mit unbehandelter Lärche verkleidet. Um die topographischen Gegebenheiten bestmöglich auszuschöpfen, wurde das Gebäude H-förmig angelegt. Im nach Südwesten orientierten Trakt befinden sich die Wohnräume und die Bibliothek. Wirtschaftsräume, Küche und Badezimmer sind im anderen Trakt untergebracht. Der zentrale Zwischenbalken des H markiert den Empfang und im oberen Geschoss den Gästebereich. Mit Öffnung zum Garten liegt ebenerdig der Fitnessbereich. Das Bauherrenpaar ordnete die Struktur der Raumabfolge nach den Gesichtspunkten »emotional« und »rational«. // In der inneren Erschließung wird den Blickachsen eine besondere Rolle zugedacht. Wo immer man sich durch das Haus bewegt, erlebt man bemerkenswerte Ausblicke. Durch die zumeist bis zum Boden reichenden Fenster ist die umliegende Landschaft stark im Innenraum präsent. Das auskragende, flach geneigte Dach dient dem Sonnen- und dem Witterungsschutz. Der Wohnkomfort, der durch eine hohe technische Ausstattung mitgetragen wird, beeindruckt. *th*

214

LATITUDE
47° 57' 46"
LONGITUDE
14° 46' 44"

TIMELESS ON A SUNNY SLOPE // This house lies in the south-western foothills of the Arz Mountain, exposed on a sunny hill. // The west side of the simple, massive building is clad in untreated larch. Making the most of the topographical situation, the building is laid out in an H-shape. The living areas and the library are in the south-west-facing wing. Utility rooms, kitchen and bathroom are located in the other wing. The entrance is in the central bar of the H and above is the guest area.

A fitness area on the ground floor opens to the garden. The owners of the house ordered the rooms according to 'emotional' and 'rational' aspects. // Inside, special attention has been paid to sightlines. Spectacular views can be enjoyed from any point in the house. The large windows, most of which reach the floor, give the surrounding landscape a strong presence inside. The jutting, slightly sloped roof affords protection from sun and weather. An impressive quality of life

is supported by the hi-tech infrastructure.

BEHF Architekten
Armin Ebner, Susi Hasenauer,
Stephan Ferenczy

Halle Rigler

Waidhofen/Ybbs, Wiener Straße 52

2001

EIN STARKES STÜCK UNTERNEHMENSARCHITEKTUR // An der Ortseinfahrt nach Waidhofen wird man von einem skulpturalen Merkzeichen, dem Headquarter des Elektrounternehmens Rigler, begrüßt. Das Architektenteam BEHF schuf mit markanter Form und ebenso markantem Material Unternehmensarchitektur als raumgreifende Firmenidentität. // Wie ein großer Gesteinsblock ist die raue Sichtbetonskulptur am Straßenrand gelandet. Zur Bahn wie zur Straße gibt sich der Baukörper verschlossen. Zum Ybbsufer tun Glasflächen und Fensterbänder großzügig den Ausblick in die Landschaft auf. Das Changieren zwischen Einblicken, Ausblicken und Durchblicken bestimmt die Organisation im Inneren. Die Firmenbereiche, Lager, Technisches Zeichnen und Büro, wurden dem Wunsch des Bauherrn Franz Rigler folgend, nicht voneinander getrennt, sondern in räumliche Kommunikation gesetzt. Das obere Geschoss wurde in den zweigeschossigen Luftraum eingehängt. Sichtbeton, das ist ein strenges, expressives Material, kommt nicht nur außen, sondern auch innen zum Einsatz. In den Bürobereichen wurden die Sichtbetonumhüllungen als spürbar zweite Haut von der Decke bis zum Boden weiß gestrichen. Der zweischalige Aufbau der Betonwände macht »Firmensinn« – Rigler Electric, spezialisiert auf Sicherheits-, Anlagen- und Beleuchtungstechnik, kann hier seinen Kunden mit Leitungen oder anderen Versorgungselementen den neuesten technischen Stand anschaulich vorführen. *ek*

215

LATITUDE
47° 58' 31"
LONGITUDE
14° 45' 19"

COMPANY ARCHITECTURE BEYOND THE PALE // Entering Waidhofen, one is greeted by a sculptural landmark - the headquarters of the Rigler electrical company. The architectural team BEHF have created, through striking design and equally striking materials, a business building with a far-ranging company identity. // This rough, exposed concrete sculpture looks like a huge rock that has landed at the side of the street, closed towards the street and to the railway. However, towards the Ybbs River, great expanses of glass and strip windows open wide to the view of the riverside landscape. The interplay of seeing in, seeing out, and seeing through influences the organizational processes within. The various business departments – storage, technical drafting and offices – have not been separated. Instead, they openly communicate within the space, as requested by the owner Franz Rigler. The top floor has been suspended within the two-story airspace. Exposed concrete is an austere yet expressive material and is used here for the interior as well as the exterior. In the offices, the exposed concrete casing has been painted white from ceiling to floor, a tangible second skin. The double-hulled construction of the concrete walls makes company sense – Rigler specializes in security systems and lighting technology. Here it can show customers the latest technological innovations.

Siedlung Raifberg
Waidhofen/Ybbs, Raifberg 4–52, 5–51

Baubüro Böhler, Karl Hoffmann

1943

VOLKSWOHNUNGEN FÜR STAHLARBEITER // Auf Initiative des metallverarbeitenden Betriebes Böhlerwerke entstand ab 1939 ca. 1 km von der Ortschaft
Böhlerwerk entfernt die Siedlung Raifberg (früher: Reifberg). Wie zu jener Zeit
üblich, erfolgte die Auswahl der Mieter durch die Gemeinde, bedurfte jedoch
einer Zustimmung der Partei. Errichtet durch die Gemeinnützige Mürz-Ybbs-
Siedlungs-Aktiengesellschaft GEMYSAG, umfasste die Siedlung, über eine
breite Straße erschlossen, 56 so genannte Volkswohnungen und einen Laden.
Die heute erhaltene Siedlung mit einzelnen Wohnblöcken liegt 20 m über dem
Ybbsniveau und wächst gegen die steil ansteigende Berglehne an. Ein Zei-
tungsbeitrag im »Boten von der Ybbs«, vom 14. Juli 1939 berichtet von einem
»anheimelnden Bild« und »netten kleinen Giebelhäusern, (...) ihre Anordnung
ist so eigenartig, dass diese Siedlung nicht den Eindruck einer öden, gleich-
förmigen Kolonie macht. Trotzdem gleiche Bautypen vorhanden sind, wirkt
diese Bauanlage nicht einförmig.« Der 1. Bauabschnitt wurde 1941 fertig
gestellt, seitdem erfolgten regelmäßig Erweiterungen bis heute, zuletzt in Form
eines Pensionistenwohnheims. // Schon 1938 wurde in dem von der Gemeinde
Waidhofen herausgegebenen »Stadtbrief« der Wohnungsbau als brennendstes
Problem der Stadt thematisiert. Für die Böhlerwerke war Waidhofen wegen
der Einkaufs- und Sportmöglichkeiten sowie aufgrund des Kulturangebotes
interessantes Siedlungsgebiet. Eine im Stadterweiterungsplan von Zell vorge-
sehene Siedlung von stark militärischem Charakter wurde nie realisiert. *th*

*PUBLIC HOUSING FOR STEEL-
WORKERS // On the initiative of the
metalworking company Böhlerwerke,
the Raifberg (formerly Reifberg)
estate was built in 1939 about 1 km
from the village of Böhlerwerk. // As
was usual at the time, tenants were
chosen by the municipality and
required party approval. Developed
by the non-profit Mürz-Ybbs Housing
Foundation (GEMSYAG), the estate
encompasses a broad street of so-
called 'people's homes' and a shop.
The residential estate, which is still
standing, lies at the foot of a steep
slope, 20 m above the River Ybbs. An
article in the local newspaper of July
14, 1939, writes of a "homey atmosphere" and "sweet little saddle-
roofed houses (...) placed so individually that the feeling of a boring,
uniform colony is utterly avoided.
Despite the uniform building style,
this development does not look at all
monotonous." The first phase of
construction was completed in 1941.
There have been regular additions
ever since, the latest one a retirement home. // As early as 1938, a
"city bulletin" by the municipality of
Waidhofen declared housing expansion to be a most burning issue. For
the Böhlerwerk company, Waidhofen
was an attractive settlement area
with a wide range of shopping and
sports opportunities and cultural
activities. A starkly military residential development in the Zell city
expansion plan was never realized.*

Johannes Zieser

2006

VOM KLANG DER LANDSCHAFT // Das Musikheim, mit spektakulärer Fernsicht in den Hang gegraben, schafft für Windhag auch einen neuen Ortsplatz, und für Musikverein, Jagdhornverein, Volkstanzgruppe und Freiwillige Feuerwehr ein neues Zuhause. // Das Feuerwehr- und Vereinshaus des Dorferneuerungs- und Musikvereins Windhag war in einem Giebeldachhaus aus den 1960er Jahren untergebracht, das den heutigen Standards nicht mehr entsprach. Nach einem vom Land Niederösterreich ausgeschriebenen Wettbewerb einigte man sich auf das zweitgereihte Projekt von Johannes Zieser, der den bestehenden Bau unangetastet ließ und einen minimalistischen, landschaftsausgerichteten Sichtbetonneubau dazusetzte. Im Erdgeschoss ist der neue Probenraum über einen verglasten Gang mit dem alten Musikheim verbunden. Fast 2.000 m³ Erdreich wurden ausgehoben, eine massive Bodenplattform wurde betoniert und der neue, 5 m hohe Musiksaal und Probenraum in den Hang vergraben. Kostengünstig bei größtmöglichem Raumvolumen und akustischer Präzision, lautete die Devise. Mit freiwilligem Einsatz von fast 5.000 Helferstunden engagierten sich die zukünftigen NutzerInnen für ihr neues Musikheim. Vor dem in Holztönen gehaltenen großen Saal mit seinem Sonntagsberg-Riesenschaufenster liegt eine Terrasse. Oben wird der Sonntagsberg-Landschaftsbezug durch eine Sichtbeton-Bühnenüberdachung hergestellt, die auch den neuen Ortsplatz markiert. *ek*

THE SOUND OF NATURE // The music center embedded in the hillside has a spectacular view of the surroundings. Windhag has gained a new village center, and the music society, the hunting horn society, the folk dance club, and the volunteer fire department have a new home. // The Windhag Fire Department and the Village Renewal and Music Society Headquarters had formerly been housed in a 1960s pitched roof house that fell far short of modern standards. Following a competition posted by the Province of Lower Austria, it was agreed to construct Johannes Zieser's second-placed project, which left the current building untouched while adding a minimalist, landscape-oriented, exposed-concrete structure. The new rehearsal room is connected to the old music center by a glass corridor on the ground floor. Almost 2,000 m³ of soil were excavated, a massive concrete base platform was poured, and the new, 5 m-high music hall and rehearsal room was embedded in the hillside. Maximum space at minimum price combined with acoustic precision was the order of the day. The future users of the space invested almost 5,000 hours of volunteer work in their new music center. The large hall is finished in wood tones and has a wide picture window offering a full view of the Sonntagsberg. In front of the hall is a patio. Above, the Sonntagsberg connection is maintained by the exposed concrete stage canopy, which definitively marks the new village center.

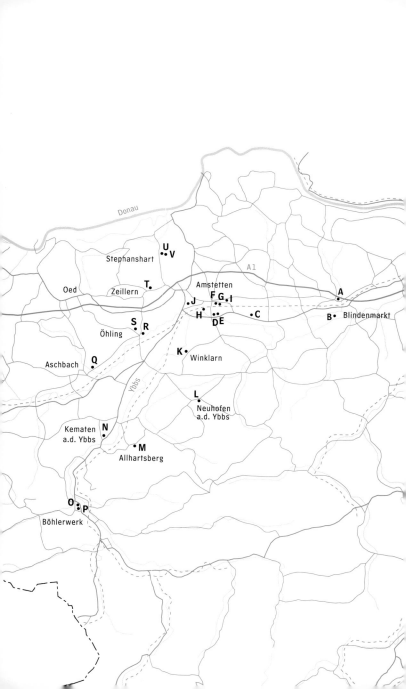

Donau

Stephanshart

U
V

Oed

Zeillern

T

Amstetten

A1

A

J

F G I

H

D E

C

B Blindenmarkt

S R

Öhling

Q

Aschbach

Ybbs

K

Winklarn

L

Neuhofen
a.d. Ybbs

Kematen
a.d. Ybbs

N

M

Allhartsberg

O P

Böhlerwerk

Haus Graf 1
Blindenmarkt, Am Kogelboden

Ernst Beneder

1991

HOFKOMPOSITION IN DER LANDSCHAFT // Das Haus erscheint im Horizont der Landschaft, als ob es immer schon da gewesen wäre. Es erhebt sich nicht über die Umgebung, duckt sich aber auch nicht bescheiden. Die Komposition des Hauses Graf fügt das Haus zur Landschaft als Element, ohne das eine dem anderen gefügig zu machen. Das Grundstück ist im problematischen Lärmdreieck von Autobahn A 1, Bundesstraße B 1 und Westbahn gelegen, in einer windigen Schneise. Die Antwort war eine Konfiguration schützender, südorientierter Höfe. Wiewohl das Haus Graf gezielt auf die Umgebung reagiert, sich nachgerade der Landschaft stellt, ist es dennoch von Wetterunbill und Lärmbelastung abgeschottet, in sich zurückgezogen. Im Material drückt sich das Spannungsverhältnis zwischen exponiert und geschützt ebenfalls aus: massive, umfassende Wände und hofseitige Ausbauten als Holzkonstruktion. // Der Verzicht auf einen Keller führte zu Neben- respektive Wirtschaftsräumen, die den Hoftypus ausbilden und ohne weitere Eingrenzungen, wie Gartenzäune, auskamen. Das Entrée ist ein betonierter Vorhof. Die geschlossenen Seitenbereiche mit ihren hoch aufragenden, mit Trapezblech verkleideten Pulten unterstreichen die Dreidimensionalität gegenüber dem offeneren, zwischen ihnen liegenden, flachen Verbindungstrakt. // Die geplante, vielleicht aber doch nicht erfolgende Untertunnelung für die Bahn führte zum Verkauf des Hauses, auch dreißig andere Häuser wurden abgelöst. *ek*

220

LATITUDE
48° 07' 39"
LONGITUDE
14° 59' 59"

COURTYARD COMPOSITION IN THE LANDSCAPE // On the horizon, the house seems to have always been part of the landscape, neither rising above its surroundings nor humbly hiding. // The composition of the Graf house blends into the landscape, neither dominating. The property is located in a windy aisle within a problematically noisy triangle between the A1 freeway, the B1 highway and the western railway. The answer to these difficulties was a sheltering arrangement of south-

facing courtyards. Although the Graf house interacts directly with its surroundings, confronting the landscape, it is nevertheless withdrawn and sheltered from the rigors of weather and noise. The construction materials also express this dynamic relation between exposure and shelter: massive surrounding walls and wooden courtside extensions. The decision not to dig a cellar meant extending the utility rooms along the courtyard, making any further boundary superfluous. The

entrance is a paved front yard. The enclosed side yards with their lofty pent roofs clad in profiled sheeting emphasize three-dimensionality, in comparison with the more open and flatter connecting structure. Plans for a railway tunnel – never built – led to the sale of this house and thirty others.

Ernst Beneder

Blindenmarkt, Ausee 4

1993

PURISTISCHES FERIENHAUS ÜBER DEM SEE // Ein einfacher, in die Länge
gezogener Quader mit Längsholzverschalung holt den See in allernächste
Nähe: weit ragt die Schmalseite des Einfamilienhauses über das Wasser des
künstlich angelegten Teichs, lenkt die Konzentration voll und ganz auf den See.
Die vollverglaste Front rahmt das Haus zum Wasser, lässt den See zum Land-
schaftsbild werden. Mittels zwei einfacher Betonscheiben sollte die Straßen-
kreuzung ausblendend abgeschottet werden. Diese Betonscheiben beleidigten
das ästhetische Empfinden, die Baugenehmigung wurde nicht erteilt. Sie wurden nach hinten versetzt auf das Grundstück selbst hineingeholt, der davor
entstehende Restraum für die parkenden Autos genutzt. Auf eine Umzäunung
wurde verzichtet. Auf der anderen Seite des Hauses liegt ein mit Kieselsteinen
ausgelegter, nach oben offener Hof, der mit matten Glasschiebeelementen mit
dem einen großen Raum der Erdgeschossebene verbunden ist. Eine Treppe
führt auf die Dachterrasse. // Über eine Treppe gelangt man in die Schlafga-
lerie in einem turmartigen Aufbau. Das Einfamilienhaus diente Maria und Josef
Huf mehrere Jahre als Ferienhaus. Die jetzigen Besitzer des Hauses, Michaela
und Norbert Steiner, nutzen auch den als Hochwasserschutz notwendigen
Sockel, der ihnen als Stauraum einfach zu schön erschien. Ebenso puristisch
wie das Haus trat nun im Zuge des Umbaus eine Erweiterung hinzu, die als
Studio genutzt wird. *ek*

⬘ Aufbahrungshalle beim Friedhof, Blindenmarkt, 1978: Ernst Süss

LATITUDE
48° 07' 09"
LONGITUDE
14° 59' 46"

*PURIST SUMMER HOUSE ACROSS
THE LAKE // This simple, elongated
cuboid with horizontal wood planking
brings the lake as close as possible:
the narrow side of this single-family
home juts far out over the man-made
body of water. // The fully glazed
front frames the house towards the
water, creating a landscape
panorama of the lake. Two simple
concrete slabs were supposed to
hide the nearby intersection, but they
were condemned as an eyesore and
the permit was withheld. The solution
was to set them further back on the
property and to use the resulting
space for parking. The house is not
fenced in. On the opposite side of the
house a graveled, open courtyard is
linked with matte glass sliding door
elements to a large ground-floor
room. A stairway leads to the rooftop
patio. The sleeping gallery is in a
tower-like construction, accessible
by a stairway. For years, this single-
family house was used as a summer
home by Maria and Josef Huf. The
current owners, Michaela and
Norbert Steiner, also use the flood
base as a living space, since it
seemed too nice to be just a storage
space. During renovations an addition for studio space was made,
maintaining the purist style of the
house.*

Merkur-Markt

Franz Kaltenbacher

Amstetten, Otto-Schott-Straße 2

2001

PROTOTYPISCH EINKAUFEN // Der Merkur-Markt Amstetten wurde zeitgleich mit einem Kreisverkehr an einem strategisch günstigen Ort in der Industriezone Ost direkt beim Autobahnzubringer errichtet. // Markantes Gestaltungselement ist die gewölbte Glasfassade, die dem Supermarkt einen dynamischen Auftritt verschafft und in ihrer Grünfärbung die Corporate Identity der Firma widerspiegelt. Das teilweise verglaste Vordach, das den Parkplatz überragt, führt die Dachneigung des Hauptgebäudes formal weiter. Im Innenraum korrespondiert die abgehängte Decke des Kassenbereichs mit der Dachsituation und stellt einen fließenden Übergang zwischen Innen- und Außenraum dar. // Sowohl im Eingangsbereich als auch im Restaurant kamen eingeschnittene Zylinder als raumgestaltende Elemente zum Einsatz. Das Büro des Marktmanagers im oberen Seitenbereich der Checkout-Zone wiederholt, ebenfalls in der grünen Logofarbe gehalten, die Form des Zylinders und erlaubt den Blick über Marktzone und Parkplatz. // Architekt Franz Kaltenbacher hat im Zeitraum zwischen 1989 und 2006 insgesamt fünfundzwanzig Geschäftslokale für die Supermarktkette »Merkur« realisiert. Der Bau in Amstetten gilt als Prototyp und setzt durch die unverkennbare Silhouette auf hohen Wiedererkennungswert. *th*

LATITUDE
48° 06′ 59″
LONGITUDE
14° 54′ 40″

PROTOTYPICAL SHOPPING // The Merkur supermarket in Amstetten is advantageously located in the Industrial Zone East near a freeway ramp. // The vaulted glass façade is aesthetically impressive. It gives the supermarket a dynamic appearance, its green coloration mirroring the company's corporate identity. The partial glass canopy extends from the sloped roof of the simple structure. The lowered ceiling of the check-out stand area corresponds with the roof situation and allows for a smooth transition between interior and exterior. // Notched cylinders have been used decoratively in the entrance area and the restaurant. The market manager's office in the upper side area of the check-out zone repeats, also in green, the form of the cylinders, allowing a bird's-eye view of both the market and the parking lot. // The architect, Franz Kaltenbacher, designed a total of 25 stores for the supermarket chain Merkur between 1989 and 2006. The building in Amstetten can be considered to be a prototype. Its striking silhouette is unmistakable.

Johannes Zieser

Umdasch-Stadion, Pressezentrum und Zielturm
Amstetten, Ybbsstraße

1996

EIN STADION WIE EIN TRANSISTORRADIO // Auf kleinstmöglichem Raum wurden im Ziel- und Lagergebäude des Umdasch-Stadions in Amstetten die notwendigen Funktionen geschachtelt und gestapelt. Die komprimierte Funktionalität führt zu sportlicher Eleganz ohne Schnörkel. // Der in nur wenigen Wochen errichtete, vorgefertigte Stahlrahmenbau übersetzt jede Funktion 1:1 in Architektur. Benötigt wurde er für die Österreichischen Leichtathletikmeisterschaften 1996. Eine Nachnutzung durch den Fußballclub ist nicht erfolgt. Die Reduktion auf Funktionen wirkt wie ein sportlicher Anklang an die Frühzeit der Moderne. // Die unterste Ebene mit den Garagentüren dient als Lager für Hürden und Stäbe. Die Stülpschalung dieses Lagerteils überzieht auch die gesamte Rückseite. Die zweite, gegenüber der ersten zurückspringende Ebene bietet Raum für die Sportlergarderoben und die Funktionäre. Die dritte Ebene mit der blendfreien, schrägen Glasfassade ist die Besuchergalerie mit Kaffeehaus und VIP-Bereich. Neben dem Quader steht der schlanke Zielturm mit wandhohen Glasscheiben. Oben ist eine runde Aussichtskanzel, der Programmknopf des Transistorradios. Sechs Fahnenmasten, wie leichte Antennen, setzen die Struktur des Tragskeletts fort. Im Turm werden Anmeldung und Zeitnehmung durchgeführt. JournalistInnen können live aus dem Stadion berichten. Der kompakte und leichte Bau steht direkt beim Zieleinlauf des achtbahnigen Ovals, neben der Zuschauertribüne. *ek*

LATITUDE
48° 06' 55"
LONGITUDE
14° 52' 19"

A STADIUM LIKE A TRANSISTOR RADIO // The bare essentials have been stacked into the smallest possible space in the goal and storage area of the Umdasch Stadium. This compressed functionality gives a casual elegance devoid of embellishment. // The prefabricated steel frame structure was erected within just a few weeks, each function translating 1:1 into an architectural component. It had to be finished for the 1996 Austrian Track & Field Championships and was not subsequently used by the local soccer club. The reduction to the purely functional feels like an athletic echo from the dawn of modernity. // The lowest level, with garage doors, is a storage space for hurdles and poles. The bevel siding of the storage area continues along the entire back wall. The second, receding floor, across from the first, houses locker rooms and offices. The third level is fitted with a slanted anti-glare glass front. This is the visitors' gallery, with a café reserved for VIPs. Next to the cube is a slender goal tower with wall-high windowpanes. At the top is a round observation station, the programming button of the transistor radio. Six flagpoles, like willowy antennas, continue the structure of the supporting frame. Announcements and timekeeping are done from the tower. Journalists can report live from the stadium. The light, compact structure is right next to the finishing line of the eight-lane oval, beside the grandstand.

Naturbad
Amstetten, Stadionstraße 8

Zechner & Zechner

2000

BADEERLEBEN OHNE SPEKTAKEL // Das aus den 1960er Jahren stammende Amstettener Hallen- und Freibad war rundum erneuerungsbedürftig. Zechner & Zechner gewannen 1997 den EU-weiten Wettbewerb. Das Naturbadeerleben beruht auf dem Zusammenspiel von Licht, Farben, Pflanzen und Materialien: sonnengelbe Umkleidekabinen, hellblaue Fliesen in Sport-, Erlebnis- und Kinderbecken. Die Garderoben, Treppen und Galerien gleichen Inseln, die in einem Riesenaquarium schwimmen. Der nordseitige Wintergartengang erschließt Umkleideboxen und Sauna, außen wechseln transparente Fassadenelemente mit Lärchenholzpaneelen. Zum Grünfreibereich ist die Südfassade transparent für maximalem Solarenergiegewinn. Die Lichtdurchflutung wird durch die schlanke Stahlrahmenkonstruktion der Halle erreicht, die Metall-Glas-Fassade über die gesamte Südfläche hat erhöhten Wärmeschutz, der Wintergarten reduziert winterlichen Energieverlust. Die transparenten Bauteile machen eine passive Solarenergienutzung möglich. Im Außenbereich gibt es einen 1.500 m² großen Naturbadeteich samt 1.200 m² großem Regenerationsteich. Aquatische Organismen reinigen das Wasser. Vor der Realisierung gab es gegenüber dem geplanten Bad öffentliche Missstimmung. In einer Projektpräsentation wurde das neue Bad erklärt, aber auch Raum für Kritik und Ideen geboten. Erst dieser Schritt in die konstruktive öffentliche Auseinandersetzung ebnete den Weg zur Realisierung des Naturbads. *ek*

224

LATITUDE
48°06'57"
LONGITUDE
14°52'25"

A NATURAL BATHING EXPERIENCE // The Amstetten indoor/outdoor pool from the 1960s was in dire need of complete renovation. In 1997, Zechner & Zechner won the EU-wide competition for the project. // The natural bathing experience offered here is based upon an interplay of lighting, colors, plants and materials: sunshine yellow changing rooms, light blue tiling in the sports, adventure and children's pools. The wardrobes, stairs and galleries float like islands in an enormous aquarium. The northern winter garden path links changing rooms and sauna. Transparent façade elements alternate with larch panels. Facing an open green space, the transparent southern wall makes for maximal solar energy efficiency. The slender steel frame construction of the hall ensures a generous inflow of light. The metal and glass wall of the entire southern front has been built using enhanced heat insulation techniques. The conservatory also reduces winter heat loss. The transparent building components passively use solar energy. Outside, there is a 1,500 m² natural bathing pool, including a 1,200 m² regeneration pool purified by aquatic organisms. During the planning stage, the public pool encountered resistance from the public. The new complex was explained in a project presentation that allowed time for criticism and ideas. This first step towards constructive cooperation with the public paved the road to the realization of the natural bathing complex.

Hertl.Architekten, Gernot Hertl

Büro- und Geschäftshaus Hartlauer
Amstetten, Wiener Straße 10

2001

VON DER RÜCKKEHR DES URBANEN // Im Zentrum von Amstetten ist mit dem Hartlauer Geschäftshaus ein vitalisierender Attraktor für die heruntergekommene Geschäftsmeile zwischen Wiener Straße und Bahnhof entstanden. Auch andere Geschäfte siedelten sich wieder hier an. // Die leitenden Entwurfsgedanken begriffen das Geschäft als Markthalle und als Weg. Dezenter blauer Schimmer umkleidet den Hartlauer Amstetten. Ornamentiert ist die Fassade mit Logos. Das Hartlauerhaus besteht aus zwei Riegeln mit einer Gassenschlucht dazwischen und schafft so eine in beide Richtungen gleichwertige Verbindung zwischen der Wiener Straße und der bahnhofseitigen Grabenstraße. Eine aufgesetzte Laterne markiert die Eingänge. Natürliches Licht dringt von oben in die Laternengasse hinunter. Die Gasse ist auch Erschließung für die beidseitig anschließenden Geschäftsabteilungen. Die Laternengasse durchschneidet das Gebäude in voller Höhe. Westlich davon steht ein kurzer Riegel aus Beton, östlich ein über 50 m langer Trakt, der an beiden Enden durch die werbewirksam genutzten Kopffassaden markiert wird. Grabenseitig entsteht durch die unterschiedlichen Proportionen der beiden Riegel ein Vorplatz, auf dem eine alte Rotbuche erhalten werden konnte. Die Großzügigkeit im Inneren wurde durch völlige Stützenfreiheit erzielt. Die Feuermauer entlang der östlichen Grundstücksgrenze wirkt im Inneren als rote Medienwand. *ek*

▲ Gedenkstätte, Amstetten, Schulpark, 1999: Norbert Maringer

225

LATITUDE
48° 07' 21"
LONGITUDE
14° 52' 32"

THE RETURN OF URBANITY // Hartlauer's business building revitalizes the run-down shopping district between the Wiener Strasse and the train depot in downtown Amstetten. Now, other stores are also returning to the area. // The central concept of the design was the perception of the store as a market and a thoroughfare. A subtle blue shimmer cloaks the Hartlauer Amstetten building. Logos ornament the façade. The Hartlauer building consists of two long blocks divided by a narrow pedestrian passage, making the buildings equally accessible from both the Wiener Strasse and the Grabenstrasse on the side near the train depot. A lantern mounted on the wall marks the entrance. Natural light penetrates from above through the Laternengasse. The street provides access to the business departments on either side. The Laternengasse cuts through the building to its full height. A truncated block of concrete stands to the west; to the east is a wing over 50 m long and used at both ends to promotional effect. The differing proportions of the two blocks create a small forecourt, where an old copper-beech tree has been preserved. The complete lack of interior supports gives an impression of spaciousness. The firewall along the eastern boundary functions in the interior as a red media wall.

1993

EIN HELLER BAHNHOF // In den 1990er Jahren startete die Bahn eine Corpo-
rate-Design-Initiative, die auch die Modernisierung des Bahnhofs Amstetten
umfasste. 1989 hatte die ÖBB einen Wettbewerb für ein Corporate Design der
Bahn-Hochbauten ausgeschrieben. Die Wettbewerbssieger Zechner & Zechner
arbeiteten seit 1990 mit Albert Wimmer und Harald Wallner an der »Neuen
Bahn«. Service-Orientierung, Wiedererkennungseffekt und Behindertenge-
rechtigkeit waren die Eckpfeiler. Bahnsteiggestaltungen, Bahnsteigmobiliar,
Dächer, Treppen, Aufstiegshilfen, Routing-Systeme sollten einheitlich werden.
In Amstetten wurden auch Vorplatz, Bahnhofshalle, Nebenzonen sowie die
Bahnsteige erneuert. Prototypisch wurden die Bahnsteigdächer von Albert
Wimmer in Amstetten realisiert, deren aufwändige Konstruktion mit den viel-
fachen Verstrebungen sich als wenig pflegeleicht erwiesen hat. Im Bahnsteig-
bereich wurden angstfreie Wartebereiche geschaffen, die Lichteinfallssituation
wurde verbessert. Material wird zur Wertschätzung eingesetzt. Die »wertvolle-
ren« Materialien Glas, Fliesen, Verbundstein verhindern eine schmuddelige
Anmutung, gelten als vandalismussicher. Für die Längswände der Personentunnel wurden Glas- und Metallvitrinen entwickelt, ein rotes Band läuft als
Orientierungslinie durch alle Bereiche, die gläsernen Eingangstüren sind mit
dem ÖBB-Signet bedruckt. Der Hallenumbau des Amstettener Bahnhofs ist ein
Torso geblieben, die große Glashalle wurde nicht realisiert. *ek*

⊞ Parkdeck, Amstetten, Eggersdorfer Straße 16, 1991: Rudolf Wiesbauer

LATITUDE
48° 07'19"
LONGITUDE
14° 52'43"

A BRIGHT STATION // During the 1990s, the federal railway began a new corporate design initiative, which included the modernization of Amstetten's train station. // In 1989, the ÖBB (Austrian Federal Railway) announced a competition for the corporate design of all railway developments. The competition winner, Zechner & Zechner, worked together with Albert Wimmer and Harald Wallner on the "New Railroad" from 1990. An emphasis on service, high brand recognition and handicapped accessibility are the cornerstones of the new image. Platform design, furnishings, roofing, stairs, boarding assistance and routing systems were all standardized. In Amstetten, the train depot, forecourt and platforms have also been renovated. Albert Wimmer's platform roofing prototypes were built in Amstetten, but the complicated construction method with multiple struts has proven to be very high-maintenance. The platform area offers safe waiting areas with improved lighting, and materials have been chosen that increase appreciation. The "more precious" materials glass, tiles and interlocking pavers avoid the impression of grubbiness, aiming to prevent vandalism. The long pedestrian tunnel walls have been fitted with metal and glass showcases. A bright red ribbon provides orientation throughout. The entrance doors are signeted with printed glass windows. The reconstruction of the train station has remained a torso, since the great glass hall was never built.

Johannes Zieser

Sonnenschule
Amstetten, Siedlungsstraße 4

2001

EINE SONNENSCHULE // Das Sonderpädagogische Zentrum Amstetten wurde von Johannes Zieser komplett saniert und mit einem Zubau versehen. Hier werden an die 80 SchülerInnen betreut, mehrere Klassen mit schwerstbehinderten Kindern. // Ein weit auskragendes Dach begrüßt die SchülerInnen, die mit dem Bus zur Schule kommen. Der Mitteltrakt der Schule wurde neu errichtet, mit einem Lift für die Rollstuhlkinder und einer Terrasse für Pausenaktivitäten. Licht- und Farbgestaltung erfolgten ebenso wie die Raumanordnung unter therapeutischen Gesichtspunkten. Abgesehen von den Klassenräumen, die groß und hell sind, gibt es eine Reihe von Spezialräumen: einen Bewegungsraum, einen Werkraum, einen Snoezelenraum, einen Soft-Play-Raum, einen Dusch- und Matschraum, einen Spielplatz sowie eine Warteklasse. Der Snoezelenraum ist ein Therapie- und Entspannungsraum, in dem die SchülerInnen von Reizüberflutung abgeschottet werden und in einer entspannenden Situation tastend und erlebend zu Wohlbefinden und Ruhe kommen. Snoezelen, ein Kunstwort, das von holländisch snuffelen – riechen, und doezelen – dösen oder ruhen, herrührt, steht für einen sonder- und heilpädagogischer Ansatz aus den 1970er Jahren. Snoezelen ermöglicht Schwerstbehinderten, Sinneswahrnehmungen in einer reizarmen Umgebung zu erleben. Im Soft-Play-Raum wird getobt. Der komplett weich gepolsterte Raum bietet Möglichkeiten zum körperlichen Agieren ohne Verletzungsgefahr. *ek*

▲ ◉ Lichtobjekte bei der Sonnenschule, 2002: Christine und Irene Hohenbüchler
▢ Polytechnische Schule, Amstetten, Pestalozzistraße 2, 2003: Johannes Zieser

227

LATITUDE
48° 07' 09"
LONGITUDE
14° 52' 06"

SUNSHINE SCHOOL. // Johannes Zieser has completely renovated and added an extension to the Amstetten Special Education Center. In 2001, the school was renamed Sonnen-Schule, or Sunshine School. More than 80 pupils are taught here, including several classes with severely disabled children. // A great, jutting roof greets the school-children when they arrive at the school by bus. The newly erected middle section of the school is equipped with an elevator for children in wheelchairs and an open terrace for break activities. The lights, colors and rooms are all therapeutically arranged. In addition to the classrooms, which are large and well-lit, there are all sorts of special purpose rooms: an exercise room, a workshop, a "Snoezelen" room, a Soft Play room, a shower and mud room, a playground and a morning play room for children who arrive early. The Snoezelen room is a therapeutic relaxation room in which pupils are freed from overstimulation and can feel their way to well-being and restfulness within a comforting atmosphere. Snoezelen – from the Dutch words snuffelen (to smell) and doezelen (to snooze) – is a special pedagogical healing technique from the '70s. It enables severely disabled children to experience sensations within a low-stimulus environment. The Soft Play room is for letting loose; the completely padded room provides possibilities for physical play without the risk of injury.

Evangelische Kirche
Amstetten, Preinsbacher Straße 8

Friedrich Rollwagen, Rudolf Palmitschka

1954

FRAUEN BAUEN IHRE KIRCHE // Im Mostviertel gibt es wenige evangelische Sakralbauten. Meistens finden sich die Gläubigen in Betsälen zusammen oder nutzen vorhandene katholische Kirchen. Eine Ausnahme stellt die evangelische Kirche von Amstetten dar. Diese wurde in zweijähriger Bauzeit von Friedrich Rollwagen gemeinsam mit Rudolf Palmitschka gebaut und 1957 feierlich eröffnet. Durch den Zuzug – meist evangelischer – Industriearbeiter aus Deutschland wurde Amstetten 1922 wieder zur eigenständigen Gemeinde. Der Beschluss für den Bau einer eigenen Kirche war bereits 1913 gefallen, die Umsetzung erfolgte deutlich später. // Gemäß der eher nüchternen Auffassung im protestantischen Kirchenbau stellt der Bau in Amstetten keine sinnliche Übersteigerung dar. Von außen prägen die asymmetrische Form sowie der beigestellte Glockenturm mit Zweiglockengeläut den glatt verputzten Bau. Der Hauptraum wird von dünnen, tragenden Stahlsäulen gegliedert. Die offene Dachschräge erlaubt Einblicke in den Dachstuhl. Die Empore ist aus Beton, der Tischaltar aus grünem Marmor. Individualität erhält der Raum durch das Glasfenster. Eine weitere Besonderheit stellt der auferstandene Christus am Kreuz mit erhobenem Haupt von Kunibert Zinner dar. // Historisches Detail am Rande: die Kirche wurde mit tatkräftiger Unterstützung von Freiwilligen, übrigens größtenteils Frauen, erbaut. *th*

- ▣ Ehemaliges Arbeitsamt, stark verändert, Amstetten, Mozartstraße 6, 1933: Ernst Plischke
- ▣ Jahnturnhalle, Amstetten, Friedrich-Ludwig-Jahn-Straße 10, 1929
- ▣ EVN-Zentrale, Amstetten, Waidhofnerstraße 102, 1995: Paul Katzberger

228

LATITUDE
48° 07' 36"
LONGITUDE
14° 53' 06"

A CHURCH BUILT BY WOMEN // There are not many Protestant church buildings in the Mostviertel. Worshippers usually meet in prayer rooms or in existing Catholic churches. This Protestant church in Amstetten is an exception. Friedrich Rollwagen and Rudolf Palmitschka built the church over a two-year period, and the opening ceremony took place in 1957. Due to the immigration of the mostly Protestant industrial workers from Germany, Amstetten had already become a separate parish in 1922. The decision to build a church had been made as early as 1913, although the realization of these plans followed at a much later date. // In accordance with the sober style of Protestant churches, the church in Amstetten is not an exuberant display. The exterior of the smoothly plastered building is marked by its asymmetrical form, as well as by the adjacent bell tower's two-belled peal. The main room is structured by slender steel load-carrying columns. The open pitched roof allows glimpses of the roof truss. The choir loft is made of concrete, the table altar of green marble. A colorful glass window bestows character upon the room. Another distinctive feature is Kunibert Zinner's Resurrection of Christ on the Cross with upraised head. // A historically interesting fringe detail: the church was built with the help of volunteers, mostly women.

Martin Mittermair

1995

EIN OFFENES HAUS // Ein 1949 in Amstetten errichtetes kleines Siedlungshaus mit schlichter Putzfassade und zeittypisch steilem Satteldach, das letzte
unverändertes seiner Art in dieser Siedlung, blieb als eigene Wohneinheit bestehen und wurde um einen zweigeschossigen Neubau erweitert. Wohnen und
Arbeiten verbinden, das sollte der Neubau können. Heute wird er als Vinothek
und Wohnhaus genützt. // Beide Häuser haben eigene Eingänge, im Obergeschoss wurden sie durch einen schmalen Steg miteinander verbunden, der verglaste Schlitz markiert die Linie zwischen Alt und Neu. Die Fassade ist aus
lasiertem Sperrholz, Außenwände und Dach sind eine Holzriegelkonstruktion.
Der in den 1990er Jahren noch dichte Baumbestand des Grundstücks gab die
Orientierung für den Grundriss vor. Der pavillonartige Eingang wurde schräg
gestellt, mit weißen Holzlamellen versehen. Erdgeschoss und Obergeschoss
sind durch eine Galerie und eine frei geführte Stiege miteinander verbunden.
Das Erdgeschoss lebt von Farb- und Lichtakzenten, großen Glasflächen,
schwarzem Schieferboden. Im Obergeschoss sind die Nebenräume als in Blau
gehaltener Block ausgebildet. Beide Geschosse, die sich südseitig zum Garten
öffnen, erwiesen sich über die Jahre als nutzungsvariabel. Wie ein Tisch steift
eine Sichtbetondecke das Gebäude aus. Eigentlich wäre ein Sattel- oder Zeltdach vorgeschrieben gewesen, aber ein Ortsbildgutachten bestätigte, dass das
flache Tonnenblechdach ein idealer Kontrapunkt ist. *ek*

229

LATITUDE
48° 07'18"
LONGITUDE
14° 51'17"

AN OPEN HOUSE // A small estate house with an unostentatious plaster exterior and the steep gabled roof typical of its time was built in Amstetten in 1949. The last unaltered house of its kind on the estate, it has survived as a single residential unit. A new, two-story addition has been added. The new building's purpose: to harmonize working and living. Today, the house is used as a wine store and residence. // Each building has a separate entrance. A narrow passageway joins them upstairs, a glass slit marking the line between old and new. The exterior is of stained plywood, the outer walls and roof are a wooden beam construc-tion. In the 90s, trees still stood thick on the property, providing guidelines for the ground plan. A pavilion-like entrance made of white wooden slats has been set at an angle. Upstairs and downstairs have been joined by a gallery and a free-standing stairway. The ground floor derives vitality from accents of color and light, expanses of glass and a black slate floor. Upstairs, the rooms are decorated as a whole, all in blue. Both floors open to the garden in the south and have proven to be quite multipurpose over the years. An exposed concrete roof buttresses the house like a table. In fact, regula-tions required a gabled or tent roof, but a townscape improvement certifi-cate advised that a flat metal barrel roof would create an ideal counter-point.

Siedlung
Winklarn, Harterstraße 54

Poppe*Prehal
Helmut Poppe, Andreas Prehal

2005

WOHNEN IM AUFBRUCH // Der Reihenhaustypus als Siedlungsmodell wurde in Winklarn, im Nahbereich von Amstetten gelegen, erstmalig umgesetzt. Sechzehn vollunterkellerte Häuser in Holzbauweise ergeben das Gesamtgefüge der Anlage. Die Fassade in unbehandelter Lärche lebt und sorgt neben der klaren Formensprache der kubischen Häuser für die Charakteristik der Siedlung. Die Erschließung wurde so gestaltet, dass nur die BewohnerInnen zufahren können, wodurch der Straßenraum als Siedlungsfläche erhalten bleibt. // Die Zielgruppe, an die sich das Wohnmodell richtet, umfasste ursprünglich 30- bis 40-Jährige. Vor Ort hat sich herausgestellt, dass auch Menschen im Alter von 60 aufwärts Interesse an der Passivhaussiedlung zeigen. Die Aufbruchsstimmung ist deutlich spürbar. Das Projekt birgt viel Potenzial. Mit dem Ansatz, Stimmungen zu erzeugen, aber nicht alles zu gestalten, haben Poppe*Prehal den BewohnerInnen der Siedlung in Winklarn viel Spielraum gelassen. *th*

⌂ Wohnhaus Rimpler, Winklarn, Kindergartenstraße, 2004: Neururer & Neururer

230

LATITUDE
48° 06' 17"
LONGITUDE
14° 51' 23"

*A PIONEER SPIRIT // The terrace-house residential estate model was realized for the first time in Winklarn, a small village near Amstetten. The sixteen wood houses with full basements make up the entire estate. The untreated larch façades and the clear architectural symbolism of the cubic structures nurture and enliven the character of the estate. It is accessible only to residents, making the streets an extension of the residential area. // The target group of this housing style was originally 30-40-year-olds. However, it turned out that people 60 years and older are also interested in the passive houses. The optimistic atmosphere can be clearly felt. The project has great potential. Aiming to create an ambience without designing everything, Poppe*Prehal left room for creativity to the residents of the Winklarn estate.*

Ernst Beneder

Ostarrichi Kulturhof
Neuhofen an der Ybbs, Milleniumsplatz 1

EIN KULTURHOF // Neuhofen an der Ybbs, das war für die Milleniumsfeier Österreichs im Jahr 1996 ein wichtiger symbolischer Ort. 996 wurde der Name Ostarrichi in einer landwirtschaftlichen Quittung über diese Gegend erstmals erwähnt. Die Urkunde liegt im Münchner Staatsarchiv. In den 1960er Jahren entstand in Neuhofen eine Gedenkstätte, ein Häuschen mit einem Walmdach. Für die Milleniumsfeier 1996 wurde von Ernst Beneder in Rekordzeit ein Gebäude realisiert, das den Ort markiert, die Ausstellung »Menschen, Mythen, Meilensteine« zeigte und danach vielen Zwecken dienen sollte. Das Bemerkenswerteste in Neuhofen ist die Gegend. Der transparente Stahlbetonskelettbau des Kulturhofs lässt den Blick unaufgeregt mit der Umgebung kommunizieren, vom Oberlichtband des Hauptbaus, vom flachen Dach, vom Stahlsteg und von der Terrasse. Die Terrasse rahmt die Gegend. Die verwendeten Grundformen sind regional vertraute: Winkelbau und Hof. Die bereits bestehende Gedenkstätte wurde mit einem flachen, quadratischen Aufbau erweitert. Ein winkelförmiger Baukörper mit abgesenktem, sich nach Süden öffnendem Hof befindet sich unter Terrain. Das Flachdach des Winkelbaus ist begrünt und begehbar. Ein Stahlsteg führt über die offene Hofseite und endet in einer Riesenfahne in Rotweißrot. 1997 erfolgte der Vollausbau zum Kulturhof mit Büros und Seminarräumen. 2006 wurde der Bau zum Gemeindeamt umgerüstet und verändert, ohne Ernst Beneder zu Rate zu ziehen. *ek*

▲ Bilder, Festsaal, Ostarrichi Kulturhof, Neuhofen an der Ybbs, 1998: Helmut Swoboda
⚏ Haus S., Neuhofen an der Ybbs, Landeshauptstraße 94, 2005: Martin Mittermair

LATITUDE
48° 03'33"
LONGITUDE
14° 51'36"

A CULTURE CENTER // Neuhofen an der Ybbs was symbolically an important location for Austria's Millennium Celebration in 1996. In the year 996, the name Ostarrichi was mentioned for the first time, in a farming receipt for the area. The document is kept in the Munich State Archives. In the 1960s, a memorial was erected in Neuhofen – a small house with a hipped roof. For the Millennium Celebration in 1996, Ernst Beneder designed a new building in record time. It created a landmark, housed the exhibit "Man, Myths, and Milestones", and has been used since for a variety of purposes. The surrounding countryside of Neuhofen is very remarkable. The transparency of the cultural center's reinforced concrete frame construction allows one to observe this beauty – from the flat roof, the steel walkway and the balcony. The balcony frames the countryside. The basic shapes used are ones familiar to the region: an L-shaped building and a courtyard. A flat, square addition was added to the previously existing memorial. An L-shaped structure with a lowered courtyard opening to the south has been sunken into the earth. The flat roof of the 'L' is accessible and planted with greenery. A steel walkway leads across the open courtyard, ending at a giant red-white-red Austrian flag. In 1997, offices and seminar rooms were added to the cultural center. In 2006, the building was converted into municipal offices and adapted without consulting Ernst Beneder.

Siedlung
Allhartsberg, Südhang

Leopold Hoerndler

2001

EINHEITLICH INDIVIDUELL // Die Kleinsiedlung mit vier Häusern in sanfter Hanglage vermittelt nach außen ein einheitliches Bild, ist jedoch innen individuell gestaltet. Die Pultdächer waren zur Entstehungszeit der Siedlung nicht einfach durchzusetzen. Der Architekt, der selbst eines der Häuser bewohnt, stieß jedoch bei den Beamten auf Verständnis. Der Errichtung der Siedlung erfolgte nicht über einen Bauträger, sondern über eine Eigenfinanzierung. // Die Grundrisse mit Nutzflächen zwischen 140 und 180 m² sehen die direkte Abfolge von Wohn-, Ess- und Kochbereich vor. Über Glasschiebetüren öffnet sich das Haus zur Terrasse und zum tiefer liegenden Garten. Die privaten Freiflächen von jeweils 600 m² teilen sich in Gärten, Terrassen und Wintergärten auf. Der bemerkenswerte Blick in die Hügellandschaft wird mit der Nord-Süd-Ausrichtung in Szene gesetzt. Die südorientierten verglasten Öffnungen tragen darüber hinaus zum Status als Niedrigenergiehaus bei. Die ökologische Ausrichtung der Häuser in Holzbauweise, mit Fassaden in sägerauer Lärche, manifestiert sich auch in der Wahl der Baustoffe. Anders als im urbanen Umfeld, wo öffentliche Verkehrsmittel in hoher Dichte zur Verfügung stehen, benötigt man in Allhartsberg für viele Wege ein Auto. Die notwendigen Carports sind zwischen den einzelnen Objekten situiert. *th*

232

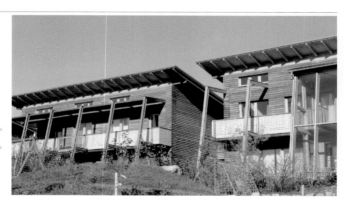

LATITUDE
48° 03' 33"
LONGITUDE
14° 47' 41"

UNIFORMLY INDIVIDUAL // The small estate of four houses located on a gentle slope has a uniform appearance from the outside, yet the interiors are individually designed. At the time of construction, it was not easy to attain permits for pent roofs. Fortunately, government employees were sympathetic to the architect, who lives in one of the houses. The houses were not erected by a housing developer, but were financed privately. // The usable areas are between 140–180 m², the living room, dining room, and kitchen en suite. Sliding glass doors open to the porch and low-lying garden. The private outside areas, each 600 m², are divided into yard, deck and conservatory. The north-south positioning emphasizes the remarkable view of the hilly landscape. Glazed south-facing apertures gather sunlight, supporting the low energy use of the house. The environmental consciousness of these wood houses with raw-sawn larch façades can be seen in the choice of building materials. As opposed to urban areas where public transport is readily available, in Allhartsberg a car is often necessary. Carports are placed between the houses.

1967

AUF DEN STRASSEN VON MANHATTAN // Über ein ungewöhnliches Straßen-namen-Netz verfügt die Gemeinde Kematen an der Ybbs. Das traditionelle historische Adressbezeichnungssystem, das die Chronologie der Bebauung abbildete und keiner topologischen Orientierung folgte, da Kematen 20 dann durchaus neben Kematen 351 zu liegen kommen konnte, wurde in den fort-schrittlich gesonnenen 1960er Jahren als überholt empfunden. Obwohl es Nachbargemeinden wie Biberbach gibt, die bis heute an dieser Art der Adress-bezeichnung festhalten. Derzeit laufen die Bezeichnungen von 1. Straße bis 35. Straße, links und rechts der Bundesstraße in gerade und ungerade Zahlen geteilt. Auch der Ortsteil Heide wurde in derselben Weise benannt und hat derzeit 1. Straße bis 25. Straße aufzuweisen. Vom 1. Oktober 1967 ist ein Häuserverzeichnis im Gemeindeamt aufbewahrt, das die Umstellung von der Altnummerierung auf die neuen Straßen auflistet. Mythen ranken sich um den Ursprung der neuen Straßenbezeichnungen. Da es keine historisch gewachse-nen Strukturen der Benennung gab, auf die man hätte rekurrieren können, und auch keine naheliegenden Namen, setzte man auf Kulturtransfer. Gewerbetrei-bende aus Kematen lieferten nach einem New York-Besuch die Initialzündung. Sie schlugen vor, das aus dem New Yorker Stadtplan ersichtliche numerische Bezeichnungssystem auf Kematen zu übertragen. Übersichtlichkeit und Modernität, das versprach die sachliche Namensgebung, die man für eine Industriegemeinde als adäquat empfand. *ek*

233

LATITUDE
48° 01' 34"
LONGITUDE
14° 46' 09"

ON THE STREETS OF MANHATTAN // Kematen an der Ybbs has a street name network that is unusual for this area. The historical address system followed construction chronologically and had no topological orientation, meaning that Kematen 20 might be next to Kematen 351. In the eagerly progressive 1960s it was decided that this was old-fashioned, although some neighboring communities, such as Biberbach, have stuck with the old address system. Now, streets go from 1st to 35th, left and right of the highway, divided into odd and even. The Heide quarter has also been structured this way and currently has 1st to 25th Streets. The municipal office has archived a housing directory from 1 October, 1967, documenting the changes from the old numbering system to the new. Convoluted myths circulate about the origin of the new street designations. Since there was no historically developed naming structure to revert to, culture transfer was called upon. Kematen business people triggered the initial impulse after visiting New York City. They suggested transfer-ring the New York numerical street system to Kematen. Straightforward and modern, this practical form of designation was accepted by the industrial community.

Siedlung
Böhlerwerk, Sportplatzstraße

Wolfgang Windprechtinger
Traude Windprechtinger-Ketterer

1952

MINIMALHÄUSER, GUT DURCHDACHT // In den Jahren des Wiederaufbaus wurde in vielen Siedlungen auf einfachen, schmucklosen und vor allem günstig zu errichtenden Wohnraum gesetzt. Die Siedlung Böhlerwerk mit ihren Steildächern, geplant vom Architektenteam Traude und Wolfgang Windprechtinger, ist ein gutes Beispiel für die gebaute Sparsamkeit in Form von kompakten Minimalhäusern. // Vom Ortszentrum ist die Siedlung fußläufig zu erreichen. In der Siedlung Böhlerwerk wurde versucht, im Rahmen des Minimalen, Augenmerk auf die Schaffung von Adäquatem und auf gut durchdachte Grundrisse zu legen. Zwei Zeilen und ein Strich konfigurieren die drei Baukörper. Die zwei Reihenhauszeilen mit ihren jeweils sechs Häusern liegen parallel zueinander und sind gegeneinander versetzt, quer dazu steht das dreigeschossige Mietwohnhaus. Die unterkellerten Reihenhäuser sind nach Süden orientiert und öffnen sich zum eigenen Garten. Zwischen Garten und Wohnraum verlaufen die Grenzen zunehmender Privatheit. Die Gärten sind von den Nachbarn einsehbar, die Wohnräume bleiben den Blicken verschlossen. Die den Reihenhauswohnungen zugeordneten Gärten sind mit 154 m² durchaus groß. Garagen und Schuppenzeile grenzen die Gärten ab. Gebaut wurde in Mischbauweise, der untere Teil ist als Massivbau ausgeführt, der obere Teil eine Holzkonstruktion. Der Materialeinsatz war ökonomisch. Die verbaute Fläche konnte gering gehalten werden. *ek*

234

LATITUDE
47° 59' 07"
LONGITUDE
14° 44' 52"

MINIMAL HOUSING, WELL DESIGNED // During the post-war years of reconstruction, building concentrated largely on simple, unadorned, and above all economical housing. The Böhlerwerk estate, planned by the architects Traude and Wolfgang Windprechtinger, is an excellent example of this type of frugal compact minimal housing. // The steep-roofed houses are within walking distance of the town center. The design of the Böhlerwerk estate emphasizes well-planned, suitable floor plans that nevertheless remain minimalist. From above, the three structures could be seen as two lines and a dash. The two parallel terrace rows are offset, each with six houses, and a three-story apartment building at right angles. The terrace houses, with cellars, face south, each opening to a private garden. Privacy increases from the garden to the living room. A neighbor could see into the garden, but the living rooms are shielded from view. The gardens are relatively large, each 154 m².

Garages and a row of sheds square off each garden row. The houses display mixed building styles: the lower section is a massive construction and the upper section is made of timber. Materials were used economically and the developed area was kept to a minimum.

Rainer Bergmann, Hans Oszwald

Pfarrkirche zur Hl. Familie
Böhlerwerk, Nellingstraße 5

1972

STAHL IM ZENTRUM // Dass die erste Stahlkirche Österreichs, Baujahr 1930, gerade in der Gemeinde Böhlerwerk entstand, ist nicht verwunderlich, denn der Standort ist seit jeher durch den metallverarbeitenden Betrieb Böhler, heute Böhler-Uddeholm, geprägt. 1972 wurde die Kirche jedoch abgerissen und auf einem von Böhler zur Verfügung gestellten Grundstück die neue Kirche gebaut. Beim Architektenwettbewerb gingen Rainer Bergmann und Hans Oszwald als Sieger hervor. Sie setzten ein Konzept um, bei dem im Sinne des 2. Vatikanums der Altar in das Zentrum des sakralen Raums gesetzt wurde. Über ein trichterförmiges Gefälle mit halbkreisförmigen Kirchenbänken entwickelt sich die Annäherung an den kubischen Altartisch in hellem Marmor, der eine besondere Belichtung durch vier quadratische Lichtkuppeln erhält. Diese sind in die Kassettendecke aus Stahlbeton, von der Leuchten mit Glaskugeln herabhängen, eingelassen. Die kubische Form von Altar und Kassettendecke wiederholt sich in der Orgel und im Tabernakel, das ebenso wie das Vortragekreuz von Josef Schagerl aus poliertem Edelstahl geschaffen wurde. // Es gibt keine Beichtstühle, sondern ein eigenes Beichtzimmer. Die Wochentags- und Taufkapelle ist durch eine Glastür vom Hauptraum getrennt. // Am Vorplatz, den sich die Kirche mit dem Pfarrhaus teilt, steht der Glockenturm. Seine Stahlglocke wurde aus der alten Kirche übernommen. Bei der Sanierung der Fassade – bis dahin in Sichtbeton – mit Vollwärmeschutz wurde das Äußere stark verändert. *th*

LATITUDE
47° 59' 01"
LONGITUDE
14° 44' 54"

STEEL AT THE CENTER // It is not surprising that Austria's first steel church, built in 1930, is in the town of Böhlerwerk. The village has long been influenced by the metalworking company Böhler. However, in 1972 the church was torn down and a new one built upon a site made available by the Böhler company. Seventy-one designs were submitted to the architectural competition, which was won by Rainer Bergmann. Together with Hans Oszwald and Herbert Gratzer, he realized a concept placing the altar at the center of the church, in keeping with the Second Vatican Council. The approach to the cubic, pale marble altar table unfolds down a funnel-shaped incline lined with semicircular pews. The altar is distinctively lit by four rectangular light cupolas embedded in the reinforced concrete coffered ceiling, hung with spherical glass lights. The cubic shape of the altar and coffered ceiling is echoed by the organ as well as the tabernacle which, like the processional cross by Josef Schagerl, is made of polished stainless steel. // A separate confessional room replaces confessional booths. A glass door divides the weekday and baptism chapel from the main hall. // The bell tower stands on the square in front, which is shared by the church and the rectory. The steel bell from the old church has been hung in the new tower. The appearance of the previously visible concrete façade was greatly altered during the installation of upgraded insulation.

Haus P.
Aschbach-Markt, Schrödingerberg 8

F2 | Architekten
Christian Frömel, Markus Fischer

2004

ÜBER DEM HANG SCHWEBEND // Wo man sich zu Beginn der Bautätigkeit noch einen Weg durch ein Maisfeld schlagen musste, umgibt nunmehr eine großzügige Grünfläche das Haus einer Familie. // Die schwebende Kubatur liegt markant in der Baulandschaft. Über einem Steinsockel kragt ein geometrischer Körper in zeitlosem weißen Putz aus. Das Obergeschoss berührt trotz Hanglage an keiner Stelle den Boden. Die Schlafräumlichkeiten liegen erhaben und blicken Richtung Sonntagberg. Die Fenster sind zurückgesetzt, um die Privatsphäre zu schützen. Der Grundriss basiert auf einem eingeschnittenen Rechteck, durch den Höfe und Terrassen entstehen. Die Einschnitte bieten Schutz vor Sonne und gliedern zugleich den Baukörper. Im Innenleben des Baus erzeugen interne Schleusen private Zonen. Im Keller befindet sich ein Wellnessbereich. Auf gleicher Ebene wurde auch das großzügig in Raumhöhe verglaste Wohnzimmer in das steinverkleidete Mauerwerk gesetzt. Vom Untergeschoss zum ebenerdigen Essbereich führen Trittstufen, die direkt aus der Mauer wachsen. Der Bereich um den Eingang an der Nordseite wurde in rotbraunem Holz verkleidet. An der Südseite kamen vertikale Holzlamellen zum Einsatz. Zwischen dem Grau des Steinsockels, dem weißen Block und dem Rotbraun des Holzes entsteht ein ausgewogene Farbigkeit. *th*

 Haus W., Aschbach-Markt, Luftstraße, 2004: F2 | Architekten

LATITUDE
48° 04' 36"
LONGITUDE
14° 45' 13"

HOVERING OVER THE HILL // When construction began, a path had to be hacked through the dense cornfield. Now, a wide expanse of green surrounds this family home. // The hovering cube stands out against the landscape. The geometric body, in timeless white plaster, juts out over the stone foundation. The bedrooms, on the higher level, have a view of the Sonntagberg. The windows are set back to ensure privacy. The layout is based upon a notched rectangle, made up of the courtyards and terraces. The notches offer shelter from the sun, also subdividing the structure. Inside the house, narrow passages are strategically placed to create privacy zones. There is a spa area in the cellar. On the same level, a ceiling-high expanse of glass fronts the living room, which has been set into the stone-clad brickwork. Steps hewn from the wall lead from the lower section to the ground-floor dining area. Around the entrance, the north side has been clad in red-brown wood. To the south are vertical wooden slats. Colors are well balanced: grey stone base, white block and red-brown wood.

Johannes Zieser

2006

PUNKT UND STRICH // Der Mitte des 19. Jahrhunderts errichtete Meierhof Öhling, einer der größten Mostheurigen der Region, beherbergt heute ein Gemeindezentrum mit Wohnungen. 1902 wurde auf dem Areal die Kaiser-Franz-Joseph-Landes-, Heil- und Pflegeanstalt Mauer-Öhling eröffnet. 1947 fand der größte Euthanasie-Prozess vor einem österreichischen Volksgericht statt, in dem sich politisch Verantwortliche, Ärzte und Pfleger der Anstalt Mauer-Öhling für die in der Nazizeit begangenen Verbrechen verantworten mussten. Bis Mitte der 1980er Jahre befand sich hier die größte Suchtgift-Therapiestation Niederösterreichs. Dann stand das Gebäude leer. // Die von Johannes Zieser geplante Neustrukturierung ist kompakt, ressourcenschonend und respektvoll gegenüber dem historischen Hintergrund. Der denkmalge-schützte südseitige Trakt wurde saniert. Hier sind die Büros für Umwelt-schutz-, Abgaben-, Tourismus- und Regionalverband des Bezirks Amstetten sowie die Gemeindefestsaal untergebracht. Die Wirtschaftstrakte wurden ab-gerissen. Ein langgestreckter Bauteil mit aneinander gereihten Wohneinheiten schließt direkt an den Meierhof an. Die Fassadengliederung greift die histori-sche Formensprache auf. Zwei »Strichhäuser« und zwei »Punkthäuser« sind zum Ensemble verdichtet. Über alle drei Geschosse markieren Holzstäbe wie Vorhänge die rundumlaufenden Laubengänge. Die Stiegenhäuser greifen die Figur des Vorhangs als vertikale Gliederung auf, hier wurden alte Dachsparren des Dachstuhls wieder verwendet. *ek*

⌧ Glashalle Ertl, Industriegebiet bei Amstetten, Dieselstraße 6, 2006; Ortner & Stolz

237

LATITUDE
48° 06' 11"
LONGITUDE
14° 48' 01"

DOT AND LINE // Meierhof Öhling, one of the largest cider taverns in the region, was constructed in the mid-19th century and has been converted into a community center and apartments. // In 1902, the Kaiser Franz Josef National Psychia-tric Sanatorium was opened on the compound. In 1947, the biggest euthanasia case in Austrian history went to trial, holding many politi-cians, doctors, and caretakers of the Mauer-Öhling Institute responsible for crimes committed during the Nazi era. Up until the mid-80s, Lower Austria's largest addiction therapy center was located here. Since then, the building has stood empty. // The restructuring as planned by Johannes Zieser is compact, resource-efficient and respectful of history. The landmarked southern tract has been fully restored. The Environmental Protection Office, Tax Office, Tourism Bureau, the Amstetten Regional Association Headquarters and the Municipal Banquet Hall are now located here. The service wings have been demolished. An elongated structure housing a row of apartments connects directly onto the Meierhof. Sections of the façade revert to historic architectural symbolism. Two 'dash' houses and two 'dot' houses fill in the ensemble. Around the building on all three stories, wooden poles drape the arcades in segments. The staircases pick up on the figurative drapes as a vertical division. Here, old rafters from the attic have been recycled.

Wohnen in Oed-Öhling

diverse Planer

1998

VON HÜGEL ZU HÜGEL // Durch die Zusammenlegung des Marktes Oed und der Gemeinde Öhling entstand im Jahr 1972 eine neue Marktgemeinde mit einer Gesamtfläche von 1.062 ha. Die Infrastruktur ist doppelt vorhanden: zwei Gemeindeämter, zwei Kindergärten, zwei Volksschulen. Das historische Siedlungsgebiet, das erstmalig 1140 gemeinsam erwähnt wurde, ist durch eindrucksvolle Vierkanthöfe geprägt. Die wirtschaftliche Struktur ist landwirtschaftlich ausgerichtet. // Im Nahraum Amstetten erlebt die Marktgemeinde Oed-Öhling heute den Aufschwung zum beliebten Wohnstandort. Eine rege Bautätigkeit mit Einfamilienhäusern ist die Folge. Allein die Architekten Poppe*Prehal haben in den vergangenen Jahren zwei Häuser realisiert: kubische Holzbauten in energiebewusster Bauweise. Christian Frömel und Markus Fischer – unter dem Label F2 bekannt – haben weitere spannende Beiträge geliefert. Die beiden Einfamilienhäuser fügen sich als elegante Baukörper in die Hügellandschaft ein. Aber auch das Passivhaus von Ernst Jordan, einen Hügel weiter, ist ein deutliches Zeichen für das zunehmende Bewusstsein für umweltfreundliches Bauen, bei dem gestalterische Fragen eine Kernrolle spielen. th

Haus Hagelmüller (Abb.), Öhling, Gartensiedlung, 2006: F2 | Architekten
Haus N., Öhling, Gartenstraße 4, 2007: F2 | Architekten
Haus Wöginger, Öhling, Hörsdorfer Straße 13, 2000: Poppe*Prehal
Haus Gstettenhofer-Mayerhofer, Öhling, Öhlermühle 85, 2000: Poppe*Prehal
Haus Krammer-Schadauer, Oed 35, 2006: Jordan Solararchitektur

FROM HILL TO HILL // In 1972, the market village Oed and the municipality of Öhling joined to form a new market community with a total area of 1,062 hectares. The entire infrastructure is double: two municipal offices, two kindergartens and two elementary schools. The historic residential areas were first documented together in 1140 and are characterized by several impressive four-sided farmhouses. The economic basis is mainly agricultural. // Not far from Amstetten, the market community

*Oed-Öhling is currently experiencing an upswing in its residential popularity. The result is a flurry of single-home construction. The architects Poppe*Prehal alone have finished two houses there in recent years: cubic, wooden, energy-conscious buildings. Christian Frömel and Markus Fischer – known by the name F2 – have provided further interesting architectural examples. The elegant structures of both their single-family homes meld into the hilly landscape. Ernst Jordan's*

passive home on the next hill is a clear signal of the increasing awareness of environmental building techniques that keep design considerations in a key role.

Poppe*Prehal
Helmut Poppe, Andreas Prehal

Haus Pfleger
Zeillern, Friedhofstraße 445

2004

BÜHNE FREI FUR OBSTBÄUME // Auf einem großen Grundstück mit altem Obstbaumbestand wurde das Einfamilienhaus so platziert, dass Architektur und Natur in Dialog zueinander treten. Das Passivhaus in Holzbauweise ist mit Lärche verkleidet: Durch die feine Maserung des Holzes mit stehenden Jahresringen entsteht eine zurückhaltende Fläche, die durch einen satten Grauton gekennzeichnet ist. Mit den Jahren nimmt die Fassade zunehmend die Farbe von Rinde an. Dahinter steht die Idee, für die Bäume ein »Bühnenbild« zu schaffen, sodass aus gewissen Perspektiven die markanten Äste vor dem dunklen Hintergrund des Hauses ein expressives Schauspiel erzeugen. // Der Obstgarten spielte aber auch bei der Gestaltung des Innenraumes eine wichtige Rolle: Die Fenster sind so angelegt, dass der Blick in den Garten omnipräsent ist. Die Wohnfläche von 195 m² verteilt sich auf zwei Ebenen. Im Obergeschoss befindet sich neben Kinder- und Schlafzimmer auch eine Galerie als Ort des Rückzugs. Vom ebenerdigen Wohn- und Kochbereich aus ist der südorientierte, überdachte Sitzplatz im Freien zugänglich. Der Garten selbst wurde belassen, wie er war. In der warmen Jahreszeit spenden die Obstbäume Schatten. *th*

LATITUDE
48° 07' 51"
LONGITUDE
14° 48' 27"

OPEN STAGE FOR FRUIT TREES //
On a large piece of property with an old fruit orchard, a single-family home enters into a dialogue between architecture and nature. The timber construction passive house is clad in larch. The fine grain of the wood with vertical tree-rings has a demure surface, marked by a characteristic deep gray color. Over the years, the façade will increasingly take on the color of bark. The idea is to create a 'stage design' for the trees, so that from certain angles prominent branches create an expressive spectacle against the dark background of the house. // The orchard also plays an important role in the interior design: the windows are set so that the view of the garden is omnipresent. The 195 m² living area is distributed over two floors. Upstairs are the children's rooms and bedrooms as well as a gallery providing space for retreat. The south-facing, covered outdoor seating area is accessible from the ground-floor level combined kitchen and living room. The garden itself was left unchanged. In the summer, the fruit trees provide shade.

Pfarrkirche zum Hl. Stephan

Ardagger-Markt, Stephanshart 3

Franz Barnath

1959

ANNÄHERUNG AN DAS QUADRAT // Der Kirchenbau wird durch hohe, schmale Rundbogenfenster rhythmisiert und besitzt einen Turm mit Pyramidendach. Der Innenraum nähert sich einem Quadrat und wird durch längliche Anräume erweitert. Den Hauptraum gliedern vier auf Pfeilern ruhende Bögen, über die sich ein flaches, kassettiertes Tonnengewölbe spannt. Der Altarraum ist entgegen dem Kanon nach Westen ausgerichtet. // Der betont funktionale Bau erhält durch die Arbeiten des Künstlers Robert Herfert Einmaligkeit. An der Rückwand des Altarraums hat er auf einem Sgraffito mit Mosaikeinlagen die »Steinigung des hl. Stephanus« dargestellt. Das Tabernakel mit den vier Evangelisten, ein Goldrelief auf rotem Emailschmelz, steht auf der Marmormensa. Als Kupfertreibarbeit wurde das schwebende Hängekruzifix angefertigt, die Kanzel aus hellem Marmor. Erst 1970 entstanden die 14 Kreuzwegbilder. Robert Herfert ist zudem Urheber der farbigen Fenster. Nur das Fensterband an der Ostwand stammt aus dem 19. Jahrhundert und wurde von der Vorgängerkirche übernommen, die wegen Einsturzgefahr abgebrochen werden musste. *th*

⬚ Haus Dietl, Ardagger-Markt, Stephanshart 273, 2005: Hans Zeiner
⬚ Landespensionistenheim, Wallsee, Ardagger Straße 12, 2005: Gerhard Lindner

240

LATITUDE
48° 09' 53"
LONGITUDE
14° 49' 06"

APPROACHING THE SQUARE // High, narrow, round-arched windows rhythmically accent the church building, which has a pyramid-roofed tower. The interior approximates a square, broadened by long side chambers. Four post-like arches spanned by a flat barrel vault divide the main space. Contrary to canon rule, the sanctuary faces west. // Artist Robert Herfert's works endow the decidedly functional building with uniqueness. The back wall of the sanctuary is decorated with the

"Stoning of St. Stephen", a graffito with mosaic inlays. The tabernacle, portraying the four evangelists in gold relief on red enamel, stands upon the marble altar table. The suspended crucifix is made of molded copper; the pulpit of pale marble. Not until 1970 were the fourteen pictures of the Way of the Cross painted in oil on wood. Robert Herfert is also responsible for the stained glass windows. The strip window on the eastern wall dates from the 19th century. This is the only element

retained from the previous church, which was replaced due to the danger of collapse.

Johannes Zieser

Gemeindezentrum und Wohnungen
Ardagger-Markt, Stephanshart 29

2005

EIN SCHIFF MACHT PLATZ // Ein geladener Wettbewerb, den Johann Zieser für sich entschied, sollte aus dem verfallenen Moarhof ein Gemeindezentrum machen. Die Kraft, die das alte Zentrum hatte, wurde mit einem mächtigen, pontonartigen Schiff in eine neue Formensprache übersetzt. // Die bäuerliche Gemeinde Stephanshart ist eine Passauer Pfarrgründung des 11. Jahrhunderts. Ursprüngliches Zentrum bildeten die romanische Kirche, der Moarhof und das Wirthaus. Die baufällige Kirche wurde 1963 gesprengt, die neue steht auf dem Hügel. Das Geviert des aus verschiedenen Bauperioden stammenden Moarhofs wurde in seiner Grundform beibehalten. Moar leitet sich vom Major Domus her, dem ersten Hof, der das Recht hatte, die Zehenten einzusammeln. Der Familienname Meier hat hier seinen Ursprung. // Zuerst wollte Zieser das barocke Stallgewölbe erhalten, darüber den Turnsaal der Volksschule stellen, doch es war zu baufällig. Mit der Formensprache des Schiffs wurde dem Ort wieder »ein erster Hof« als Anziehungspunkt gegeben. Das pontonartige Holzschiff schwebt an der Stelle der Gewölbe. Der Bau entfaltet Postkartenqualität und erzeugt auch gefühlsmäßig wieder ein Ortszentrum. Um den Schulhof gruppieren sich die öffentlichen Funktionen. Die Schule mit ihrer Glasfassade besitzt Niedrigenergie-Standard. Für das Steinmauerwerk wurde örtlicher Donaubruchstein verwendet. In einer nächsten Bauphase wurde das Gemeindezentrum um Wohnungen erweitert. *ek*

LATITUDE
48° 09' 53"
LONGITUDE
14° 49' 06"

A SHIP MAKES ROOM // Johann Zieser won the competition for the adaption of the dilapidated "Moarhof" farmstead into a community center. The strength of the old center has been transformed by the new symbolism of a powerful pontoon-like ship. // The farming community Stephanshart was founded as a parish of Passau in the 11th century. The original village center consisted of the Roman church, the Moarhof and the inn. The dilapidated church was demolished in 1963 and a new one was built on the hill. The basic quadratic form of the Moarhof, arising from several building phases, has been retained. 'Moar' comes from 'Major Domus', the first estate with the right to collect tithes and the origin of the family name 'Meier'. // Zieser initially wanted to preserve the baroque vault of the stables and put the elementary school gymnasium on top of it. However, decay had advanced too far. The architectural symbolism of the ship-like addition has reverted the place back into a 'manor-farm', becoming a village attraction. The pontoon-like wooden ship hovers where the vault once stood. The building develops qualities worthy of a postcard, successfully bringing new life to the village square. Public offices are grouped around the schoolyard. The school has a glass façade and meets low-energy building standards. The stonework is made of local Danube quarry stone. In a later construction phase, several apartments were added to the community center.

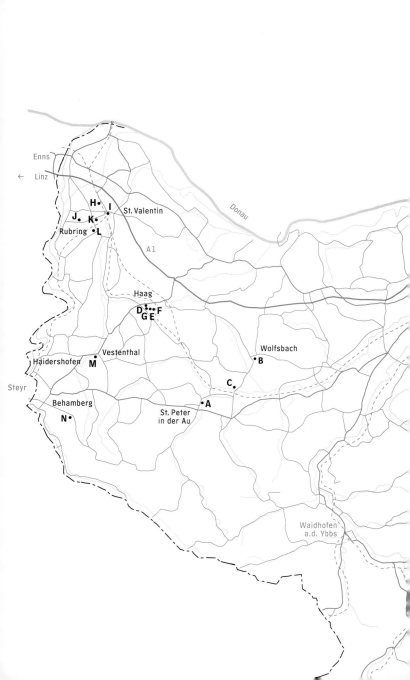

Schloss St. Peter in der Au

St. Peter in der Au, Hofgasse 6

Johannes Zieser

2007

RIESENSCHIRM TRIFFT RENAISSANCEPRUNKRÄUME // Das Schloss St. Peter in der Au wurde anlässlich der Landesausstellung 2007 von Johann Zieser, der aus einem von der Gemeinde 2001 veranstalteten Wettbewerb als Sieger hervorgegangen war, saniert und adaptiert. Die Bauarbeiten erwiesen sich als überraschende Zeitreise mit baugeschichtlichen und künstlerischen Funden. Das ehemalige Wasserschloss aus dem 12. Jahrhundert wurde in der Renaissance umgebaut und beeindruckte mit einem fünfgeschossigen, zinnengekrönten Bergfried. Bis zu den heutigen Umbauarbeiten war das Schloss hinter einem hohen Zaun in einen Dornröschenschlaf versunken. Die Wiedererweckung für Ortsbild und lokales Bewusstsein erfolgt durch die bauliche Freistellung. Die neue Hauptstiege nutzt den zentralen Bergfried und schneidet spektakulär durch die 3,50 m dicke Außenmauer. Der Eingriff wurde nicht vertuscht, die Schnittflächen sind sichtbar. Im Obergeschoss finden sich der neue Festsaal sowie historische Prunkräume des 16. Jahrhunderts. Süd- und Ostflügel des Obergeschosses werden nach der Landesausstellung das Gemeindeamt von St. Peter in der Au beherbergen. Der Innenhof wurde überdacht. Das Bundesdenkmalamt forderte möglichst geringe Eingriffe, der Hofgrundriss ist asymmetrisch. Die Antwort auf diese Vorgabe besteht in einem mechanischen Großschirm, mit unterschiedlich langen Schirmarmen geführt. Damit ist weltweit erstmals ein vollständig einfahrbarer Schirm dieser Größenordnung ausgeführt worden. *ek*

 Kapelle im Landespensionistenheim, St. Peter, Steyrer Straße 1, 1996: Franz Graf

244

LATITUDE
48° 02' 45"
LONGITUDE
14° 37' 27"

GIANT UMBRELLA MEETS GRANDIOSE RENAISSANCE PALACE // The St. Peter in der Au Palace has been renovated and adapted for the Regional Exhibition 2007 by Johann Zeiser, winner of a competition held in 2001 by the municipality. Construction work developed into a surprising journey through time, both in building history and art discovery. // The formerly moated castle dating from the 12th century was rebuilt during the Renaissance. Its five-story crenellated keep is an impressive sight. // Until the recent renovations, the palace was sunk in a deep slumber behind a high fence. Its exposure reawakened the village and its sense of image. The new main staircase uses the central keep, spectacularly cutting through the 3.5-m-thick outer walls. The operation has not been glossed over, the cut surfaces remaining visible. Upstairs are the new festival hall and a suite of historic, grandiose, 16th-century rooms. After the regional exhibition, the south and east wings of the upper story will house St. Peter an der Au's municipal offices. The inner courtyard has been roofed over. The federal office for the protection of monuments (Bundesdenkmalamt) stipulated minimally intrusive measures, but the ground plan of the courtyard is asymmetrical. The solution was to build a giant umbrella with arms of varying lengths. This is the first fully retractable umbrella of this size built anywhere in the world.

Manfred Erjautz

2003

DIE GANZE GEMEINDE GESTALTET MIT // Ein Container aus Glas als Gefäß, in dem sich die Welt im Kleinen widerspiegelt, ist Ausgangspunkt des partizipatorischen Kunstprojekts »Full House« von Manfred Erjautz für die Milleniumskapelle von Friedrich Fischer in Wolfsbach. // Der Wohnsituation mehrerer Generationen am Vierkanthof entsprechend, reflektiert der Titel den Wunsch der Wolfsbacher nach der Darstellung eines »Familienbildes« für die Kapelle. In den Dimensionen 20 x 20 x 30 cm wurde eine Glasbox zum »sozialen Terrarium«. An die Bevölkerung wurden 120 idente Vitrinen zur Bespielung verteilt. Diese fügte Erjautz später in ein Regalsystem entlang der Wand, ohne die soziale Rangordnung der Ausführenden zu berücksichtigen, nach eigenen formalen und inhaltlichen Kriterien zusammen. // Subtil näherte sich Erjautz der hermetischen Struktur einer Gemeinde, verließ dabei jedoch, im Sinne der Brecht'schen Dialektik, zu keinem Zeitpunkt die Rolle des außenstehenden Impulsgebers. Begleitet durch den Wolfsbacher Kulturverein – mit Unterstützung von Josef Penzendorfer – entwickelten sich die ursprünglichen Auftraggeber zu Produzenten und gaben, jeder auf gleichem, normiertem Raum, Momentaufnahmen der eigenen Identität preis. Das Zusammenführen der einzelnen Positionen zu einer Wabenstruktur funktioniert reziprok zur persönlichen Inbesitznahme vorgefertigter Baustrukturen, etwa beim Bezug eines Geschossbaus. Im modularen Containersystem der Glaskuben manifestiert sich nicht nur der Gestaltungswille des Künstlers, sondern einer ganzen Gemeinde. *th*

245

LATITUDE
48° 05' 00"
LONGITUDE
14° 40' 51"

THE WHOLE COMMUNITY, WORKING TOGETHER // A glass container reflecting the world in miniature is the starting-point for the participatory art project "Full House" by Manfred Erjautz for Friedrich Fischer's Millennium Chapel in Wolfsbach. // Referring to the living situation on traditional farms in Austria, where many generations often live together, the work's title reflects Wolfsbach residents' wish for a "family portrait" in the chapel. A glass box (20x20x30 cm) has become a 'social terrarium'. 120 identical glass boxes were given to the people of Wolfsbach for decoration. Erjautz placed the finished works on shelves along the walls, ordered by the artist's own criteria of content and form, not the social hierarchy of the producer. // Erjautz adopted a subtle approach to the hermetic structure of the village, never straying from the role of the external impulse transmitter, in accordance with Brecht's dialectic. Accompanied by Josef Penzendorfer and the Wolfsbach Cultural Society, the 'customers' developed into producers, divulging moments of their own existence, each within an identical, normed space. The merging of each individual's distinctiveness into a beehive structure functioned reciprocally to the personal appropriation of the prefabricated building structure, like moving into a multistory building. Not only the creative will of the artist is manifest within the modular system of glass cubes, but that of the entire community.

Vierkanthof
Wolfsbach, Bubendorf Nr. 44

Karl Reitbauer

1923 / 1957

STILISTISCHE ZEITVERZÖGERUNG // Rund um Wolfsbach, einer Kirchsied-
lung nördlich von Seitenstetten und südöstlich der Stadt Haag, prägen in einem
Radius bis zu 4 km einzelne Höfe, Rotten und Weiler das Streusiedlungsgebiet.
Der Vierkanthof in Bubendorf, einem Ortsteil von Wolfsbach, wurde von Karl
Reitbauer mit nachsezessionistischen Elementen gestaltet. Dass es bisweilen
länger dauerte, bis Stilströmungen auch die ländlichen Gebiete des Mostviertels erreichten, zeigt die Entstehungszeit der Fassade aus dem Jahr 1923. Der
Vierkanthof, dessen Verputzmauerwerk heute in Ocker und Braun gehalten ist,
verfügt – typisch für die Region – über eine eigene Hauskapelle, die ebenfalls
von Karl Reitbauer stammt. Die Kapelle steht auf der gegenüberliegenden
Straßenseite. 1957 erbaut, ist der neobarocke Rechteckbau Ausdruck künstlich
generierter Tradition. Die toskanischen Postamentsäulen verstärken den histo-
risierenden Auftritt. *th*

LATITUDE
48° 03′ 54″
LONGITUDE
15° 39′ 53″

*STYLISTIC TIME-LAG // All around
Wolfsbach, a village north of
Seitenstetten and south-east of
Haag, the church, single homesteads
and hamlets make up the scattered
settlement area with a radius of up
to 4 km. // Bubendorf is in the town-
ship of Wolfsbach, and no. 44 is a
four-sided homestead. Karl Reitbauer
designed the living-quarters with
post-secessionist elements. The
construction date of the façade,
1923, shows that styles can take
some time to reach the rural areas of
the Mostviertel. No. 44's plaster
walls are now ochre and brown. As is
typical for the region, the house has
its own chapel, also erected by
Reitbauer, on the opposite side of the
road. Built in 1957, the rectangular
neo-baroque building is an expression of an artificially generated
tradition. The Tuscan base pillars
support this historic impression.*

noncon:form, Justin & Partner, Hernán Triñanes

2000

EIN THEATER MACHT MOBIL // Mit einer dramatischen Tribünenkonstruktion gestaltet der Haager Theatersommer den öffentlichen Raum des Hauptplatzes und bietet spektakuläre Aussichten auf die barocken Hausfassaden. // Aufbau und Abbau der temporären Tribüne Haag mit ihrem großem Kraneinsatz sind genuiner Teil des sommerlichen Theaterspektakels. Im Jahr 1999 veranstaltete die Haag Kultur GmbH einen geladenen Wettbewerb für ein Theater für 650 BesucherInnen, das sich leicht auf- und abbauen lassen sollte. Der ursprüngliche Entwurf des Siegerteams noncon:form sah ein stapelbares Zuschauerregal vor, doch die Zisterne unter dem Platz ließ eine solche Belastung nicht zu. Auf einem dunkelroten, markant technoiden Gebilde sitzen die ZuschauerInnen in der hoch ansteigenden Tribüne, haben freien Blick auf das Theatergeschehen und aus ungewohnter Perspektive auf den Haager Stadtplatz. Auf vier schlanken Stützen schwebt die 14 m hohe und 23 m breite Konstruktion über dem Platz, 60 m³ Leimholz und sieben Tonnen Stahl stecken in dem temporären Theater. Zwei Fundamentblöcke tragen den Aufbau. Sie werden bei Nichtgebrauch abgedeckt. Alle anderen Teile der Tribüne überwintern in einem eigens errichteten Unterstand. Zwei rückwärtige Leimholzbinder sorgen für die spektakuläre Höhenentwicklung, eine Überdachung gewährt Sonnen- wie Regenschutz. Binnen kurzer Zeit wurde die temporäre Tribüne Haag zum städtischen Wahrzeichen. *ek*

⌖ Haus W., Hollengruberstraße 11, 2007: Hans Zeiner

THEATER ON THE MOVE // The dramatic stage construction of the Haag Theater Summer Festival transforms the public space of the main square and creates a spectacular view of the baroque façades. // A huge crane assembles and dismantles the temporary tribune. This act has in itself become an integral part of the summertime theater spectacle. In 1999, the Haag Culture Company held a solicited competition for a 650-seat theater that would be easy to erect and dismantle. The original concept of the winning team, noncon:form, planned for stackable seating rows. However, the water reservoir underneath the square did not allow such a load. The seating slopes high up on the tribune, a dark red, strikingly technoid structure. They have an unobstructed view of the stage and an unusual perspective of the Haag Town Square. The 14 m-high and 23 m-wide construction hovers over the square on four slim supports. 60 m³ of bonded wood and seven tons of steel are incorporated into the temporary theater. Two strong foundation blocks, covered when not in use, support the structure. In winter, all other parts of the stage are stored in a shed built especially for the purpose. Two bonded wood tie beams at the rear ensure the spectacular altitude of the tribune and support a weather canopy. Within a short time, Haag's temporary tribune has become a landmark of the town.

Haus Hengl
Haag, Jahnstraße 17

Willy Hengl

1965

BACK TO THE SIXTIES // Das bemerkenswerte Haus, das sich bis heute im Familienbesitz befindet, wurde größtenteils im Selbstbau errichtet. Willy Hengl (1927–1997), ausgebildet an der Akademie in Wien, realisierte nur ein Bauwerk – seinen privaten Traum vom eigenen Haus. Entgegen dem Erstentwurf, zeittypisch mit nierenförmigem Grundriss, wurden das Haus und der Swimmingpool schließlich doch in rektangulären Formen umgesetzt. Straßenseitig empfängt die Eintretenden eine Freitreppe, deren Geländer, wie das der Innentreppen und der Veranden, eigens entworfen und von einem ortsansässigen Schmied angefertigt wurden. Im Ziegelbau befand sich neben dem Wohnbereich auch das Atelier des Hausbesitzers. Die Innenausstattung wurde nur minimal verändert: Vom Linoleumboden über die von Hengl geplanten Möbel aus Resopal bis hin zu den Vorhangstoffen ist die Einrichtung erhalten. Bei den Wänden, in kräftigem Orange oder Violett, wechseln die Farben auch innerhalb der Zimmer. Bei der Sanierung wurden lediglich die Gläser der Aluminiumfenster – eine zur Bauzeit ungewöhnliche Lösung – durch Verbundglas ersetzt, um die Energiewerte zu verbessern. // Zum Ensemble gehören gartenseitig ein frei stehendes Gartenhaus sowie ein schmaler Turm aus Beton mit schmiedeeisernem Kreuz. *th*

248

LATITUDE
48° 06' 35"
LONGITUDE
14° 34' 18"

BACK TO THE SIXTIES // This remarkable house was largely self-built and is still owned by the family. Willy Hengl (1927–1997), educated at the Academy of Fine Arts in Vienna, built only one house – his own private dream house. Contrary to his first drafts in a kidney-shape typical of the times, the house and swimming pool were ultimately built in a rectangle. The railings of the outer stairway, together with those of the interior stairs and the verandas, were designed by Hengl and crafted by a local blacksmith. In addition to the living areas, the brick building also houses the owner's studio. The interior decoration has been altered minimally: everything, from the linoleum floor to the Formica furniture designed by Hengl, to the curtain fabric has remained the same. The color of the walls still changes from bright orange to purple in the same room. However, the renovators did replace the glass in the aluminum windows (unusual for the Sixties) with laminated glass to improve energy values. // A detached garden house and a narrow concrete tower with a decorative iron cross are also part of the ensemble.

team_em, Martin Ertl, Franz Henzl
Hannes Unterbuchschachner

Haus pi.mut
Haag, Franz-Brunner-Straße

HAUS MIT TIEFGANG // Das nahe dem Stadtzentrum in einem Siedlungsgebiet gelegene Haus schließt auf einem Eckgrundstück markant die Situation ab.
In subtiler Weise wurden die Lebensbedürfnisse des Bauherrenpaares von
team_em, planungsgruppe architektur, als Entwurfsprogramm dieses kompakten Hauses in die Konfiguration des Raums übersetzt. Das Haus entwickelt sich
aus der Tiefe, aus dem als Arbeitsraum genützten Keller. Über der hellgrauen
Wand hebt sich die dunkelgraue Eternitfassade mit den gläsernen Öffnungen
ab. Vorsprünge, Rücksprünge, Schrägstellungen erzeugen die gewünschte und
schwierige Balance zwischen abschottender Diskretion und transparenter Öffnung. Wie eine schützende Hand, die sich spiralgleich in die Höhe windet, legt
sich der nach Norden, zur Straße orientierte Massivbau um die leichteren,
inneren Teile des Hauses, die sich für Licht und Sonne öffnen. Die Wand dient
als Speichermasse für den Niedrigenergiebau. Vom ins Obergeschoss führenden Steg sieht man in die Stadt, Schritt um Schritt verändert sich der Blick auf
dem den Luftraum über Esstisch und Küche überbrückenden Steg. Das südorientierte Obergeschoss ist intimer als das Erdgeschoss, das sich mit der
gedeckten Terrasse zum Garten öffnet. Der abgewinkelte Schlafturm, mit
Gästezimmer unten und Schlafzimmer oben, kommt durch die in die Schräge
der Außenwand gestellten Großverglasungen ohne Sonnenschutz aus. Zwischen
Geschlossenheit und Öffnung bewegt sich auch der zweite Baukörper mit
Carport und Schuppen. *ek*

LATITUDE
48°06'38"
LONGITUDE
14°34'27"

A HOUSE WITH DEPTH // Near the center of town, the corner house rounds off the residential area with flair. The living needs of the contracting couple were met in a subtle manner by the architectural planning group team_em. // The compact house unfolds from the depths, rising from the basement workspace. The dark gray Eternit façade contrasts with the light gray walls. Projections, offsets and angled structures create the desired yet difficult balance between privacy and openness. The street-side, north-facing massive structure enfolds the lighter interior of the house like a protective hand, turning in an upward spiral, allowing light and sun to enter. The wall acts as a heat accumulator for the low-energy house. One can see the city from the catwalk leading upstairs; the view changes step by step on the bridge over the void above the dining area and kitchen. The south-facing upper story is more intimate than the ground floor, which opens to a covered terrace adjoining the garden. The angled sleeping tower, with a guest room below and a bedroom above, needs no sun protection, due to the slant of the expansively glazed exterior wall. The second, partially secluded structure consists of a carport and shed.

Schulerweiterung
Haag, Wiener Straße 2

2002

TURNEN MIT AUSSICHT // Wo noch vor wenigen Jahren der Pfarrer seinen Obstgarten pflegte, steht heute die moderne Erweiterung eines Schulkomplexes. Die 1878 erbaute Volksschule benötigte einen neuen Turnsaal und die angrenzende Fachschule HBLA/BFS aus den 1950er Jahren einen neuen Klassentrakt. // Entstanden ist ein Gebäudeensemble, das die Bestandsbauten unverändert erhält. Durch den Einsatz von Glas bei der Fassadengestaltung entfaltet sich die Anlage dementsprechend hell. Die Unterrichts- und Sonderunterrichtsräume des einhüftigen Klassentraktes sind nach Osten ausgerichtet und durch großzügige Verglasung ausnehmend gut belichtet. An der Westseite wurde eine Halle mit Kaskadenstiege vorgelagert, deren trapezförmige Verglasungen formal mit der Hanglage korrespondieren. Die drei Geschosse des Traktes differenzieren sich durch freundliche Farbstimmungen in Orange, Gelb und Türkis. Der Turnsaal der Volksschule schließt im rechten Winkel an den Zubau der Fachschule an. Über ein Fluchtstiegenhaus, das in Orange zeichenhaft den Übergangsbereich markiert, gelangt man auf das Dach der abgesenkten Halle, das als begrünte Terrasse genutzt wird. Die Volksschüler erreichen den Turnsaal über einen unterirdischen Gang. Durch die Verglasung der Stirnseite der Halle erleben die turnenden Kinder Natur in Panoramasicht. Städtebaulich bedeutet der Umbau eine Aufwertung der Schulgasse als Nord- Südverbindung. *th*

○ Freilichtmuseum mit traditionellen Bauernhöfen, Weißpark, 1979: Ernst Huber, Hans Hintermayr

LATITUDE
48° 06' 39"
LONGITUDE
14° 34' 03"

EXERCISING WITH A VIEW // The modern extension of a school complex now stands where only a few years ago the pastor was still cultivating his orchard. // Built in 1878, the old elementary school was in need of a new gymnasium, and the neighboring vo-tech institute built in the 1950s needed a new wing for classrooms. // The building ensemble left the existing structures unchanged. Glass elements in the façade suffuse the one-hipped facility with light. Large windows ensure that the classrooms and special education rooms of the one-hipped classroom wing facing east are exceptionally well lit. To the west is a hall with a cascade stairway, the trapezoidal glazing of which corresponds symbolically to the hillside location. The three stories of the wing are differentiated by pleasant color tones of orange, yellow, and turquoise. The elementary school's gymnasium abuts the vo-tech addition at a right angle. The transition of the emergency exit stairwell is marked with a characteristic orange hue, also an access to the greened rooftop terrace of the sunken gymnasium. Pupils reach the gymnasium via an underground corridor. While exercising, the children can see a natural panorama through the glass front of the gymnasium. In terms of urban planning, the expansion upgraded the street into a north-south thoroughfare.

MATERIALEINSATZ GEGEN VANDALISMUS // 1988 begann der Umbau der Westbahnstrecke zur Hochleistungsstrecke, der Bahnhof St. Valentin wurde bis 2002 viergleisig umgerüstet. Die Eisenbahn-Hochleistungsstrecken AG übernahm auch die teilweise Umgestaltung des Bahnhofsgebäudes. Der Personentunnel endete am Hausbahnsteig, die Halle war gegenüber den südlichen, zweigeschossigen und den nördlichen, dreigeschossigen Baukörpern zu klein. Nun führt der Tunnel die Bahnreisenden witterungsgeschützt zur Halle, bahnhofsseitig reicht die Unterführung bis zur Park&Ride-Anlage. Die neue Halle ist eine zweigeschossige Stahl- und Stahlverbundkonstruktion. Weitere Neubaumaßnahmen ließen sich leicht anschließen. Städtebaulich wurde die Kommunikation zwischen Bahnhof und Stadt verbessert. Die Halle wurde längsseitig zum Vorplatz gedreht. Der Haupteingang, der vom Gehsteig des Vorplatzes erfolgte, wurde auf die Nordseite verlagert. Ein auskragendes Vordach verbindet Halle und Platz. Graugrüner Naturstein, der Bodenbelag der Halle, wird auch im Außenbereich verwendet. Die Farbgestaltung ist dezent und elegant: Dunkelgrau, Alusilber, Graugrün, Hellgrau. Behindertengerechte Zugangsmöglichkeiten werden durch einen Aufzug wie durch eine Rampe im Gleisbereich mit insgesamt 40 m langer Glasverkleidung gewährleistet. *ek*

251

LATITUDE
48° 10' 42"
LONGITUDE
14° 31' 21"

BUILDING MATERIALS AGAINST VANDALISM // The upgrading of the western railway line to a high-capacity track began in 1988. By 2002, the St. Valentin train depot had been retrofitted with four platforms. The Eisenbahn-Hochleistungsstrecken AG (High-capacity Railways Corporation) also took over the partial rebuilding of the station building. The pedestrian tunnel had ended at the depot platform, and the station hall was much too small compared with the southern two-story and northern three-story structures. The tunnel is now weather-protected and leads to the station hall on one side, and on the depot side to the Park&Ride. The new station hall is a two-story composite steel and concrete structure. Additional building measures were easily tacked on to the project. From an urban planning point of view, communication between the train depot and the town has been improved. The station hall has been turned lengthwise to the forecourt. The main entrance is accessible from the front sidewalk and has been relocated to the northern side. An overhanging roof projection joins the hall and the forecourt. Natural greenish-grey stone is used on the exterior and on the floor of the interior. Colors are kept muted and elegant: dark grey, aluminum silver, light grey. Handicapped-accessible entrances offer an elevator and a ramp in the platform area, glazed along 40 m.

Hauptschule

St. Valentin, Schubertviertel 50

Poppe*Prehal
Roland Rainer

1954/2004

MEHR ALS EINE SANIERUNG // Die Hauptschule in St. Valentin gehört zu den frühen öffentlichen Gebäuden von Roland Rainer. Der ursprünglich weiß getünchte Ziegelbau war durch den Gebrauch entsprechend abgenutzt. Beim geladenen Wettbewerb zur Sanierung des Gebäudes erhielt das Architektenduo Poppe*Prehal den Zuschlag. Bei der Renovierung setzte das Büro auf Fragen der Energieeffizienz. // Die Schule selbst funktionierte auch nach etwa fünfzigjährigem Bestehen einwandfrei. Zur Verbesserung der Benutzerfreundlichkeit wurde jedoch ein zentraler Pausenraum angelegt. Dafür mussten lediglich eine Mauer weggenommen und eine Glaswand aufgestellt werden. // Zu den Sanierungsmaßnahmen gehört weiters die Versorgung der Schule mit Frischluft über eine eigene Lüftungsanlage. Die Wärmedämmung der Fassade im Rahmen der Generalsanierung brachte als Wermutstropfen Kunststofffenster mit sich, die aus Kostengründen eingesetzt werden mussten. Die Sanierung, mit der das einst weiße Ziegelmauerwerk durch Poppe*Prehal neu interpretiert wird, setzt einen Akzent in einer noch zu führenden Debatte: Denkmalpflegerischer Purismus auf der einen oder Alltagstauglichkeit auf der anderen Seite: Tatsache ist, dass die Rainer-Schule in dunkelgrauem Verputz im Schubertviertel von St. Valentin als Gebäude nach wie vor ausgezeichnet ihre Aufgabe erfüllt. *th*

252

LATITUDE
48° 10' 28"
LONGITUDE
14° 31' 32"

MORE THAN JUST A RENOVATION // The secondary school in St. Valentin is one of Roland Rainer's early civic buildings. The originally whitewashed brick building had become dingy from years of use. In an invitational competition, the architecture duo Poppe*Prehal was awarded the bid for the building's rehabilitation, which concentrated upon energy efficiency. // Even after 50 years, the school itself still functioned flawlessly. However, the new central break room, formed simply by removing a wall and erecting a glass partition, now encourages socialization. // A further modernization measure was the installation of an aeration system providing the school with fresh air. The heat insulation of the façade is excellent, marred only by the plastic windows that were installed due to cost considerations. Poppe*Prehal has reinterpreted the once-white brick exterior of the building, setting off a continuing debate: historic purism vs. suitability for everyday use. The fact remains that the Rainer school, now in dark gray plaster, in the Schubert district of St. Valentin fulfills its function fantastically.

2005

TOTAL MINIMAL // Die Niedrigenergiehäuser von Poppe*Prehal haben durch den Einsatz von vorgefertigten Teilen sehr kurze Bauzeiten. Im Haus P. in St. Valentin-Rubring konnten durch neue Techniken bestmögliche energetische Werte erzielt werden: So wird etwa der Estrich zur Speichermasse. Die Pfosten-Riegel-Konstruktion als Elementbauweise in Fichte wurde schwarz gestrichen. Hier wird deutlich, dass Mies van der Rohe als Vorbild herangezogen wurde. Poppe*Prehal gelingt es, klare Aussagen mit einem Minimum an Materialeinsatz zu treffen. Formale Überzeugungskraft wird gepaart mit dem Anspruch, für die Menschen, die das Haus benutzen, Wohlbefinden zu erzeugen. // Das Niedrigenergiehaus in St. Valentin orientiert sich maßgeblich am vorhandenen landschaftlichen Kontext. Im Spiel zwischen Einblick, Durchblick und Ausblick kommen die nahen Felder und die dahinter liegenden Auen der Enns ebenso zur Geltung wie die Pflanzengruppen und Bäume des Gartens. Ein elegantes Schwimmbad macht den großen Hof zum Erlebnisraum. Bei aller Offenheit bleibt die Privatheit durch vor Einblicken geschützte Bereiche gewahrt. *th*

253

LATITUDE
48° 10' 09"
LONGITUDE
14° 29' 56"

TOTALLY MINIMAL // Poppe & Prehal's low-energy houses are built very quickly, using prefabricated components. The P. house in St. Valentin has achieved excellent energy efficiency by using modern techniques, even the screed functioning as a heat accumulator. The spruce post and beam elements have been painted black. It becomes clear that examples by Mies van der Rohe were drawn upon. Poppe & Prehal make a clear statement using a minimum of materials. Formal persuasiveness is coupled with the residents' wish to live in comfort. // This low-energy house in St. Valentin orients itself definitively upon the existing landscape. The interplay of seeing in, seeing out, and seeing though brings the nearby fields and riverside meadows of the Enns as much into the picture as the plant clusters and trees of the garden. An elegant swimming pool turns the large courtyard into a superb leisure area. However, despite all the openness of the house, the intimacy of the family living space remains preserved within hermetical areas.

Pfarrkirche zur Hl. Maria

St. Valentin-Langenhart, Langenharterstraße 49

Josef Friedl

1957

EINE KIRCHE FÜR DIE STADT OHNE GOTT // Im Westen von St. Valentin liegt der Stadtteil Langenhart. Die Pfarrkirche zur heiligen Maria von der immerwährenden Hilfe wurde 1957 als selbständige Pfarre geweiht. Schmale Rundbogenfenster akzentuieren den schlichten, in Skelettbauweise ausgeführten Bau. Das Langhaus mit Walmdach wirkt von außen mächtig. Innen begrenzen Wandpfeiler den lichtdurchfluteten Raum gegen die seichten Seitenschiffe. Die mittelschiffartig gestaffelte Decke wird von stichbogigen Gurten getragen. Der 2005 renovierte Turm befindet sich im Chorwinkel, im Nordosten der Kirche, und trägt ein gelbes Stahlkreuz. Visuellen Bezug zur namensgebenden Heiligen findet man in einem Relief des Wotruba-Schülers Franz Pöhacker, das am Hochaltar Szenen aus dem Marienleben darstellt. Der Wunsch nach einer eigenen Kirche in Langenhart hängt mit der Errichtung der Nibelungen-Siedlung im Zweiten Weltkrieg zusammen. Die Planung der »Stadt ohne Gott«, einer geschlossenen Siedlung für die Arbeiter des Nibelungen-Werkes, sah jedoch keinen Sakralbau vor. Der Ortspfarrer wandte sich diesbezüglich 1940 an das bischöfliche Ordinariat in St. Pölten, jedoch ohne Erfolg. Die Gründung eines Kirchenbauvereins erfolgte 1952. Mithilfe einer Vielzahl an unentgeltlichen Arbeitsstunden seitens der Pfarrgemeinde wurde 1955–1957 die Kirche nach Plänen des Architekten Josef Friedl erbaut. Im Jahr 1970 erfolgte ein kleiner Zubau im Südosten. *th*

254

LATITUDE
48° 10' 17"
LONGITUDE
14° 30' 48"

A CHURCH FOR THE GODLESS CITY // Langenhart lies in western St. Valentin. In 1957, the Church of Saint Mary of Perpetual Help was consecrated as an independent parish. The frame construction building maintains clear forms, the narrow, round-arched windows accentuating the simplicity of the structure. The nave's hipped roof lends the building a powerful appearance. Inside, pilasters border the light-flooded room along the shallow side-aisles. Segmental arched booms support the stepped ceiling. The tower, renovated in 2005, is in the choir corner, to the north-east, and is topped by a yellow steel cross. On the high altar a relief by Franz Pöhacker, a pupil of Wotruba, represents the eponymous saint, portraying scenes from the life of Mary. Langenhart's wish for its own church is connected with the development of the Nibelungen Estate during World War II. Plans for the "City without God", a closed community for the workers of the Nibelungen factory, did not include a sacred building. In 1940, the local priest applied to the episcopal seat in St. Pölten about the matter, but had no success. A church building society was founded in 1952. Through countless volunteer work hours by the parish community, a church designed by the architect Josef Friedl was erected between 1955–57. In 1970, a small addition was built to the south-east.

Franz Mörth **Werksiedlung Langenhart und Beamtensiedlung Herzograd**
St. Valentin-Langenhart, Nibelungen-Platz – Langenharter Straße
St. Valentin-Herzograd, Steyrer Straße – Herzograd 15
1941 / 1943

LEBEN NACH DER POLITPROPAGANDA // In direkter Nähe zum Nibelungen-
werk, dem drittgrößten Panzerwerk des Dritten Reichs – in dem die Insassen
der Außenstelle des KZ Mauthausen Zwangsarbeit verrichten mussten –, das
damals zur Steyr-Daimler-Puch-AG gehörte und heute im Besitz des kanadi-
schen Automobilzulieferers Magna ist, entstanden zwischen 1943 und 1945
zwei Siedlungen: Langenhart und Herzograd. Während Herzograd für die an-
sässige Elite gedacht war und über 28 Doppelhäuser, Verwalterhaus, Gefolgschaftshaus, Kaufhaus und Direktionsvilla verfügte, galt Langenhart als »Tau-
send-Mann-Lager«. Es umfasste 1.000 Wohnungen für FacharbeiterInnen, die
zwei Einheitstypen entsprachen. Für Ledige standen giebelständige Häuser, für
Familien Wohnhäuser im Zeilensystem zur Verfügung. Auch hier gab es ein Gefolgschaftshaus, mit seinen Versammlungsräumen Ort politischer Propaganda.
Die Teilnahme an den NS-Feiern war verpflichtend. Heute ist darin der Gasthof
»Nibelungenhof« untergebracht. Wo jetzt der Kindergarten ist, war im Krieg
das Lazarett. Beide Siedlungen standen im Besitz der Verwaltungsgesellschaft
für Montanindustrie und wurden nach 1945 an Private verkauft. Die germa-
nisch-heroischen Straßenbezeichnungen wurden beibehalten. Bei den Häusern
wurden nur die Fassaden erneuert. Bis etwa 2002 war in Langenhart noch eine
Fassade erhalten, an der weiße Pfeile die Eingänge zu den Luftschutzkellern
markierten. Die Pläne zu beiden Siedlungen stammen vom Wiener Architekten
Franz Mörth, der nach dem Krieg unter anderem die Arbeiterkammer in der
Prinz-Eugen-Straße in Wien gestaltete. *th*

255

LATITUDE
48° 09' 42"
LONGITUDE
14° 30' 35"

LIFE AFTER POLITICAL PROPA-
GANDA // The Langenhart and the
Herzograd estates were built from
1943–45 near the Nibelungen
factory, the third largest military tank
factory in the Third Reich. The
factory, manned by forced laborers
from Mauthausen concentration
camp, belonged to the Steyr-Daimler-
Puch corporation. Today, it is owned
by Canadian automobile manufac-
turer Magna. Herzograd was
intended for the resident elite and
includes 28 duplexes, an administra-

tive building, 'allegiance center'
(Gefolgschaftshaus), store and
director's villa. Langenhart, made up
of 1,000 working class homes, was
called the "thousand-man-camp".
There were two types of homes: half-
timbered houses with forward-facing
gables for singles, and row houses
for families. The community rooms of
the Gefolgschaftshaus were the
center of political propaganda.
Participation in National Socialist
events was mandatory. Today, the
Nibelungenhof restaurant is in the

building. A kindergarten is now on
the site of the military hospital. Both
estates were sold privately in 1945.
The heroic Germanic street names
have remained, the house façades
renovated. Until 2002, a façade with
white arrows marking the air raid
bunker entrances still remained in
Langenhart. Viennese architect Franz
Mörth drafted the plans for both
estates and also designed the
Chamber of Labor in the Prinz Eugen
Strasse in Vienna after the war.

Pfarr- und Wallfahrtskirche
Haidershofen, Vestenthal 70

Paul Pfaffenbichler

1962

NEOROMANIK AUS DEM 20. JAHRHUNDERT // Nachdem die Gläubigen in Vestenthal seit längerem den Wunsch nach einer eigenen Pfarre geäußert hatten, weil die Mutterpfarre in Haidershofen weit entfernt liegt, wurde nach dem Zweiten Weltkrieg mit den Planungen für einen Kirchenneubau begonnen, der von der Gemeinde in großen Teilen in Eigenleistung errichtet werden konnte. Das Modell der aktiven Beteiligung führte zu einer großen Identifikation durch die Besucher und Helfer. Das 1962 geweihte Gebäude entwickelte sich schnell zum zentralen Marien-Wallfahrtsort der Region. 1968 wurde die vom Südtiroler Künstler Joseph Rifesser geschaffene Marienstatue in Fatima gesegnet. Als Zeugnis einer vitalen Volksfrömmigkeit zeigt das neoromanische Gebäude sein Entstehungsdatum erst auf den zweiten Blick. Der hauptsächlich verarbeitete Granit aus Mauthausen verweist auf traditionelle, in der Region verankerte Bauweisen. Tragstruktur und Materialverarbeitung zeigen deutlich die Bedingungen und technischen Möglichkeiten der Entstehungszeit dieses Gebäudes, das dem Gemeindeleben eine geläufige und von den Besuchern als selbstverständlich akzeptierte Hülle gegeben hat. *mn*

256

LATITUDE
48° 04' 08"
LONGITUDE
14° 30' 34"

20TH-CENTURY NEO-ROMANESQUE // The faithful of Vestenthal had long expressed the wish for their own parish, since the mother parish in Haidershofen is quite some distance away. Church planning began after WWII, and the community was able to build the church for the most part themselves. This model of active participation led to a high level of identification amongst helpers and visitors alike. The church, consecrated in 1962, quickly developed into the region's main pilgrimage destination. In 1968, South Tyrolean artist Joseph Rifesser's statue of Our Lady of Fatima was blessed. Proof of the population's active devotion, it takes a closer look to recognize the neo-Romanesque building's date of origin. The traditional building methods anchored in the region can be seen in the building granite, mainly from Mauthausen. Supporting structure and workmanship make clear the conditions and technical possibilities of the time. The church building blends into the village and is accepted naturally by its congregation.

Helmut Stefan Haiden

Pfarrkirche zum Hl. Martina
Behamberg 1

2000

INTERPRETATION DES GEGEBENEN // Für die Erweiterung der in ihrem Ursprung romanischen Kirche in Behamberg übertrug Helmut Stefan Haiden eine bestehende Raumform in ein neues Querschiff. Der Entwurf setzte weder auf die Erfindung von Neuem noch auf die Kopie des Vorhandenen, sondern auf die aneignende, gegebene Raumformen respektierende Übersetzung im 1:1-Format. Der Wunsch der Gemeinde, den historischen Getreidespeicher abzureißen und das Langhaus zu verlängern, wurde verworfen. Nicht nur die Erhaltung von Bausubstanz als kulturelles Erbe, auch statische Überlegungen sprachen gegen den Abbruch. Der Speicher wurde zu einem großzügigen Foyer umgestaltet, das auch für Feiern verwendet wird. Ein Glaswürfel markiert den Übergang zwischen profanem Eingangsraum und sakralem Kirchenraum. Eine Stahlbetonstiege mit Glasbrüstungen führt zum barocken Chor hinauf, dessen Proportionen korrigiert wurden, indem man denselben um zwei Meter kürzte. Symmetrisch zum Bestand wurde der Kirchenraum südseitig, zum Eingang hin, um einen querliegenden Zubau erweitert. Im Zuge der Sanierungen wurden beim Altarbereich Pfarrgräber entdeckt. Mehr Licht zum Altar würde eine filigrane Lochblech-Gewölbekonstruktion bringen, die trotz Unterstützung durch das Denkmalamt aufgrund des Widerwillens der Gemeinde wieder abmontiert werden musste und nun erneut auf ihren Einsatz wartet, um den Kontrast zwischen dunklem Bereich der Gläubigen und hellem Altarbereich zu verstärken.
ek

257

LATITUDE
48° 02' 04"
LONGITUDE
14° 29' 52"

INTERPRETATION OF VIS-A-VIS //
For the expansion of this originally Romanesque church in Behamberg, Helmut Stefan Haiden transferred the existing spatial form into a new transept. The design does not create something entirely new, nor does it merely emulate what is there, choosing instead to adopt the existing spatial forms in a 1:1 format. The municipality's wish to demolish the historic granary and to lengthen the nave was discarded, both because of concerns about the maintenance of cultural building heritage and due to static considerations. The silo was transformed into a large foyer, which is also used for festivities. A glass cube marks the transition from the secular entrance area into the sacred church. A reinforced concrete stairway with glass balustrades leads to the baroque choir loft, which was shortened by two meters. A transverse addition placed symmetrically to the existing substance on the south side expands the church towards the entrance. During renovation, priests' tombs were found near the sanctuary. A filigree perforated sheet metal dome was designed to draw more light to the altar, but despite its approval by the historic preservation agency, the municipality did not accept it and it was removed. It now awaits another opportunity to emphasize the contrast between the dark worship area and the light altar area.

St. Pölten – Via sacralis
Kirchen und Kapellen in und um St. Pölten

Landhauskapelle, Landhausplatz 1, 1997: Arnulf Rainer, Ernst Hoffmann (→ 31)

Kapelle im Bildungshaus St. Hippolyt, Eybnerstraße 5, 1962/1981: Rudolf Kolbitsch, Julius Eberhardt (→ 52)

Pfarrkirche Maria Lourdes, Kremser Landstraße 48, 1961: Franz Barnath (→ 58)

Zubau Pfarrkirche Viehofen, Austinstraße 43–45, 1997: Richard Zeitlhuber (→ 81)

Neuapostolische Kirche, Wiener Straße 189, 2003: Gottfried Haselmeyer, Heinz Frühwald (→ 85)

Pfarrkirche zum Hl. Michael, Wagram, Unterwagramer Straße 48, 1938: Rudolf Wondracek (→ 89)

Milleniumskirche, Stattersdorf, Johann-Klapper-Straße 7, 2000: Wolfgang Pfoser (→ 91)

Pax-Christi-Kirche, Harland, Salcherstraße 43, 1966: Johann Kräftner (→ 92)

Pfarrkirche Spratzern zur Hl. Theresia, Spratzern, Eisenbahnerstraße 2, 1932: Hans Zita, Otto Schottenberger (→ 93)

Pfarrkiche Hl. Johannes Capistran, Josefstraße 90, 1971: R. Zöch (→ 75)

Pfarrkirche zum Hl. Josef, Josefstraße 46, 1929: Matthäus Schlager (→ 71)

Kirche zur Hl. Familie, Prinzersdorf, Hauptplatz 3, 1966: Julius Bergmann (→ 95)

St. Pölten – Stadtrundgang 1920/30er Jahre

Wohnen beim Hammerpark und am Südpark

Villa, Josefstraße 21, um 1930: Klemens Flossmann (→ 70)

Heidenheimerstraße 21–23, Rudolf Wondracek (→ 69)

Heidenheimerstraße 23a, Klemens Flossmann (→ 69)

Voithsiedlung, Grillparzerstraße-Jahnstraße-Kranzbichlerstraße, 1920er Jahre (→ 68)

Wohnhäuser Georgestraße 1, 3, 5, 7, 1924–1927: Prokop, Lutz & Wallner (→ 67)

Wohnbau, Handel-Mazzetti-Straße 1–5, 1930: Rudolf Wondracek (→ 67)

Hammerparksiedlung (→ 67)
    Handel-Mazzetti-Straße 24–30, 27–33, 1922: Hermann Richter
    Handel-Mazzetti-Straße 47–57, 1921: Rudolf Tintner

Waschblausiedlung, 1930: Rudolf Wondracek (→ 73)
    Birkenstraße 3–21, 4–22, 25–43, 26–44
    Munggenaststraße 18–32, 29–39
    Stoßgasse 19–21

Wohnanlage, Josefstraße 43–69, 57–69, 1930: Rudolf Wondracek (→ 72)

Routen quer durch das Mostviertel

Power Rallye
Kraftwerke im Mostviertel

Umspannwerk, Tulln, Staasdorfer Straße 65–67, 1955: Bauabteilung NEWAG (→ 120)
AKW, Zwentendorf an der Donau, 1978: Heinz Scheide, Rudolf Nitsch (→ 127)
Umspannwerk St. Pölten-West, 1968, Linzer Straße 92 (→ 97)
NEWAG Zentrale, Jahnstraße 29, 1953: Franz Barnath (→ 65)
Kraftwerk, Marktl, Werkstraße 1, 2003: Schafler Architektur (→ 149)
Donaukraftwerk Ybbs-Persenbeug, Ybbs, Donaudorfstraße, 1959 (→ 161)
Umspannwerk, Gresten, Wieselburgerstraße 20, 1925 (→ 184)
Wasserkraftwerk, Gaming, Pockau 19, 1926 (→ 184)
Ybbsdücker, St. Georgen am Reith, Kogelsbach, 1924: Franz Kuhn (→ 185)
Krafthaus Wasserkraftwerk, Opponitz, Schwarzenbach 16, 1924: J. Bittner (→ 184)
Schaukraftwerk Schwellöd, Waidhofen/Ybbs, Schwellödgasse, 1998: Marco Ostertag (→ 210)

Von Platz zu Platz
Öffentliche Räume im Mostviertel

Marktzentrum Neulengbach, 2001: Ernst Hiesmayr, Gerhard Kratochwil, Peter Waldbauer
    (→ 141)
Kirchenplatz Herzogenburg, 2002: eichinger oder knechtl (→ 135)
Rathausplatz, St. Pölten, 1996: Boris Podrecca (→ 45)
Plattform Kirnberg an der Mank, Dorfplatz, 2003: Johann Moser (→ 171)
Oberer- und Unterer Stadtplatz, Brunnen, Stadtprojekt, Waidhofen/Ybbs, 2001:
    Ernst Beneder (→ 193)
Marktplatzgestaltung, Brunnen, Ybbsitz, 1998: Sepp Auer (→ 180)

Namensregister

Namensregister

Namensregister

Literaturauswahl

Anne Bauer, Ingrid Gumpinger, Eleonore Kleindienst (Hg.), *Frauenarchitektouren. Arbeiten von Architektinnen in Österreich,* Salzburg-München 2004

Edith Bilek-Cerny (Red.), *Most- und Eisenstraße,* herausgegeben von der Niederösterreichischen Landesregierung, St. Pölten 2002 *(=Denkmalpflege in Niederösterreich 28)*

Heimo Cerny, Franz Üblacker, *Die Moststraße. Zwischen Donaustrand und Alpenrand,* St. Pölten-Salzburg 2006

Dehio – Die Kunstdenkmäler Österreichs. Niederösterreich. Südlich der Donau 1, A–L, herausgegeben vom Bundesdenkmalamt, Horn 2003

Dehio – Die Kunstdenkmäler Österreichs. Niederösterreich. Südlich der Donau 2, M–Z, herausgegeben vom Bundesdenkmalamt, Horn 2003

Thomas Karl, Theodor Brückler, *Die Kunstdenkmäler der Stadt St. Pölten und ihrer eingemeindeten Ortschaften,* Horn 1999

Johann Kräftner, *Land im Abseits?,* in: *Mostviertel. Bauernland im Wandel,* herausgegeben vom Kulturbund Mostviertel, Amstetten 1986, S. 9–31

Peter Kunerth, *Bauen: Gestern – heute – morgen,* in: *Mostviertel. Bauernland im Wandel,* herausgegeben vom Kulturbund Mostviertel, Amstetten 1986, S. 47–60

Anton Pelinka, *Vorwort,* in: Reinhold Gärnter, Sieglinde Rosenberger, *Kriegerdenkmäler. Vergangenheit in der Gegenwart,* Innsbruck 1991

Sabine Pollak, Edeltraud Haselsteiner, Roland Tusch, *In nächster Nähe. Ein Handbuch zur Siedlungskultur in Niederösterreich,* St. Pölten 2002 *(=Schriftenreihe der Niederösterreichischen Wohnbauforschung; 3)*

Richard Richter, *Das Werden der Donauchemie,* Zwentendorf, 2000

Helmut Schöbitz, *Totengedenken in Niederösterreich und Wien unter besonderer Berücksichtigung der Kriegerdenkmäler,* Diplomarbeit, Wien 1998

Manfred Wagner, *Kunst im öffentlichen Raum,* in: Amstetten. *100 Jahre Stadt. Werden – Wachsen – Wandel,* Amstetten 1997, S. 104–108

Helmut Weihsmann, *Bauen unterm Hakenkreuz. Architektur des Untergangs,* Wien 1998

Jürgen Zanghellini, *Nationalsozialistische Gestaltungsräume in einer Kleinstadt. Die Stadtplanung in Waidhofen an der Ybbs in den Jahren 1938–1945,* Waidhofen/Ybbs 1995

Walter Zschokke, *Architektur in Niederösterreich 1986–1997,* Basel-Berlin 1997

Walter Zschokke/Marcus Nitschke (Hg.), *Architektur in Niederösterreich 1997–2007,* Wien-New York 2007

Fachzeitschriften: Architektur aktuell, Bauforum, Der Aufbau

Onlinearchive: www.architektur-noe.at, www.nextroom.at, www.publicart.at